금강 하구의 나루터·포구와
군산·강경지역 근대 상업의 변용

– 강(江)과 수운(水運)의 사회경제사(社會經濟史) –

이 책은 2003년 한국학술진흥재단의 지원에 의하여 연구되었음
(KRF-2003-002-A00002)

금강 하구의 나루터·포구와 군산·강경지역 근대 상업의 변용
- 강(江)과 수운(水運)의 사회경제사(社會經濟史) -

초판 1쇄 발행 2006년 7월 31일
지은이 김민영·김중규
펴낸이 윤관백
편 집 이혜영
표 지 김지학
펴낸곳 선인
등 록 제5-77호(1998. 11. 4)
주 소 서울시 마포구 마포동 324-1 곶마루B/D 1층
전 화 02) 718-6252/6257
팩 스 02) 718-6253
E-mail sunin72@chol.com

정가 · 18,000원
ISBN 89-5933-053-1 93300

선인한국학
연구총서

금강 하구의 나루터·포구와 군산·강경지역 근대 상업의 변용

-강(江)과 수운(水運)의
사회경제사(社會經濟史)-

김민영·김중규 공저

선인

금강(錦江) ……

이 강은 지도를 펴놓고 앉아 가만히 들여다보노라면, 물줄기가 중동께서 남북으로 납작하니 째져가지고는 — 한강(漢江)이나 영산강(榮山江)도 그렇기는 하지만 — 그것이 아주 재미있게 벌어져 있음을 알 수 있다. 한번 비행기라도 타고 강줄기를 따라가면서 내려다보면 또한 그럼 직할 것이다.

저 준험한 소백산맥(小白山脈)이 제주도(濟州島)를 건너보고 뜀을 뛸 듯이, 전라도의 뒷덜미를 급하게 달리다가 우뚝 …… 또 한번 우뚝 …… 높이 솟구친 갈재[蘆嶺]와 지리산(智異山), 두 산의 산협 물을 받아 가지고 장수(長水)로 진안(鎭安)으로 무주(茂朱)로 이렇게 역류하는 게 금강의 남쪽 줄기다. 그놈이 영동 근처에서는 다시 추풍령(秋風嶺)과 속리산(俗離山)의 물까지 받으면서 서북(西北)으로 좌향을 돌려 충청 좌우도(忠淸左右道)의 접경을 흘러간다.

그리고 북쪽 줄기는, 좀 단순해서, 차령산맥(車領山脈)이 꼬리를 감추려고 하는 경기(京畿) 충청(忠淸)의 접경 진천(鎭川) 근처에서 청주(淸州)를 바라보고 가느다랗게 흘러 내려오다가 조치원(鳥致院)을 지나면 거기서 비로소 오래 두고 서로 찾던 남쪽 줄기와 마주 만난다.

이렇게 어렵사리 서로 만나 한데 합수(合水)진 한 줄기 물은 게서부터 고개를 서남으로 돌려 공주(公州)를 끼고 계룡산(鷄龍山)을 바라보면서 우쭐거리고 부여(扶餘)로 …… 부여를 한 바퀴 휘돌려다가는 남으로 꺾여 단숨에 논메[論山], 강경이(江景)까지 들이닫는다.

여기까지가 백마강(白馬江)이라고, 이를테면 금강의 색동이다. 여자로 치면 흐린 세태에 찌들지 않은 처녀 적이라고 하겠다. 백마강은 공주 곰나루[熊津]에서부터 시작하여 백제(百濟) 흥망의 꿈 자취를 더듬어 흐른다. 풍월도 좋거니와 물도 맑다. 그러나 그것도 부여 전후가 한창이지, 강경에 다다르면 장꾼들의 흥정하는 소리와 생선 비린내에 고요하던 수면(水面)의 꿈은 깨어진다. 물은 탁하다.

예서부터가 옳게 금강이다. 향은 서서남(西西南)으로, 빗밋이 충청 전라 양도의 접경을 골타고 흐른다. 이로부터의 물은 조수(潮水)까지 섭쓸려 더욱 흐리나 그득하니 벅차고, 강넓이가 훨씬 퍼진 게 제법 양양하다. 이름난 강경벌은 이물로 해서 아무 때고 갈증을 잊고 촉촉하다. 낙동강이니 한강이니 하는 다른 강들처럼 해마다 무서운 물난리를 휘몰아 때리지 않아서 좋다. 하기야 가끔 홍수가 나기도 하지만.

이렇게 에두르고 휘돌아 멀리 흘러온 물이, 마침내 황해(黃海) 바다에다가 깨어진 꿈이고 탁류에 얼러 좌르르 쏟아져버리면서 강은 다하고, 강이 다하는 남쪽 언덕으로 대처(大處) 하나가 올라앉았다. 이것이 군산(群山)이라는 항구요, 이야기는 예서부터 실마리가 풀린다.

채만식(蔡萬植)의 『탁류(濁流)』 시작부분에서

차 례

표 차례

지도차례

사진차례

그림차례

서문

1.

금강은 한반도의 중서부를 가로지르는 우리나라 경제지리·역사문화의 큰 젖줄이다. 선사시대 이래 유구한 문화경제사가 그 유역에서 꽃을 피우며 오늘에 이르고 있다. 백제의 왕도인 공주와 부여가 자리 잡았고, 고려 이후 조선시대와 근·현대사에서도 그 역할이 중요했던 우리나라의 대표적인 강이다.

따라서 금강유역을 중심으로 펼쳐진 역사 변천과 문화 내용 및 사회경제적 변용 과정은 우리나라 사회경제·역사문화의 주요 기틀을 제공한 독자적이고 대표적인 하나의 '금강역사문화·경제사회권'이라 부를 수 있을 것이다. 국내적으로는 충청지역과 경기 일부 및 호남 서해안의 결절(node)이자, 국제적으로도 한중일의 내해(內海)인 황해를 매개로 물자와 사람, 그리고 문화가 연결되는 통로로서 늘 활발한 접속을 벌이던 창구였기 때문이다.

특히 우리나라 주요 수계 가운데 금강이 차지하는 수운사적 위치 또한 대단한 것이었다. 이러한 수운의 기능은 상업발전과 상승적으로 작용하여 개항에서 일제 강점기에 그 절정을 이루었다. 더욱이 1899년 군산의 개항을 계기로 대형 선박의 출입이 잦아지면서 금강 수운은 그 상업적 이용이 한층 촉진된다. 특히 강경~군산 사이의 수로는 금강 수운의 가장 중요한 구간이었는데, 강경지역은 조선후기 이래 대구·평양과 함께 우리나라 3대 시장의 하나로서 논산평야와 호남평야를 배후지로 하여 각종 농산물과 서해의 해산물이 집산되던 중심이었다.

2.

그렇다면 개항 전후 특히 일제 강점기 강경에서 군산에 이르는 수운의 규모는 과연 어느 정도였으며, 또 그 역할은 무엇이었는가. 1899년 군산 개항은 금강 유역 수운과 강경지역 상업에 어떠한 영향을 미쳤는가. 또한 호남선, 군산선 등 철도의 개통과 육운(陸運)의 발달은 이 지역 상권에 어떠한 변화를 가져다주었는가. 나아가 금강 연안 수운의 성쇠가 우리에게 주는 현재적 의미는 무엇인가.

이 작업은 이 물음들의 해답을 찾기 위한 일환이다. 즉 부강에서 공주를 거쳐 강경과 군산에 이르는 금강 하구의 포구 및 나루터를 중심으로 수운의 성장 및 그 쇠퇴과정을 살피고, 나아가 근대 상업의 지역적 변용과정을 고찰하고자 했다.

3.

현재에는 금강 하구둑이 놓여 강의 흐름이 막혀있고 그 외에도 금강대교, 웅포대교 등의 다리들이 놓여 있어 왕래가 자유롭지만, 20여년 전만 해도 전북 군산과 충남 서천은 군산 도선장에서 출발하는 여객선을 이용해야만 건너다닐 수 있는 곳이었다. 하지만 교통이 불편했던 당시에 오늘날보다 더 많은 학생들이 배로 통학하였고, 또한 서천장과 군산장을 보러 양안의 지역민들이 상호 왕래하며 함께 살아왔다니 이걸 두고 공생(共生)이라 부르는 것이 아닐까.

금강을 거슬러 오르는 연락선은 개항 이후 일제 강점기에 성행했는데, 강경에서 출발하여 금강의 양쪽 기슭에 있는 전라도와 충청도의 포구를 갈지자형으로 운항하였다. 그 노선을 보면 충남 강경 → 전북 성당 → 충남 입포(갓개) → 충남 칠은리 → 전북 웅포(곰개) → 전북 나리포(원나포) → 전북 월포(달개) → 충남 걸음개 → 충남 지새울(지포) → 충남 망월리 → 군산 째보선창 등이었다. 채만식의 소설 「탁류」를 보면 서천에 살던 정주사 가족이 용댕이(화양)에서 배를 타고 째보선창으로 오는 장면이 있는데 바로 정주사 일행이 탔던 배가 바로 그 연락선이었던 것이다.

반세기 전만 해도 금강 하구 기슭에 있던 수많은 마을들은 자연스럽게 만들어진 포구(浦口)의 역할과 나루터의 구실을 병행하며 강 건너 마을과 교류를 하며 살아왔는데 이제는 그 흔적조차 찾기 어려운 형편이어, 동네 최고령 어른들의 기억 속에서만 희미하게 남아있는 실정이다.

4.

강은 일반적으로 이수(利水), 치수(治水 ; 灌漑), 조운(漕運) 등의 편익을 제공해 준다. 금강 역시 지난 기간 동안 그 주요한 기능을 수행해왔다. 그렇다면 금강 하구의 나루터 포구와 과거 수운의 현재적 의미는 무엇일까. 바로 그것은 문화관광자원으로서의 활용이며, 그것을 위해서는 우선적으로 선박 통항이 검토되어야 할 것이다. 즉 금강 뱃길 복원의 의의를 검토하고 그 가능성을 살펴보는 전제위에서 문화관광자원으로서의 활용방안을 모색해야 할 것이다. 4대강 가운데 금강은 물론 낙동강과 영산강 역시 그 하구에 둑이 막혀 선박의 통항이 어려워 현재 심각한 환경생태문제가 야기되고 있는 현실이지 않은가.

5.

금강은 많은 유무형의 자산을 무진장 간직하고 있다. 이는 지역발전의 제3의 프런티어로서 그 활용에 있어 잠재력이 무궁한 미래의 보고이자 유산이다. 우리는 이제 육지의 협소함을 탓할 것이 아니라 강과 하천에도 관심을 기울여야 할 때라 생각된다.

넉넉하고 풍부한 자연환경과 전통문화를 간직하고 있는 금강 하구는 지역발전의 또 다른 보물창고(寶物倉庫)다. 유무형의 문화유산에서부터 깨끗한 생태환경을 떠올리게 하는 지명(地名)에 이르기까지 지역에서 자원화 할만한 것들은 무궁무진하다. 성당포, 입포(갓개), 칠은리, 웅포(곰개), 나리포(원나포), 월포(달개), 걸음개, 지새울(지포), 망월리, 째보선창 등의 수운루트와 지명이 바로 그렇다. 같은 맥락에서 지역성과 역사성, 특이성 등 향토의 유무형의 지적재산과 문화유산을 새로운 차원에서 지역활성화의 자원으로 인식하여야 할 것이다.

요컨대 지방분권과 균형으로 대표되는 이른바 '새지방화시대'를 맞이하여, 금강유역 특히 하구지역의 포구와 나루터 등을 중심으로 하는 지역사회의 구조 변동의 인식 속에서 지역의 자연·문화유산 등을 체계적으로 조사·연구하여 미래지향적으로 활용할 방책을 강구해야 할 것이다. 그리고 그것은 무엇보다 기존의 생태환경을 지키는 지속가능한 지역발전의 관점에서 수행되어져야 할 것이다.

6.

필자가 군산에 첫발을 내딛은 것이 1993년 초겨울, 서설이 내리던 11월 하순이었으니 어느덧 강산이 한번 변하고도 또 몇 년이 지난 것 같다. 그 사이 일제 강점기 노동력동원과 관련해 연구를 하면서도, 호남지역의 사회경제사와 관련해 다소간의 관심을 갖고 몇 개의 연구논문과 졸저들을 출간한 바 있다.

그러한 가운데 무엇보다 호남지역 근대사의 주요한 기점인 군산 개항 100주년이었던 1999년, '군산항 개항 1세기 회고와 개항 2세기 비전'이라는 학술세미나를 전후해 『군산 옥구지역 민족사회운동사』를 비롯하여 『미군정 정부수립기 군산지역의 경제사회상』에 이어 근래에는 군산선과 장항선을 중심으로 하는 『철도와 지역의 사회경제사』를 집필한 바 있다.

그러나 그간 연구를 하면서 늘 마음에 두었던 두개의 계획이 있었는데, 그 하나는 '금강유역사' 특히 금강 하구 군산과 강경을 묶는 '수운의 사회경제사'를 엮는 것이었다. 다른 하나는 지역사 내지 향토사와 관련해 괄목할만한 성과와 왕성한 활동을 전개하고 있는 군산시청 김중규 학예연구사와의 공동연구였다. 따라서 이번 작업은 그간의 두 가지 소망을 단번에 이룬 셈이어서 마음 흡족하기 그지없다.

특히 2004년 봄 함께 했던 금강 하구 내포에서 출발하여 충남 부여 낙화암 부근까지 선상조사를 펼칠 때, 그 수려했던 금강의 물줄기와 주변의 상쾌했던 풍경이 지금도 역력하다.

하지만 출판의 약속에 몰리고 시간에 쫓겨 수집된 자료를 보다 입체적으로 재배치하지 못했고, 보다 깊은 분석 등 여러 가지로 부족함을 솔직히 인정하지 않을 수 없다. 아무래도 이러한 한계는 다음 과제로 남겨두어야 할 것 같다.

아무쪼록 지역의 풍광과 하천은 물론 금강변의 이름모를 풀 한 포기까지도 사랑한다는 마음으로 함께 조사하고 연구한 이 보잘것없는 작업이 금강, 특히 그 하구의 의미를 되새기고 이를 통해 '금강유역사' 연구에 하나의 디딤돌이 되었으면 하는 바램 간절하다.

2006년 초복(初伏) 지난 즈음
금강 하구 군산에서 저자를 대표하여 김민영 씀

제1부
강(江)과 수운(水運)의 사회경제사 연구서설

김민영

제1장 연구의 의의 및 배경

금강은 한반도의 서편 중앙을 동에서 서로 흐르는 우리나라 5대강 가운데 낙동강·한강 다음으로 큰 유역을 가졌다. 전북 장수군 일대의 산악지대인 뜬봉샘에서 발원된 이 강은 노령과 차령산맥 사이의 여러 지류들을 합류시켜 신탄진까지는 곡류하다, 부여 근처에서 큰 강폭을 유지하며 대체로 평탄한 충적평야를 지나 서해로 흘러든다. 그 유역은 충청남북도의 약 절반과 전라북도의 약 1/4를 차지하고, 경기도와 경상북도의 일부도 포함하고 있어 실로 한국의 보배로운 강이다.[1]

그만큼 금강은 우리나라 중서부를 가로지르는 지리·역사·경제·문화의 큰 젖줄인 셈이다. 선사시대 이래 유구한 역사가 금강 연안에서 영위되어 오늘에 이르고 있으며, 백제의 왕도인 공주와 부여가 자리 잡았고, 고려 이후 조선시대와 근·현대사에서도 그 역할이 중요했던 한반도

1) 김현길 외, 『錦江流域史 研究』, 韓國鄕土史研究全國協議會, 1998.

의 대표적인 강이다.

따라서 금강유역을 중심으로 펼쳐진 역사 변천과 문화 내용 및 사회경제적 변용 과정은 우리 역사·문화·사회·경제의 주요 기틀을 제공한 독자적이고 대표적인 하나의 '금강역사문화·사회경제권'으로 불릴 수 있을 것이다. 즉 금강은 충청지역은 물론 경기 일부와 호남 서해안의 결절(node)이자, 내륙의 물자와 사람, 그리고 문화가 연결되는 통로로서 늘 활발한 접속을 벌이던 창구였기 때문이다.[2)]

주지하듯이 근대교통이 발달하기 이전 지역간 물자의 교역은 육로보다는 수로에 힘입은 바가 더 컸다.[3)] 더욱이 금강유역에는 비옥하고 넓은 평야가 발달하여 일찍부터 많은 인구가 거주하였으며 물동량도 많았다. 이에 따라 육상교통이 발달하기 전까지 금강의 내륙 수운은 매우 활발하였다.

특히 조선후기 이후 농업생산력이 풍부해지고 교통이 발전하여 물자가 집결하기에 용이하게 된 금강유역은 그 변화가 매우 활발했던 지역이었다. 우리나라 최대 곡창의 세곡이 금강하류에 집결되어 운송됨으로 인하여 금강은 충청, 전라도 일대의 산물이 집결하는 유통로가 되었던 것이다. 이로써 금강유역은 일찍부터 상업이 발달하여 조선후기

---

2) 위의 책(1998) 참조. 한 일례로 금강 일원에는 조선시대에 여덟개의 정자가 있었다는데 현재에도 독락정(獨樂亭), 사송정(四松亭), 쌍수정(雙樹亭), 원산정(圓山亭), 한림정(翰林亭)이 보존되고 있어 우리전통문화의 콘텐츠화를 생각할 때 매우 주요한 원형이라 할 수 있겠다.

3) 포구의 상업에 대해서는 특히 다음의 연구가 참조된다. 김창수, 「교통, 통신, 봉수」, 『한국사론』 4 (조선후기편), 국사편찬위원회, 1976. 동, 「교통과 운수」, 『한국사 10(조선)-양반관료국가의 사회구조-』, 국사편찬위원회, 1974. 고동환, 「18~19세기 외방포구의 상품유통 발달」, 『한국사론』 13, 서울대학교 국사학과, 1985. 동, 「18세기 서울에서의 魚物流通構造」, 『한국사론』 28집, 1992년 12월. 동, 「조선후기 선상활동과 포구문 상품유통의 양상」, 『한국문화』 14, 서울대학교 한국문화연구소, 1993. 동, 「포구상업의 발달」, 『한국사시민강좌』 9, 1991. 최완기, 「수상교통과 조운」, 『한국사 24-조선 초기의 경제구조』, 국사편찬위원회, 1994 등 참조.

매우 괄목할만한 경제발달지역의 하나가 될 수 있었다.

임진왜란 중 충청도 임천에 거주하며 피난생활을 하던 오희문의 일기인 『쇄미록』에 의하면, 그는 임천장을 비롯한 대홍장·함열장·홍산장·홍주장·익산장·비인 염장 등을 통하여 필요한 물품을 교역하고 있었다. 그는 이 장시를 통하여 여러 포목·곡물·해산물 및 소금·사기들의 그릇 종류, 그리고 유기와 각종 철제기구 등을 구매하고 있었다. 특히 해산물의 구입이 눈에 띄는데, 이는 이 일대가 금강을 끼고 있어 서해안에 연접한 곳이었기 때문이었음은 물론이다.

이후 생산력의 발전에 따라 더욱 진전된 상품화폐경제는 조선 봉건사회 내부의 상품경제의 성격을 크게 변화시켰다. 18세기 이후 미곡·면화·면포 등이 주요한 상품으로 등장하면서 장시가 발달하자, 금강유역의 공주·청주·강경포구는 전국적으로 대표적인 상업도시로 발전하였다.

장시가 발달함에 따라 몇몇 군현에서 열리는 장시가 서로 연계되어 하나의 시상권으로 묶여 가는 추세를 보여준다. 즉 임천장과 한산장·서천장·홍산장, 금강 건너의 함열장이 하나의 시장권으로 묶여 가는 모습을 보여주고 있다. 그리고 이러한 과정에서 강경포구는 금강유역의 대포구이자, 원격지 교역의 창구로서 각지의 상선이 모여 교역을 행하는 중심으로 발전한다.4)

당시 강경포구에는 수시로 선박과 상인이 모임으로써 상설 점포까지 생겨난다. 이곳을 통하여 유통되는 상품은 조선 제일의 곡창지대라

4) 이에 대해서는 다음의 자료 참조. 忠淸南道, 『忠淸南道農業要覽』, 1930. 동, 『忠淸南道道勢一般』, 1925, 1926, 1928, 1936. 群山府, 『群山開港前史』, 1935. 群山府, 『群山府史』, 1935. 군산시, 『군산시사』, 2001. 동, 『錦江의 물메아리』, 군산시, 1983. 군산시사편찬위원회 편간, 『군산시사』, 1975. 논산문화원, 『논산지역의 지명유래』, 논산문화원, 1994 등.

는 금강유역에서 생산되는 미곡을 비롯하여 면포, 어염, 수공업제품 등이 있었다.

미곡 등의 곡물은 주로 서울을 비롯하여 제주도에 이르기까지 전국의 소비지에 공급되었으며 유기·토기·철물 등의 수공업제품, 전라도의 면포, 그리고 서해안에서 생산되는 어염 등 해산물, 심지어는 함경도 원산에서 나는 북어까지 강경 포구로 유입되어 매매되었다.

즉 강경포구는 지역 상업의 중심지로 발전하였고, 나아가 전국에서 모인 선상들에 의해 하역된 교역물품은 다시 공주·전주, 기타 인근 각지의 대장시로 분산되었다. 강경포를 중심으로 한 상품유통권은 북으로 논산·노성을 거쳐 공주에 이르고, 남으로는 여산·삼례를 거쳐 전주에 이르고 있어서 가히 전라북도와 충청남도의 주위 200리에 걸쳐 있는 상인들이 빈번히 내왕하였다고 한다. 뿐만 아니라 경강을 비롯한 영산강·낙동강 유역의 시장, 그리고 제주도와의 교역도 모두 강경포를 통하여 이루어졌다.[5] 그리고 바로 그 중심에 금강 수운이 자리 잡고 있었다.

근대이전 금강 수운의 기능은 상업발전과 상승적으로 작용하여 개항기에서 일제시대에 그 절정을 이루었다. 더욱 1899년 군산의 개항을 계기로 대형 선박의 출입이 잦아지면서 금강 수운은 그 상업적 이용이 크게 촉진되었다. 소금·조기·갈치는 물론 각종 일용 생활용품이 바다 쪽에서 내륙지방으로 공급되었고, 곡물·담배·땔감 등이 내륙에서 바다 쪽으로 운송되었다. 특히 강경~군산간 수로는 금강 수운의 가장 중요한 구간이었는데, 조선후기 이래 대구·평양과 함께 우리나라 3대 시장

5) 이영호, 「19세기 은진 강경포의 상품유통구조」, 『한국사론』 15, 서울대학교 국사학과, 1986 및 동, 「19세기 포구수세의 유형과 포구유통의 성격」, 『한국학보』 41, 일지사, 1985. 특히 최근의 연구로는 최완기, 「조선후기 강경 포구에서의 선상활동-그 입지를 중심으로-」, 『역사교육』 79, 역사교육연구회, 2001 참조.

의 하나로서 논산평야와 호남평야를 배후지로 하여 각종 농산물과 서해의 해산물이 집산하던 강경과 군산이 그 중심이었다.[6)]

그러나 1905년에 경부선이 개통되고, 1912년에 호남선의 일부로서 강경을 경유하는 대전~이리간의 철도와 이리~군산간이 개통됨으로써 금강의 수운은 쇠퇴하고 강경의 정기 시장은 위축되기 시작해 오늘에 이르고 있다.

그렇다면 개항 전후 특히 일제 강점기 강경에서 군산에 이르는 수운의 규모는 과연 어느 정도였고, 또 그 역할은 무엇이었을까? 1899년 군산 개항은 금강 유역 수운과 강경지역 상업에 어떠한 영향을 미쳤는가? 또한 호남선, 군산선 등 철도의 개통과 육운(陸運)의 발달은 이 지역 상권에 어떠한 변화를 가져다주었는가? 나아가 이 금강 연안 수운의 성쇠가 우리에게 주는 현재적 의미는 무엇일까?

여기에서는 이상의 물음에 대해 해답을 찾기 위한 일환으로 부강에서 공주를 거쳐 강경과 군산에 이르는 금강 하구의 포구 및 나루터를 중심으로 수운의 성장 및 쇠퇴과정을 살피고, 나아가 근대 상업의 지역적 변용과정을 고찰하고자 한다.

요컨대 본 주제에 대한 조사·연구를 역사학(경제사)·역사지리학·지역사·향토사학·경제사학 등의 학제적 관점에서 종합적으로 고찰함으로써, 근대 금강 하류지역 수운의 성장 및 쇠퇴, 그리고 근대 상업의 변용과 그 현재적 의미를 찾는 중요한 작업인 것이다. 이를 통해 지역민의 삶의 질 향상을 위한 지역발전 등 경제·사회·문화정책 등의 마련에 기초 자료로 활용될 수 있도록 할 것이다.

6) 앞의 이영호 및 최완기 논문 참조.

제2장 선행연구의 검토

그간 금강 유역에 대한 조사와 연구는 분야별로 다양하게 이루어졌다. 무엇보다 국립박물관, 문화재연구소, 대학박물관 등이 벌인 선사·백제유적조사, 백제개발연구원의 백제문화에 대한 조사연구, 공주대 백제문화연구소, 충남대 백제연구소, 한남대 충청문화연구소, 군산대와 원광대 박물관 등 대학 연구소 등의 지역조사활동이나 연구논문들이 그것이다.[7)]

이후 1993년에는 충청남도가 이러한 제 연구들을 종합한 『금강지』 상·하권을 발간하여 금강유역 연구의 큰 디딤돌을 마련한 바 있다.[8)] 나아가 1998년에 나온 『금강유역사연구』는 이 분야에 있어서 또 하나의 큰 획을 긋는 종합학술조사적인 의미를 갖는다.[9)]

한편 여기에서 금강의 수운 연구에 대한 개인 연구자로서 나도승을 언급하지 않을 수 없다.[10)] 그는 시기적으로는 1960년대에서부터 지난 30여 년간 금강의 중류에서 하류에 이르는 구역의 수운 및 지리, 교통과 주요 도시의 성쇠를 문헌 및 현지답사에 의해 충실히 연구해 왔기 때문이다.

그러나 이상의 여러 연구들은 특정 주제를 다루는 전문연구이었거나, 이른바 '개발과정'에서 임기응변적으로 이루어진 발굴보고서류가 대부분이어서 일반인들에게는 접근이 용이하지 않은 한계를 지니고 있었다. 특히 『금강지』의 경우는 규모 있는 종합연구지로서 기획되었으나,

7) 이에 대해서는 별첨 참고문헌에 제시된 관련 자료 참조.

8) 충청남도, 『금강지』 상·하, 1993.

9) 김현길 외, 앞의 책(1998).

10) 그 주요 연구에 대해서는 다음과 같다. 나도승(1968), 동(1979), 동(1980), 동(1983), 동(1984), 동(1992), 동(1996) 등 참조.

분야별 전문 연구논문의 모음집, 자료집 성격이 강하였고, 특히 금강유역 문화·경제사를 총체적으로 정리하여 그 특성과 의미를 확인하는 데는 다소 미흡하였다고 생각된다.

물론 1998년에 발간된『금강유역사연구』등에 의해 금강의 상류에서 본류에 이르는 대전·충남지역에 대해서는 상당한 연구가 진척되었다. 또한 강경 상업의 성쇠에 대해서도 다소간의 연구가 이루어졌다.[11] 그러나 그 하류인 강경에서 군산에 이르는 지역, 특히 개항에서 강점기에 이르는 시기 금강 수운의 성쇠와 그 구체적 내용 및 현재적 의미 등은 여전히 공백으로 남아있는 실정이다.

따라서 여기에서는 첫째 군산에서 강경에 이르는 지역의 포구와 나루터에 대한 문헌 및 현지조사를 통해 그 사실을 밝히고, 내용을 재구성하고자 한다. 둘째 그 과정에서 군산 개항 전후 금강 하구 내륙 수운의 변천을 살필 것이다. 셋째 이후 육운, 철도 등의 개통을 즈음하여 새롭게 변화해 나가는 근대 지역상업의 변용과정을 고찰하고자 한다. 끝으로 이를 통해 금강유역 특히 하구지역인 강경에서 군산에 이르는 양안 수운의 현재적 의미를 되새기고자 한다.

이러한 조사·연구를 통해 무엇보다 그간의 학문적·연구사적 공백을 메울 수 있으리라 생각된다. 나아가 그간 이루어진 금강유역사 연구에 덧붙여 강경에서 군산에 이르는 금강 하류지역의 근대 상업의 변용 과정을 추출할 수 있을 것이다. 이로써 명실공히 400여Km, 1,000여리에 이르는 금강의 발원지인 전북 진안의 뜬봉샘에서 서해까지 이르는 전 과정을 종합할 수 있을 것이며,[12] 이를 통해 금강이 주는 의미를 되새기고, 그 현재적 의의를 재조명할 수 있을 것이다.

---

11) 이영호 및 최완기, 앞의 논문 참조.

12) 이에 대해서는 신정일 저,『우리 강 따라 걷는 금강 401Km』, 가람기획, 2001 참조.

제3장 연구내용 및 방법

1. 연구의 주요 내용

당시 금강유역에 발달하였던 주요 하항으로는 군산·강경·부여·공주·부강 등이 있었으며, 수로는 군산~강경간, 강경~공주간,[13] 공주~부강간 등으로 구분할 수 있다(〈그림 1〉 참조).[14] 이 중 특히 군산~강경간 수로는 금강 수운의 가장 중요한 구간이었다.[15] 특히 강경은 조선후기 대구·평양과 함께 우리나라 3대 시장의 하나로 논산평야와 호남평야를 배후지로 각종 농산물과 서해의 해산물이 집산하는 곳이었다.

그러나 역사를 거슬러 올라가면, 도로·철도 등 이른바 근대적인 육상교통이 발달하기 이전에도 이미 금강은 각종 물자의 수송에서 문화·역사 교류에 이르기까지 중요한 역할을 담당하고 있었다. 일찍이 백제시대에는 중국 양나라와의 문물교환에 이용되어왔고, 조선시대에는 지방의 세곡을 경창으로 수송하는 데에도 많이 이용되었다.

---

13) 강경~공주간은 49.8km, 하구에서 공주까지는 92km의 거리이다. 주행 규모는 적재량 40~50석이며 유역은 공주, 청양, 정산 등 산지 지역이라 농산물은 곡류, 연엽초, 들깨 등 그리 큰 것은 아니었다. 이에 반해 들어오는 상품은 어염류 외에 생활필수품 등이었다.

14) 공주~부강 구간은 구배가 심하므로 가장 난항구간이었다. 그러나 경부철도 개통 당시까지만해도 40~50석 규모의 범선 주행이 가능했다. 부강은 금강 수운의 종점으로 내륙수로와 충청북도 내륙부와의 접점에 위치하여 양자간의 결절지역이었다. 부강을 중심으로 거래되던 상품은 경부선철도 개통 이전인 1900년대 초기만 하더라도 소금을 위시한 수산물이 대부분이었으며, 이는 서해나 강경에서 직접 또는 간접으로 공급되어 온 것이었다. 하행 상품은 내륙지방 산물인 재래식 의료, 신탄 등이었으며, 연중 5~6월과 10~11월의 2계절이 가장 성기를 이루었다.

15) 이는 강경 → 전라도 성당포 → 충남 입포(갓개) → 충남 칠은리 → 익산 웅포(곰개) → 군산 나리포(원나포) → 군산 월포(달개) → 서천 걸음개 → 서천 지새울(지포) → 서천 망월리 → 군산 째보선창 등으로 이어지고 있었다.

조선시대 금강 연안에는 군산·강경·부여·공주·부강 등의 하항이 발달하여 번영을 누렸다. 당시의 선박은 범선이었으며, 소금·새우젓·어물·옹기·잡화 등을 하류지방에서 상류지방으로 운반하고, 신탄·곡식 등 상류지방의 산물을 하류지방으로 옮기는데 많이 이용하였다. 조석의 영향이 미치는 하류에서는 '물때'에 맞추어 배가 수시로 오르내렸다.

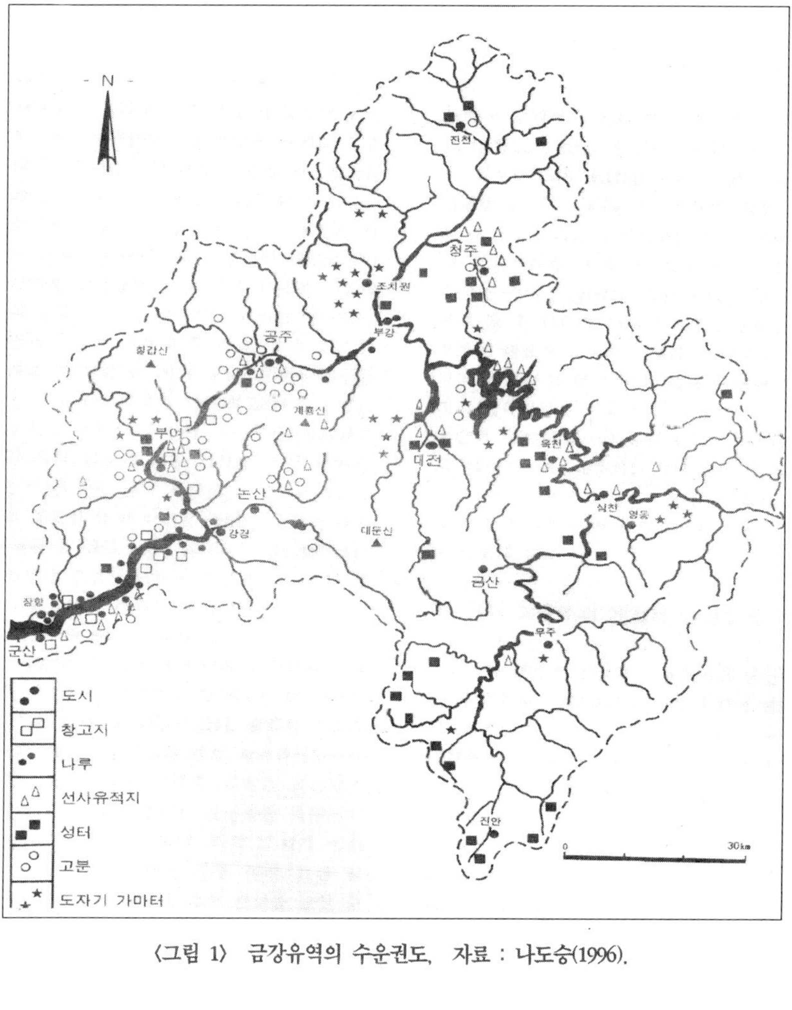

〈그림 1〉 금강유역의 수운권도, 자료 : 나도승(1996).

즉 금강은 이미 백제시대부터 내륙수로로 중요했으며, 그 후 1000년이 지난 19세기 말경부터 경부선과 호남선 철도가 개통될 무렵까지 그 중요성이 절정을 이루었다. 특히 1899년에 군산이 개항된 이후 금강 유역의 강경이 연안·원격지의 물산을 집산하는 큰 하항으로 발전했던 점이 주목된다.

강경의 정기시장은 대구·평야의 그것과 함께 우리나라 3대 시장의 하나로 급성장하여 일본과 중국 상인이 모여들기도 했다. 금강에서는 조석의 영향이 부여의 규암까지 미쳤는데, 하구의 군산에서는 주로 수산물이, 부여·공주·부강 등지에서는 쌀을 중심으로 하는 농산물이 강경으로 이송되었다.

특히 1899년 군산 개항 이후 군산으로 들어오는 수산물과 면포·석유·성냥·사탕 등의 수입품은 대부분 강경을 통해 퍼져 나갔다. 강경이 호황을 누릴 때 장날에는 40～50척의 범선이 운집했다 한다.

군산～강경간 42Km는 유량이 많은데다 조수간만의 영향을 크게 받는 구간이다. 따라서 역조시에는 주행시간의 제약을 받으나 이를 이용하여 소항할 수 있는 장점이 있었다. 소항은 만조시에 6시간, 간조시에 5시간 소요되었으며, 범선 적재량은 만조시 400～500석 정도였다. 이 구간의 남북 양안은 충적 범람원이 널리 발달되어 전라북도의 익산·용안·옥구·군산, 충청남도의 논산·은진·강경·임천·한산·서천 등 대곡창을 이루고 있어 지역간 물동량도 많았다. 특히 출곡기인 12～2월은 대소 범선 및 소형기선 출입이 매우 빈번한 구간이었다. 또한 5～6월은 서해안 어획기라서 조기를 비롯한 어류와 소금의 운반이 많은 계절이었다. 당시 강경의 경제권은 행정구역상 2도 22개 군에 달하는 광대한 범위에 있었다.

강경항에 들어오는 물품으로는 소금을 비롯하여 생건어(염어 포함)·해조류·마포·면포·견포·목재 등이었다. 소금은 안면도 등 연안 각지에서 들어오는 것도 있었으나, 나주산이 주였다. 건어 중 명태는 원산, 해조류는 완도가 공급원으로 되어 있었다. 이들 수산물은 하안 어시장 객주의 중개에 의해 매매되어 옥천·영동·무주 등 각지에까지 우마에 싣고 또는 인편에 의해 공급되었다. 미곡은 대부분 일본상인들의 손을 거쳐 군산으로 이송되었는데 년간 100만석 이상이 현미나 정미로 반출되었다.

당시 금강을 거슬러 올라가는 데는 군산에서 경부선 철도가 경유하는 부강까지 3~4일, 반대로 내려가는 데는 1~2일 걸렸다. 부강은 경부선이 부설된 뒤에도 한동안은 적지 않은 배가 드나들었다. 서해를 통해 강경까지 운반된 철도부설자재를 다시 작은 배에 옮겨 부강으로 실어갔기 때문이다.

그러나 이러한 금강의 수운도 삼림의 황폐로 인한 토사의 퇴적, 경부·호남선 철도의 개통 등으로 인해 쇠퇴하기 시작했다. 그때까지 금강 수로를 통한 군산–강경–공주를 거쳐 부강에 도착하던 화물은 경부선과 호남선의 철도운송에 그 기능을 빼앗겼고, 1931년 장항선의 개통으로 충남 서부의 상권마저 상실하게 되었다.

이상의 기초적인 사실과 이를 바탕으로 여기에서 살필 심층적인 연구주제를 간추리면 다음 세 개의 영역으로 나눌 수 있겠다. 즉 (1) 군산에서 강경에 이르는 지역의 포구와 나루터에 대한 문헌 및 현지조사를 통해 그 사실을 밝히고 이를 종합적으로 재구성하며, (2) 1899년 군산 개항 전후 금강 하류지역 내륙 수운의 변천을 고찰하고, (3) 이후 육운, 철도 등의 개통에 즈음하여 새롭게 변화해 나가는 근대 지역상업 변용 과정을 분석하는 것이 바로 그것이다.

또한 이 연구는 향후 금강유역 특히 하류지역의 강경에서 군산에 이르는 양안 수운의 현재적 의미에 대한 재조명함과 함께 그 생태환경, 사회문화, 경제적 활용 등에 대한 관심으로 이어져야 할 것이다.

2. 연구의 방법

이상에서 제시하였듯이 충남 강경에서 전북 군산에 이르는 지역, 즉 '금강 하구의 포구·나루터와 근대 상업의 변용'에 대한 조사·연구는 아직 그 구체적인 문헌연구나 현장조사, 나아가 구술 채록 등이 제대로 이루어지지 않았었다. 즉 금강 하구지역 수운과 상업의 변용에 대한 총체적인 역사상은 아직 미해결의 과제로 남아있었다.

따라서 여기에서는 그 해명을 위해 관·학간 협동연구의 장점을 살리며, 각종 연구방법을 활용하였다. 이는 크게 문헌 연구, 현지 사례 연구 및 면접법, 지자체와 문화원을 비롯한 유관단체 등의 네트워킹 및 그 활용 등으로 나눌 수 있다. 이는 지역학·역사학적 연구 방법과 함께 사회경제사 및 기타 사회과학적 연구 방법론에 근거하고 있다.

1) 문헌연구

이 연구는 우선 관련 기초 자료의 철저한 파악과 그 활용에서 시작하였다. 먼저 금강 하구지역 지역사 관련 자료를 철저하게 검출하고 집성하고자 하였다. 이를 위해 자료를 광범하게 섭렵하고 빠짐없이 추출하고자 했다.

이들 자료 가운데 우선 읍지를 비롯한 향토사 관련 자료가 주된 검출 대상이었다. 즉 논산·강경을 비롯하여 익산·함열·서천·장항·옥구·군산 등지의 자료를 수집·분석하였다. 이는 이후에도 후속 연구와 학계에 제공되어 보탬이 될 것이다.

다음으로는 개항 이후 식민지시대를 거치는 시기 조선총독부 자료와 각종 통계 자료도 검출 대상이었다. 전자의 경우, 관련 법령 등은 꼼꼼히 검토하여야 하는 주요한 자료들이며, 통계 자료도 이 시기 관련 상황의 변화를 계량화하는데 있어서 중요한 근거 자료들이다.

뿐만 아니라 현대시대에 발간된 각종 보고서류를 종합하여 적극 활용하고자 했다. 여기에는 대학의 연구소나 박물관 등에서 나온 자료 및 보고서 등이 포함된다(참고문헌 참조).

2) 현지 조사 및 면접법

19세기말에서 20세기 초에 이른 시기에 있어서 연구 대상지역인 금강 하구지역의 연구를 위해, 현지에서 직접 자료를 조사·수집하였다. 특히 강경과 군산을 중심으로 하여 금강 양안 지역의 주요 포구와 나루터를 집중적으로 현지·조사 연구하였다.

또한 연구 관련 생존 인사들의 구술자료를 바탕으로 당시의 상황에 관한 질적 자료를 확보하고, 이를 교차적으로 분석하였다. 일반적으로 질적 연구는 일반화된 결론을 추출하는 방법으로는 부적절한 점이 있지만, 문헌자료를 보완해 줄 수 있을 뿐 아니라, 역사변화에 대한 내면적 수용을 도출할 수 있는 좋은 방법이기 때문이다. 특히 포구·나루터에 대한 조사 연구의 경우에는 문헌자료가 부족하기 때문에, 병용할 수 있는 적절한 방법이었다고 생각된다.

3) 지역 유관단체의 네트워킹 및 그 활용

지역연구에 있어서 유관단체의 협조 및 네트워킹은 매우 중요하다. 본 조사 연구에 있어서도 금강 하구지역의 주요 지자체 및 지역 문화원 등과의 관·학협동을 도모하여 그 네트워크를 충분히 활용하고자 했다. 즉 지역 문화원(군산 및 논산, 서천, 부여문화원)을 비롯하여 지자체(군산시, 논산시 및 군읍면사무소 등)의 문화관광과 및 공보계 등과의 협력을 통해 지역학 및 지역향토사 관련 자료 협조와 연구 인력 등을 지원받고자 했다.

본 조사 연구는 1명의 연구책임자와 다른 1명의 공동연구자, 4명의 연구보조 인력으로 이루어졌다. 우선 연구책임자는 사회경제사학을 전공하는 이 분야의 선도적인 전문 연구자로서 다년간 사회경제사를 연구했으며, 근래 일본, 중국, 미국 등 외국의 지역사 연구현황을 탐구해 온 연구자로, 연구를 총괄하며 특히 군산 개항과 지역 상업의 변용 및 그 현재적 의의 등을 분석하였다.

공동연구원은 오랜 기간 지역 향토사, 교통사 등을 연구한 중견 연구자로, 국사편찬위원회 및 지역문화원의 연구위원과 시청의 학예연구사로 있으면서, 지역 향토사 및 지역문제에 탁견을 갖고 있어 연구책임자와 연계하여 특히 현장조사를 주도할 수 있었다. 또한 여타 지역의 전문가들과의 네트워킹에도 관여하여, 조사·연구의 자문체계를 확립시켰다.

그밖에 연구보조원 4명을 활용하였다. 1명은 석사과정생으로 연구책임자 및 공동연구원과 연계되어 다른 3명의 학부 보조원을 이끌었다. 대학 학부 3, 4학년생으로 이루어진 연구보조원은 연구책임자 및 공동연구원의 조사 연구를 보조하였다.

또한 필요에 따라 기타 보조요원(학부 1, 2학년생)을 활용하였다. 이들에게도 조사 연구에의 직·간접적 참여 기회를 부여하고자 했다. 이들을 연구보조원과 연계시켜, 연구를 교육과 연계시키는데 가교적인 역할을 수행케 할 수 있었다.

이상의 연구 인력은 정례적인 회의를 통해 조사 연구결과를 교차분석하고, 문제를 학제적으로 조명함으로써 종합할 수 있었다.

본 조사 연구의 연구기간은 원래 2003년 8월부터 2005년 7월까지 2년에 걸쳐서 실시하고자 의도했었다. 그러나 우선적으로 1차년도 사업(2003.8~2004.7)으로 전개하고,[16] 향후 기회가 된다면 연구 대상지역을 확장하여 금강 유역의 부여 및 공주지역과 대전 광역시 일원과 금강 상류지역까지 포괄하여 포구와 나루터에 대한 조사 연구를 수행하고자 한다. 이는 무엇보다 금강 400km가 전북, 충남, 경기 뿐 아니라 대전지역에 걸쳐 있고, 이들 지역을 포함한 조사 연구를 집대성하고 종합시켜야 하기 때문이다.

제4장 연구결과의 활용

이상에서 밝혔듯이 '금강 하구의 나루터·포구와 군산·강경지역 근대 상업의 변용'에 대한 연구를 통해, 우선 위축되고 있는 '지역의 역사적 실태와 그 경제·문화유산의 현대적 의미'라는 과제에 부응하는 경험적이고 실증적인 조사·연구의 한 초석을 놓고자 했다. 따라서 삶의 질 향상과 미래지향적인 지역활성화를 위한 정책적 활용에도 직·간접적으로 이용될 수 있을 것이다.

또한 조사와 연구의 과정에서 무엇보다 금강 하구, 특히 하류지역의 포구와 나루터에 관련된 생생한 역사를 복원·종합하고, 나아가 근대 금강유역 지역상업의 변용에 대한 관련 기초 문헌 및 조사자료를 총정리하며, 그 과정에서 신규 자료를 조사·발굴·분석하여 학계에 제공함으로써, 후속 연구의 활성화에 다소간 기여할 수 있었다고 생각된다.

아울러 이와 관련한 심층연구를 위해 지역에서의 현지조사를 수행하고, 특히 이 과정에서 문화원과 지자체 등과의 교류를 정례화함으로써, 문화원-연구자-지자체를 연계하는 새로운 관·학간 협력 네트워크 구축의 필요성을 제기하였다고 생각된다.

---

16) 이후에도 여러 차례 보조적인 현장조사를 실시하였으며, 특히 2004년 5월에는 본 연구진이 함께 금강 하구 나포에서 출발하여 강경을 거쳐 부여에 이르는 구간을 왕복하며 선상조사를 실시하기도 했다.

또한 지역학 특히 지역사와 관련해 역사지리학·역사학(경제사)·지역학·향토사학·경제사학 등 학제적 성격의 공동조사·연구의 활성화를 통해 새로운 지역 전문 연구자를 배양하고, 이를 통해 새로운 연구 프런티어를 개척할 수 있었다.

나아가 책임연구자와 함께 지자체의 학예연구사 등 전문가를 공동연구원으로 두어 조사 및 연구에 참여시킴으로써 학문 후속세대를 양성함은 물론, 실천적인 관·학 협력 시스템을 구동시킬 수 있었으며, 학부 및 대학원 학생을 연구보조원이나 조사원 등으로 활용함으로써 연구와 교육 연계의 한 사례를 보여주었다고 할 수 있겠다.

결국 이상의 조사 연구 작업을 수행하는 과정에서 지역의 문제를 고민하고 진단하며 해결책을 탐색하는 지역대학으로서의 위상을 정립할 수 있었다.

본 연구가 관·학간 학제적 지역연구라는 본래의 취지에 맞추어 수행되기 위해서는, 금강 하구지역에서 우선적으로 군산시 등 지자체와 비교적 중요한 지역문화 조사 연구의 산실인 문화원 등의 협조가 불가피했다. 본 조사 연구의 주요 대상지역인 논산, 군산, 서천, 부여문화원 등은 명실 공히 지난 기간 이 지역 문화와 역사의 보존 및 조사 등을 대표하는 단체이기 때문이다.

이에 2003년 6월 5일 연구책임자가 속해 있는 군산대학교와 군산시(문화관광과) 사이에 조사 연구와 관련된 관·학협약을 체결하고, 본 연구가 종결될 때까지 상호지원하기로 약속하였다. 뿐만 아니라 지역 문화원과도 상호 협력을 하기로 하여 명실 공히 연구자–지자체–문화원이 삼위일체가 되어 조사·연구 네트워크를 활성화시킬 수 있도록 강구하였다. 그러나 현실적으로는 여러 가지 준비부족으로 아쉽지만 상당 부분을 앞으로의 과제로 남겨 둘 수밖에 없었음을 밝혀둔다.

제2부
군산~강경의 수운(水運)과 나루터·포구의 유형

김중규

제1장 군산~강경 수운의 역사

1. 문헌자료에 기록된 군산~강경의 나루터·포구

1) 전라도 지역

(1) 군산(群山)

① 조선환여승람(朝鮮寰輿勝覽) - 1910~37 이병연(李秉延)

○ 옥구현(沃溝縣)

▶ 포구(浦口)

- 나시포(羅施浦) : 군의 동쪽 40리에 있다.
- 서시포(西施浦) : 군의 동쪽 30리에 있다.
- 월포(月浦) : 군의 동쪽 30리에 있다.
- 석포(石浦) : 군의 동쪽 32리에 있다.
- 사옥포(沙玉浦) : 군의 동쪽 25리에 있다.
- 경포(京浦) : 군의 동쪽 20리에 있다.

• 죽성포(竹城浦) : 군의 북쪽으로 군산부에 있다.

• 군창진(群倉津) : 군의 북쪽 2리에 있다.

② 여지도서(餘地圖書) - 영조36년 1760년

㉠ 임피현읍지(臨陂縣邑誌)

▸ 포구(浦口)

• 나포서포(羅浦西浦) : 옥구현 군산진 인근에 있고 앞에 바다가 있다.

▸ 창고(倉庫)

• 나리포창(羅里浦倉) : 나리포에 있다.

• 해창(海倉) : 서시포에 있다.

㉡ 옥구현읍지(沃溝縣邑誌)

▸ 창고(倉庫)

• 해창(海倉) : 현의 북쪽 20리 군산진 아래에 있다.

③ 대동지지(김정호 1974년 영인본 한양대학교부설국악연구원)

㉠ 임피현(臨陂縣)

▸ 포구(浦口)

• 진포(鎭浦) : 현의 북쪽 20리 백마강 하류에 있다.

• 나리포(羅里浦) : 진포의 다른 이름이다. 동으로는 함열의 웅포와 접하고 서로는 옥구의 군산과 접하며 앞에 바다가 있다.

▸ 창고(倉庫)

• 해창(海倉) : 서쪽으로 10리 본래 고려의 12조창 중에 진성창으로 토성이 있는데 둘레가 10여리이다.

• 나리포진(羅里浦鎭) 경종2년 공주에서 이전했다.

㉡ 옥구현(沃溝縣)

▶ 포구(浦口)

• 군산포진(群山浦鎭) : 북 20리에 있다.

▶ 창고(倉庫)

• 해창(海倉) : 군산포에 있다.

• 군산창(群山倉) : 군산진의 우측에 접하고 있다. 성종8년 용안의 득성창에서 나누어 이전했다. 옥구, 전주, 진안, 장수, 금구, 태인, 임실의 칠읍 대동미를 한양으로 운반했다.

④ 옥구군지(沃溝郡持)－(대정 13년, 1924년)

▶ 포구(浦口)

• 나시포(羅施浦) : 옥구군 동쪽 40리 나포면에 있다.

• 서시포(西施浦) : 옥구군 동쪽 35리 나포면에 있다.

• 월포(月浦) : 옥구군 동쪽 30리 성산면에 있다.

• 석포(石浦) : 옥구군 동쪽 32리 성산면에 있다.

• 사옥포(沙玉浦) : 옥구군 동쪽 20리 성산면에 있다.

• 경포(京浦) : 옥구군 동쪽 20리 미면에 있다.

• 죽성포(竹城浦) : 옥구군 북쪽으로 군산부에 보인다.

• 군창진(群倉津) : 옥구군 북쪽으로 2리 군산부에 있다.

(2) 함열(咸悅)

① 대동지지(김정호 1974년 영인본 한양대학교부설국악연구원)

▶ 포구(浦口)

• 피포(皮浦) : 북 20리에 있다.

• 웅포(熊浦) : 서북 10리에 있고 진포의 이명이다. 서북십리우이

▸ 창고(倉庫)

- 해창(海倉) : 피포에 있다.
- 성당창(聖堂倉) : 북 20리 진포변에 있다. 세종10년 용안의 득성창을 피포로 이전하고 성종 18년 나누어 이전했다. 남원, 운봉, 진산, 금산, 용안, 고산, 익산, 함열 8읍의 전세 대동미를 경성으로 운반하였다.

② 신증동국여지승람(新增東國輿地勝覽) – 1530년(중종 25년)

▸ 포구(浦口)

- 피포(皮浦) : 현의 서쪽 10리에 있는데 곧 공주 웅진의 하류이다.
- 웅포(熊浦) : 현의 서쪽 7리 이다.

▸ 창고(倉庫)

- 덕성창(德城倉) : 피포에 있다. 창은 옛날에는 용안현 금두포에 있었는데 세종 무신년에 여기로 옮겼다가 성종 정미년에 다시 용안현으로 옮겼다.

③ 여지도서(餘地圖書) – 영조36년 1760년

▸ 창고(倉庫)

- 해창(海倉) : 현의 서쪽 10리에 있다.
- 성당창(聖堂倉) : 현의 북 20리에 있다.

(3) 용안(龍安)

① 대동지지(김정호 1974년 영인본 한양대학교부설국악연구원)

▸ 포구(浦口)

• 청포(菁浦) : 북 10리 백마강 하류이다. 여기서 부터 바다와 통하는 곳까지 진포라 이른다.
• 용두포(龍頭浦) : 동쪽 5리에 있다.
• 금두포(金頭浦) : 북쪽 5리에 있다.
▶ 창고(倉庫)
• 득성창(得成倉) : 금두포에 있다. 국초에 창성이 축조되었다. 전주 남원 등 19읍의 세를 모아 한양으로 운반하였는데 성종 18년 함열 성당창과 옥구외군산창으로 나누어 옮겼다.

② 여지도서(餘地圖書) - 영조36년 1760년
▶ 포구(浦口)
• 용두포(龍頭浦) : 현의 동쪽 5리에 있다.
• 해창(海倉) : 현의 서쪽 5리에 있다.

③ 신증동국여지승람(新增東國輿地勝覽) - 1530년(중종 25년)
▶ 포구(浦口)
• 금두포(金頭浦) : 현의 북쪽 5리에 있다.
• 청포(青浦) : 현의 북쪽 10리에 있다.
▶ 창고(倉庫)
• 득성창(得成倉) : 금두포에 있다. 옛날에 덕성창이라 일렀다. 성종 13년에 이 고을로 다시 옮기고 ……

(4) 논산(論山)

① 세종실록지리지(世宗實錄地理志) - 1454년(단종 2년)
○ 은진현(恩津縣)

▸ 포구(浦口)

• 시진포(市津浦) : 예전에 이루진(移樓津)이 있었는데 여기가 아닌가 한다.

② 신증동국여지승람(新增東國輿地勝覽) – 1530년(중종 25년)

㉠ 은진현(恩津縣)

▸ 포구(浦口)

• 증산포(甑山浦) : 현의 서쪽 21리에 있다. 물의 근원이 전라도 여산군에서 나와 강경포로 들어간다.

• 강경포(江景浦) : 강경산 아래에 있는 해포이다.

• 시진포(市津浦) : 시진현에 있는데 장삿배가 모이는 곳으로서 돛대가 연접하고 사람들이 잡다하게 왕래하며 물화를 매매하기 때문에 시진포라 이름하였다. 윤화가 말하기를 "예전에 이루진(移樓津)이 있었는데 여기가 아닌가 한다."

• 사진(私津) : 현의 북쪽 12리에 있으니, 곧 연산현의 포천과 초포가 합류하는 곳이다.

㉡ 연산현(連山縣)

▸ 포구(浦口)

• 초포(草浦) : 현서쪽 20리에 있다. 계룡산에서 발원하여 사진(私津)으로 들어간다.

㉢ 여산군(礪山郡)

▸ 산천

• 화산(花山) : 군의 서쪽 20리에 있는데 강에 임하여 우뚝 솟아 자못 기묘한 경치이다.

2) 충청도 지역

(1) 한산(韓山)

① 한산군지(韓山郡誌) - 1850년

▸ 포구(浦口)

• 상지포(上之浦) : 군 동쪽 18리에 있으니, 곧 임천군, 남당진의 하류이다.

• 후포(朽浦) : 군 동쪽 12리에 있다. 월명산에서 근원하여 진포로 들어간다. 일명 신후포라고도 한다.

• 죽진(竹津) : 군 동쪽 11리에 있는데, 곧 죽산진이다.

• 기포(岐浦) : 군 동쪽 12리에 있다.

• 와포(瓦浦) : 군 남쪽 14리에 있다.

• 아포(芽浦) : 군 남쪽 20리에 있는데 서천군과 경계를 이루며 진포의 하류이다. 또 곡현에서 나오는 물과 서천군, 비인현의 모든 물들이 이곳에서 합류하여 바다로 들어간다.

▸ 나루(津渡)

• 덕룡포(德龍浦) : 군 동쪽 13리에 있으며 진선이 1척이다.

• 죽산진(竹山津) : 군 동쪽 13리에 있으며 진선이 1척이다.

• 와포(瓦浦) : 군 남쪽 10리에 있으며 진선이 1척이다.

• 망오리(望五里) : 군 남쪽 15리에 있고 진선이 1척이다.

② 여지도서(餘地圖書) - 영조36년 1760년

○ 강창(江倉) : 군의 남쪽 10리 기포리에 있다.

▸ 포구(浦口)

• 상지포(上之浦) : 군 동쪽 18리에 있으니, 곧 임천군 남당진의 하류이다.

• 후포(朽浦) : 군 동쪽 12리에 있다. 월명산에서 근원하여 진포로 들어간다.

• 기포(岐浦) : 군 동쪽 10리에 있다.

• 와포(瓦浦) : 군 남쪽 14리에 있다.

• 아포(芽浦) : 군 남쪽 20리에 있는데 서천군과 경계를 이루며 진포의 하류이다. 또 곡현에서 나오는 물과 서천군, 비인현의 모든 물들이 이곳에서 합류하여 바다로 들어간다.

• 진포(鎭浦) : 군의 서쪽 21리에 있다. 임천, 서천, 임피현과 접한다.

(2) 서천(舒川)

① 여지도서(餘地圖書)－영조36년 1760년

▶ 산천

• 용당진(龍堂津) : 군의 남쪽 25리 전라도 옥구현계

• 장암진(長巖津) : 군의 남쪽 20리 서천포 앞에 있다. 큰 바위산이 백강에서 시작한 물과 만나는 곳이다.

▶ 창고(倉庫)

• 해창(海倉) : 관문에서 서쪽으로 10리에 있다.

(3) 임천(林川)

① 여지도서(餘地圖書)－영조36년 1760년

▶ 산천

• 고다진(古多津) : 장암강으로부터 아래로 흘러 낭천진으로 들어간다. 군의 동쪽 290리에 있다.

• 낭청진(浪淸津) : 고다진부터 아래로 흘러 청포진으로 들어간다.

군의 동쪽 30리에 있다.

- 청포진(菁浦津) : 낭천진으로부터 아래로 흘러 남당진으로 간다. 군의 동쪽 25리에 있다.
- 남당진(南堂津) : 청포진부터 아래로 흘러 상지포진 일명 용연포에 이른다. 군의 남쪽 10리에 있다.
- 상지포진(上之浦津) : 남당진의 하류로 들어간다 한산군의 진포에 있다.

(4) 부여(夫餘)

① 신증동국여지승람(新增東國輿地勝覽) – 1530년(중종 25)

▸ 산천

- 고성진(古省津) : 사비하 부소산 아래에 있다.
- 대왕포(大王浦) : 현 남쪽 7리에 있다. 조산의 시작하여 서로 백마강에 들어간다.
- 광지포(光之浦) : 현 동북 7리에 있다.

2. 금강의 조운창고(漕運倉庫)

강(江)의 수운기능을 확인함에 있어 먼저 살펴보아야하는 사항으로 고대국가에서 관용목적으로 설치한 조창을 들 수 있다. 그 이유는 조창은 육상교통이 발달하지 못했던 고려에서 조선시대에 이르기까지 해상을 활용한 가장 규모가 큰 물류유통시스템이었기 때문이다. 이 글에서는 금강에 설치되었던 조운 창고를 확인해 봄으로써 물류유통역할로서 금강의 역사를 확인하고자 한다.

고려의 지방제도가 군현제로 이루어져 있는 것과 마찬가지로, 농민에 대한 조세(租稅)와 공부(貢賦), 요역(徭役)의 부과도 군현제를 통하여 이루어졌다. 이 가운데 조세의 징수는 국가 재정의 가장 중요한 수입원이었다. 정부는 군현제를 단위로 하여 농민들로부터 쌀·보리·콩·조 등을 조세로 징수하였다. 수령이 파견된 영군이나 영현뿐만 아니라 수령이 파견되지 않았던 속군이나 속현들도 독자적인 수취 단위로서 운영되었다. 물론 조세의 수취와 관련한 중앙과의 업무 처리는 주군이나 주현이 관장하였지만 속군과 속현도 엄연한 하나의 고을로서 이들을 단위로 하여 조세가 징수되었던 것이다. 농민들로부터 직접 조세를 징수하는 일을 맡은 것은 향리들이었으며, 자기 고을에 할당된 조세를 모두 징수하여 정부에 올려 보내는 일은 수령의 책임이었다. 따라서는 할당량을 다 채우지 못한 수령이 파직을 당하기도 하였다. 향리들도 할당된 조세를 충당하기 위하여 빚을 얻기도 하였으며 심한 중압감에 못 이겨 자살하는 일도 있었다. 그러나 조세의 징수 못지않게 어려운 문제는 이것을 중앙으로 안전하게 운반하는 일이었다. 이 운반 작업을 조운이라 한다.

조운제도의 거점은 조창(漕倉)이라 할 수 있는데 조창은 각 지방에서 거두어드린 세곡을 배(漕船)에 싣기까지 보관하는 일종의 창고라고 볼 수 있는데 조창이 설치된 곳에는 세곡의 저장 창고와 조창의 관리들이 거주하는 봉세청 그리고 조운선(漕運船)을 운영하는 선원의 거주공간으로 구성되어 있었다.

조창은 세분하여 바다와 접하고 있는 곳은 해창(海倉)이라 칭하고, 내륙의 강변에 자리한 곳은 강창(江倉)이라 하는데 일반적으로 수운교통의 요지인 포구(浦口)에 위치한다.

고려왕조는 초기에 국가의 기본 재정자원인 세곡의 원활한 운반을 위하여 전국각지에 거점이 되는 조운창고를 설치하는데 특히 남도의 해안과 강가에 자리 잡은 고장에 모두 12개의 조창을 설치 운영하여 이를 12조창이라 칭하였다. 이들 조창이 설치된 시기는 대략 성종~정종대의 고려 초기로 추정되고 있다. 그러나 12조창이 우리나라 최초의 조창은 아니었고, 이미 그 이전부터 전국 60개의 포구[1]에 모아 도성인 개성으로 운반하였다. 하지만 중앙정부의 입장에서 60개의 포구가 너무 많아 획일적인 운영이 어려워지자 통폐합하여 12개 포구로 조정 하였던 것이다. 이러한 추정은 12조창 중에서 9개 포구가 과거 60포구에 속해있던 곳임을 확인하면 알 수 있다.

12조창의 이름과 현재의 위치를 소개하면 다음과 같다(괄호 안에 포(浦)의 이름이 적힌 곳은 고려 초기의 60포였다가 12조창이 된 곳임).

(1) 忠州의 德興倉 (麗水浦) : 忠北 中原郡 관내
(2) 原州의 興元倉 (銀蟾浦) : 江原道 原城郡 관내
(3) 牙州(牙山)의 河陽倉 (使涉浦) : 忠南 牙山郡 관내
(4) 富城(瑞山)의 永豊倉 : 忠南 牙山郡 관내
(5) 保安(扶安)의 安興倉 : 全北 扶安郡 관내
(6) 臨陂의 鎭成倉 (朝宗浦) : 全北 群山市 관내
(7) 羅州의 海陵倉 (通津浦) : 全南 務安郡 관내
(8) 靈光의 芙蓉倉 (芙蓉浦) : 全南 靈光郡 관내
(9) 靈岩의 長興倉 : 全南 靈岩郡 관내
(10) 昇州의 海龍倉 (朝陽浦) : 全南 麗川郡 관내
(11) 泗州(泗川)의 通陽倉 (通潮浦) : 慶南 泗川郡 관내
(12) 今浦(昌原)의 石頭倉 (螺浦) : 慶南 馬山市 관내

12조창제는 문종 중엽에 이르러 서해도에 안난창(安瀾倉 / 황해도 장연군)이 설치되어 13조창으로 증가한다. 고려시대에 설치된 조창은 이후시기를 달리하며 위치의 변동은 있었으나 조운이라고 하는 기본 골격은 변하지 않고 조선시대까지 이어졌다.

금강은 우리나라 중서부지역에 위치한 강(江)으로 충청, 전라도의 내륙에서 시작하여 공주, 부여, 강경, 논산, 익산, 한산, 서천, 군산 등의

1) 『고려사』 식화지.

도시들을 경유하여 서해에 이르므로 백제시대 이래로 중요한 해상운송로의 역할을 해왔던 곳이다. 이러한 지리적 조건 때문에 고려시대 이후 금강유역 인근에 자리한 군현들의 세곡을 중앙정부로 운송하는 조운창고가 만들어져 운영되었던 곳이다. 금강유역의 조운창고는 고려시대 이후 설치되어 시대에 따라 위치의 이전을 거듭하였는데 그 연혁을 살펴보면 고려 초 60포구 시절에는 조종포(朝宗浦 / 군산시 나포면 서포)에 설치되었으며, 이후 12조창시기에는 진성창(군산시 성산면 창오리)이 운영되었다. 그런데 진성창이 고려말 왜구의 잦은 침입에 따른 문제로 폐쇄된 후 고려 공양왕 원년 다시 금강의 용안포(익산시 용안면)에 조창을 설치하며 명맥을 잇게 된다.

조선시대에는 고려 말에 설치된 용안성 조운창고의 수로지형이 변하여 선박운영의 불편함이 발생하자 세종 10년에 함열에 자리한 피포로 이전하고 명칭을 덕성창(德城倉)으로 바꾸었다. 덕성창(德城倉)은 나주의 영산창(榮山倉) 영광의 법성창과 함께 「경국대전」에 기록된 조선 전기 전라도지역의 3개 조창이었다. 하지만 성종 13년에는 덕성창이 다시 용안으로 옮겨가며 득성창(得成倉)이라 칭해졌고, 성종 18년에는 득성창의 일부 기능이 옥구 군산포로 넘어가 군산창(群山倉 혹은 칠읍해창 / 군산시 금동)이 개설되었다. 이후 중종 7년에는 득성창의 기능이 군산창으로 완전히 통합되면서 조선후기까지 지속된다(〈표 2-1〉 참조).

다음 글에서는 앞서 언급한 금강유역에 설치되었던 조운창고의 현황을 고려와 조선시대로 구분하여 확인해보도록 하겠다. 이러한 확인을 통하여 조운창고의 위치결정에 끼치는 영향이 운송의 용이함이라는 기본정책 외에도 왜구의 침입이라는 외부적요인과 세곡을 납부하는 백성들의 편리함을 고려한 내부적 요인 그리고 금강수로의 변화에 따른 자연환경 요인이 종합적으로 작용했음을 확인하고자 한다.

〈표 2-1〉 금강연안 조운창고의 시기별 위치 변천 과정

창명	현 위치	존폐 연대
臨陂 朝宗浦	군산시 나포면 서포리	고려초~성종
臨陂 鎭城倉	군산시 성산면 창오리	고려 성종~공민왕 7(1358)
龍安 得成倉1	익산시 용안면 중신리	공민왕 7(1358)~세종 10(1428)
咸悅 德城倉	익산시 웅포면 고창리	세종 10(1428)~성종 13(1482)
金頭浦 得成倉2	익산시 용안면 창리	성종 13(1482)~중종 7(1512)
沃溝 群山倉	군산시 금동	성종 18(1487)~고종 32(1895)
礪山 羅巖倉	익산시 망성면 화산리	인조~숙종
咸悅 聖堂倉	익산시 성당면 성당리 성포	숙종~고종 32(1895)
臨陂 西浦倉	군산시 나포면 서포	?~고종 32(1895)
舒川 瓦浦倉	서천군 화양면 완포	?

출전 : 김점용 「조선시대 전라도 조창의 운영과 그 실태」, 전북대학교대학원, 2001, 16쪽 〈표 1〉을 보완 재작성.

〈지도 2-1〉 금강연안 조운창고의 시기별 위치 변천과정(김중규 지도작성 2006)

1) 고려시대

(1) 조종포(朝宗浦)

조종포는 고려 초 세곡운송을 위한 전국 60포구 중에 하나이다. 『고려사』 식화지에서는 "조종포를 12조창 중에 한곳인 진성창의 옛 이름"이라 기록하고 있다. 하지만 진성창과 조종포가 동일지역이라는 『고려사』 식화지의 기록은 의문을 갖게 한다. 그 이유는 60포구에서 말하는 포구란? 단어 그대로 나루터, 포구를 지칭하여 운송을 위한 선박이 정박한 강변을 말함이고, 12조창에서 칭하는 조운 창고란? 포구에 설치되기도 하지만 60포구가 하던 일을 보다 적은 수의 12조창이 해야 하기에 포구 기능보다는 창고 기능이 강화된 단어로 즉 많은 양의 세곡을 보호, 관리할 수 있는 방어시설과 저장창고를 갖춘 곳을 말하는 것이기 때문이다. 이러한 시각으로 본다면 포구는 반드시 강변에 있어야 하지만 조창은 반드시 강변에 위치하지 않아도 인근에 포구를 갖추고 있으면 되는 제3의 장소로 볼 수 있다. 그렇다면 조종포는 어디를 말함인가 필자는 그 곳을 군산시 나포면 서포로 보고 있다. 그 이유는 진성창이 자리한 창오리 주민들의 구전을 들 수 있는데 "마을 주민들은 진성창에 모여진 쌀들이 진성창의 방어시설인 창안토성의 북문을 통하여 서포로 옮겨졌다"고 전하기 때문이다. 이를 볼 때 서포가 조종포라 불리던 고려 초에는 운송의 용이함을 위하여 조종포 포구인근에 창고를 만들어 세곡을 운송하였고, 12조창이 만들어진 후에는 조종포 인근에 위치한 진성창으로 조운 창고를 이전하여 세곡은 진성창에 저장하고 포구는 원래 이용하던 조종포를 계속 사용하여 진성창과 조종포가 동일시 된 것으로 보인다.

서포는 금강 하구의 오성산 자락에 자리한 포구마을로 자연하천인 방여강이 금강에 합류하는 원서포 마을에 포구가 위치하고 있었다. 이곳에 있던 서포나루는 충남 서천군 화양면 지새울로 건너는 나루터였으며 서포장이 서던 곳이기 때문이다. 더욱이 옛날 이 나루터 인근의 용머리 산에는 당집이 있어 용왕제를 지냈다는 기록이 전하여 서포가 포구로서 오랜 역사를 지닌 곳임을 알 수 있게 한다. 또한 서포는 조선후기에 이르러 임피현의 조운창고로 다시 한번 이용됨으로써 세월이 흐른 후에도 여전하게 조운기지로 이용되는 지리적 조건을 갖추고 있었음을 알 수 있다.

(2) 진성창(鎭城倉)

고려시대 조운제도의 정비와 함께 설치된 12조창 중에 한 곳인 진성창의 위치는 옛 문헌에서 쉽게 찾을 수 있다. 「증보문헌비고」에 의하면 "진성(鎭城)이 임피 읍성 서쪽 10리에 있으며 둘레가 십 여리나 되는 토축성으로 고려 초기 조창"이라고 적고 있으며, 또한 「옥구군지」에서는 진성창의 위치를 "현재 군산시 성산면 창오리"로 적고 있고 「조선보물고적자료」에 따르면 "진성창은 성산면 창오리 도암치에 있었다"고 기록하고 있어 진성창이 군산시 성산면 창오리에 있었음을 알 수 있다. 진성창지에 가려면 성산 삼거리에서 창치재를 넘어가야 하는데 이 길은 좌우에 만경산과 고봉산 봉우리가 우뚝 솟아 있는 고개이다.

망경산에서 좌우로 내려온 산줄기가 창안마을을 감싸 안은 곳에 자리한 진성창지는 창안토성으로 감싸여 있는데 고봉산 줄기를 좌우로 타고 성벽을 만든 창안토성의 성문이 있는 동쪽 성벽은 이른바 판축 양식이라 하여 흙담을 쌓듯 만든 성벽이다.

「고려사」 식화지에 보면 진성창이 옛적에 진포라고 적고 있어 고려말 최무선 장군이 화포를 이용하여 왜구를 물리친 진포대첩의 현장이 바로 이곳임을 알 수 있다.

이곳에 진성창이 있던 시절 창안마을에는 수백 명의 사람들이 생활하였을텐데 그들 중에는 창안토성을 지키는 군사들과 조운미를 운반하는 노비들 그리고 우마차를 부리는 마부와 조운선을 운행하는 뱃사람들 그리고 진성창을 관리하는 행정관료 등이 있었다. 당시 이곳의 모습을 추정해보면 지금은 창안방죽이 된 저수지 자리에 넓은 광장이 있어 쌀을 싣고 들어온 우마차들이 짐을 부릴 수 있었고 그곳을 중심으로 양편에 수많은 창고들이 줄지어 서있었으며 물류의 중심지로 사람들이 많이 모이는 곳이었으므로 작은 시장도 열렸던 것으로 보인다.

이곳에 모여진 조세미는 창안토성 북쪽 고개에 있는 성문을 통하여 여방리 기린마을 쪽을 지나 서포에 운반한 후 그곳에서 배에 실어 나갔다. 이렇게 운영되던 창안토성은 고려말 왜구의 침략으로 공민왕 20년(1371년)에는 불가피하게 바다를 통한 조운제도를 포기하고 육상을 통한 육운(陸運)을 실시하게 되며 조창으로서의 기능을 중단한다.

〈사진 2-1〉 창안토성 동측 성문지

진성창은 60포구를 12개로 줄여 기능을 통폐합하는 구조적인 측면과 함께 지방군현을 국가 통제에 따르게 하는 중앙집권강화의 결과로 만들어진 조운창고이다. 따라서 진성창의 위치는 폐쇄된 다른 포구의 역할을 대신 수행하는데 전혀 문제가 없는 장소여야 했기에 아마도 금강에서 가장 교통이 용이한 장소에 설치되었다고 보아야 한다. 그리고 그 장소가 군산시 성산면 창안마을의 진성창이었던 것이다.

2) 조선시대

(1) 용안성 득성창(得成倉)

고려 말 조운창고에 대한 왜구의 공격이 이어지자 조정에서는 해안지역에 위치한 조창들을 내륙으로 이전하기 시작하는데 금강 하구에 위치한 진성창도 좀더 금강 중류 쪽에 자리한 익산시 용안면으로 옮겨가게 된다. 고려 말 공민왕 때 용안으로 이전한 조운창고는 용안면 중신리에 위치한 용안읍성에 자리잡은 것으로 추정된다. 이러한 조처는 당시 왜구의 침입이 지속되자 여진족과 대치하던 북방의 변경마을들의 형태를 모방하여 서남해안지역에 자리한 군현들에 읍성을 축조하여 군사와 행정기능을 함께하게하는 추세였음을 볼 때 용안읍성으로의 이전은 방어시설에 중점을 둔 타당한 조처로 보인다. 1417년(태종17)에는 용안읍성에 임시로 이용하던 조창시설을 새로이 정비하여 창고를 마련하고 조창의 이름을 득성창(得成倉)이라 칭하였다.[2] 용안읍성의 득성창은 금강의 지류인 난포천 변에 위치한 난포를 이용하여 세곡은 운반하였는데 창고에서 난포까지 2km 정도 육로로 운반한 후 난포에서 배에 실어 2km정도 난포천을 나가면 금강본류에 도달하여 하류로 항해할 수 있

2) "용안성에 새로 지은 창고를 득성창이라 이름하였다(號龍安城 新漕倉 爲得成倉)."(『태종실록』 34, 17년 11월 기미조).

었다. 그런데 용안읍성의 조운창고는 용안포구가 토사의 퇴적으로 입출항이 어려워져 세종 10년(1428년) 함열의 피포로 옮겨진다.

용안성 득성창의 설치는 앞에서 살펴본 바와 같이 왜구의 침입이라는 외부요인에 의한 결정이었다. 하지만 득성창의 폐쇄는 난포천에 토사가 쌓이는 자연적 요인 외에도 군인출신인 이성계가 조선왕조를 개국한 후 국방력 강화에 집중하여 왜구의 공세가 주춤해졌고 이에 따라 서해안 일대에 대한 제해권을 확보함으로써 다시 수운의 편리함을 쫓아 조항을 금강 변으로 이전하는 사회적 환경변화에 따른 결과였다.

(2) 덕성창(德城倉)

용안읍성의 득성창이 세종 10년 옮겨가 자리 잡은 곳은 금강 변에 자리한 함열의 피포(皮浦)이다. 이곳에 설치된 조창을 덕성창(德城倉)이라 한다. 덕성창에 대한 기록은 「세종실록지리지」에는 "피포가 함열현의 서북쪽 10리에 위치한다고 하며 또한 덕성창에는 함열·전주·남원·익산·고부·김제·금산·진산·순창·임피·옥구·만경·부안·정읍·금구·태인·임실·구례·운봉·장수·진안·용담·무주·고산·여산·용안 등의 고을들이 조세를 바친다"고 적고 있다. 그런데 당시의 함열현 피포는 현재의 함열읍 인근지역이 아니고 함열읍에서 서쪽으로 율재를 통하여 함라산을 넘어서면 자리한 금강연안의 포구마을인 웅포면 고창리 인근지역을 칭한다. 고창리 지역은 옛 창고라는 뜻을 지닌 마을로 웅포중학교 인근 지역이 덕성창의 창고가 있었던 곳으로 보인다. 중포중학교 못미처에 자리한 금강에 유입되는 고창리의 하천은 덕성창의 조운선들이 줄지어 서있기에는 좁아보였지만 모든 게 세월의 탓이란 생각이 든다. 덕성창은 진성창과 득성창의 중간지점에 위치한 곳으로 아직은 군사적으로 확실한 자신감을 갖지 못한 상태에서 금강 하류로 약간만 이동한 느낌을 주는 조운 창고이다.

(3) 금두포 득성창(得成倉)

웅포 인근에 자리했던 고창리의 덕성창은 성종 13년(1482) 상류에 자리한 용안의 금두포(金頭浦)로 옮겨지고 다시금 득성창이라 칭하게 된다. 금두포는 「세종실록지리지」에 "용안현의 대천(大川)은 금두포이며 현의 동쪽 2리에 있다"고 기록하는데 현재 익산시 용안면 창리 인근 지역이으로 추정된다. 「신증동국여지승람」 용안현조에는 이곳 "득성창에서 용안, 전주, 임실, 남원, 임피, 김제, 장수, 금구, 운봉, 익산, 만경, 여산, 금산, 진산, 태인, 옥구, 진안, 고산, 무주 등의 세곡을 받아 조운선을 이용하여 한양으로 운반하였다"고 기록하고 있다. 금두포로의 조창 이전 이유는 명확하게 알 수 없지만 성건의 복명서에 따르면 조운선의 입출항이 용이한 포구의 확보였다고 하는데 결국은 금두포의 위치가 이전의 조창인 덕성창 보다 상류에 위치함으로써 여전히 조창의 위치선정 요인이 수운의 편리함 보다는 인근의 고을들의 육로운송의 편리함에 더욱 비중을 두는 정책을 취하고 있음을 알 수 있다. 이와 같은 사실은 성종때 도순찰사 성건의 복명서로도 알 수 있다. 성건은 "용안의 득성창은 포구와 가까워 쌀을 운반하여 배에 싣기가 편리한데다 또 조함이 정박하는 곳은 산이 둘러 있고 물결이 잔잔하므로, 표류하고 폐몰하는 근심이 없으니, 지극히 적당하기는 하나 다만 해구(海口)와의 거리가 요원하고 그 사이에 많은 섬과 풀이 있어, 운항하기가 어려웠기 때문에 배가 떠난 뒤에 7, 8일 혹은 10여 일 혹은 15여 일 만에야 바로 노인성(老人城 군산)앞 포구(군산포)에 이르고, 이어서 오식도에 이르러 바람을 기다려 한강에 도달합니다"라고 기록하며 금두포 득성창의 문제점을 지적하고 있다. 금두포 득성창은 덕성창이나 과거의 득성창보다 포구의 위치가 강의 상류로 올라가 용안면 읍내리에서 동쪽으로 2km 정도에 위치한 금강변에 돌출한 용두산 동쪽 기슭에 자리하고 있다. 용두산이라는 명칭처럼 용의 몸처럼 굴곡진 긴 산줄기가 금강과 면하여 입수하는 듯한 형상을 지닌 금두포는 용안읍에서 2㎞정도 북쪽에 자리하고 있는데 포구로서는 천혜의 조건을 갖추고 있으나 빠른 운송이라는 중앙정부의 조창 정책과는 달리 금두포에 세곡을 납부하는 19개 군현의 편리함을 좇아 위치가 정해짐으로써 처음부터 문제점을 안고 출발한다.

〈사진 2-2〉 용두포 득성창

(4) 군산창(群山倉)

군산창은 군산포에 자리하고 있었다. 군산창의 조운에 관계된 상황을 확인할 수 있는 기록을 보면 「신증동국여지승람」 옥구현조에는 "군산창은 군산진 곁에 있는데 성종 18년에 용안 득성창을 나누어 이곳으로 옮겼다"라고 적고 있어 처음 군산창에 조창이 설치 된 시기를 성종 18년으로 적고 있다. 또한 성건은 "서천포는 해구에 자리하나 군산포는 다소 내지에 위치하고 있다. 제읍전세(諸邑田稅)를 거두어 바로 배에 싣고 출항하여 오식도에 이르렀다가 상경하면 되므로 훨씬 편리하다. 그러나 군산진은 세미를 포구까지 날라야 하는데 득성창보다 다소 멀고 조함 출입이 불편하므로 부득이 쌀을 포구에 져 나르자면 만조 시에는 침수되고 진 뻘에 빠질 우려가 있다"[3]라고 하여 군산포가 조수 간만의 차이가 크고 그로 인한 불편함 때문에 규모가 큰 조함의 출입이 어렵다는 상황을 자세하게 설명하고 있다. 이처럼 득성창의 역할을 나누어 조창의 역할을 하던 군산창은 중종 7년(1512년)에 용안 득성창의 기능을 모두 옮겨오고, 법성포에서 수납하던 흥덕·고부·정읍·부안 등의 조세마저 수납하는 호남지역 조운창고로 바뀌게 된다.

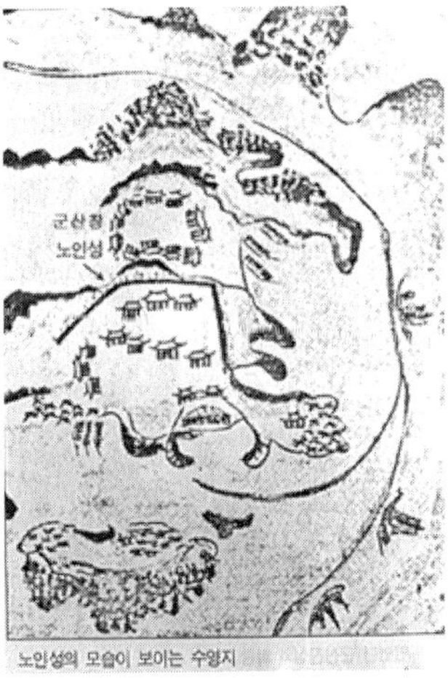

〈사진 2-3〉
수영지에 기록된 군산창

당시 군산창의 위치는 군산시 금동 서초등학교가 자리하고 있는 곳으로 이곳은 해망령(전망대가 있는 산)이 서쪽에 버티고 있어 해풍을 피할 수 있는 천연의 항구였다. 군산창의 모습을 확인할 수 있는 정조 14년 전라도 관찰사 윤시동의 기록을 보면 "군산창은 옥구의 북쪽에 자리 잡고 있으며, 남쪽의 한 갈래 길을 통하여 육지와 연접하였고, 그 나머지 3면은 바다와 연접하여 밥을 싸들고 바람을 기다릴 장소의 거리로 30리 정도이고, 진영 앞 포구는 사철 물이 차 있어 조운선을 대기가 편하며, 진영 뒤의 창고 밑에는 두 언덕이 바람을 막아주어 조운선에 짐을 싣기가 편하였다. 진영의 서쪽으로 좀 평탄한 곳에는 봉세청(捧稅廳)이 있고, 봉세청 좌우에는 7개 고을의 창고가 있으며, 그 곁에 7, 8채

3) 「성종실록」 21년 9월, 성건의 복명서.

의 민가가 있다. 만약 이 민가를 옮기면 4, 50간의 창고를 더 지을 수 있는 지리적 조건을 가지고 있었다"고 적고 있다.

「해동지도」 옥구현을 보면 "국가에 조세를 낼 때 전북지역 7읍인 전주, 태인, 금구, 임실, 진안, 장수, 옥구의 세곡이 이곳 군산창에 모여졌다"라고 적으며 그러한 연유로 군산창을 칠읍 해창이라고도 불렀다고 한다.

이처럼 군산창의 명칭은 해창, 군산창, 칠읍 해창, 호남청 등 다양하게 불리었는데 일반적으로 군산창으로 호칭되어 지역의 촌로들은 지금도 군산을 "군창"이라 부르고 있다. 그런데 군산지역이 조창으로 활용되기 시작한 것은 태종 14년 부터로 추정된다. 『태종실록』에 보면 의정부·육조·대간 등이 의논하여 전라도의 조운책을 올리기를 "전라도에서 매년 풍저창·광흥창의 미곡을 조운하는데, 모두 4만60석입니다. 만약 모두 충청도 내포에서 육지로 운수한다면 인마가 지쳐서 쓰러질 것입니다. 청컨대 경상도의 예에 의하여 그 정도의 멀고 가까운 것과 경작하는 땅의 많고 적은 것을 상고하여, 전라상도의 각 고을은 내포에, 중도, 하도는 용안성이나 혹은 진포에 정월에서 2월에 이르기까지 육지로 운수하여 창고를 짓고 수납하였다가, 3·4월에 이르러 모조리 그 군자로 조운하도록 하소서"라고 하니, 임금이 그대로 따랐다고 기록되어 있다.[4] 이 기록을 보면 태종대에 이미 옥구현 진포가 조창의 기능을 하였음을 알 수 있다.

군산창의 규모를 알 수 있는 「속대전」 기록에 의하면 "군산창에는 조함이 18척 조군이 816명이라고" 적고 있어 조군에 포함된 가족과 하급 관리 등 여타 인구와 일반 백성의 숫자까지 합하면 적어도 1,000~2,000여 명이 거주하는 활기찬 해창이었음을 알 수 있다. 이처럼 번창한 항구였기에 군산창에는 쌀장사로 일확천금을 벌어 보려는 경향 각지의 장사꾼들이 모여들었다. 이렇게 큰 돈을 지닌 장사꾼들이 군산에 모여든 이유는"군산

---

4) 『태종실록』 28, 14년 9월 임오조.

에 쌀을 보내는 칠읍에 포함된 고장들 중에 군산에서 수백 리 떨어진 장수, 진안, 임실 등의 고장은 험한 산지에 자리하고 있어 쌀을 직접 가져오지 못하고 운송상의 편리함 때문에 각 고을의 관리가 현금으로 세금을 가져와 군산에서 쌀을 구입하여 세금을 납부해야 했으므로 경향의 장사꾼들이 군산창의 관원들과 결탁하여 쌀을 선매해 놓고 곡물 가격을 조작하는 폐단이 있었기 때문이다."[5] 이를 볼 때 당시 군산창은 숙박 시설인 주막과 객주, 여각 등이 줄지어 서있고 장사꾼들이 많았던 항구였음을 알 수 있다. 이처럼 번성하던 군산창은 조선왕조의 몰락과 함께 고종 32년 성당창과 함께 폐지된다.

(5) 나암창(羅巖倉)

조선 중종 7년 용안 금두포에 위치한 득성창의 기능이 군산창에 합해진 후 금강을 이용한 전라북도지역의 조운창고는 군산창을 중심으로 전개되었다. 하지만 조운제도의 어려움은 운송로의 실익을 따지는데 있었기에 어느 장소에 창고가 설치되어도 문제점이 없을 수는 없었는데 군산창 또한 마찬가지였다.

군산창의 문제는 금강의 하구에 자리하여 조운선의 운항에는 용이하지만 반면에 군산까지 세곡을 운반해야하는 먼 지역으로서는 고통이 이만저만이 아니었던 것이다. 특히 조운창고가 용안이나 성당에 있을 때는 큰 불편함을 못 느꼈던 용안, 익산, 여산, 금산, 진산, 고산, 무주 등의 경우, 장수 진안 등 산중에 위치한 더 먼지역과 달리 금강 변에 위치하면서도 군산창까지 세곡을 육로로 운반해야하는 고충을 조정에 진정하여 결국 자체적인 조창을 개설하는데 그 조창이 바로 나암창이다. 「반계수록」에서는 인조 때 옥구 군산창을 나누어 나암창을 두었고, 지금은 성당으로 옮겼지만 이를 군산창에 합쳐야 된다[6]는 기록이 있어 나암창이 인

---

5) 「정조실록」 24년 4월.

조때 설치된 것을 알 수 있다. 『증보문헌비고』에도 여산 나암창이 기록되어있는데 "나암창은 수륙의 요충지로 전 감사 이시방이 축성을 요청했으나 아직 방치되고 있다며 만약 나암 같은 곳에 크게 조창을 설치하면 크게 이롭다"고 적고 있다. 나암창의 위치는 「신증동국여지승람」 여산현조 창고에 "羅巖倉은 在邑北邊三十五里의 羅巖浦에 있다"고 기록되어 있고, 「증보문헌비고」 산천조에는 "금강은 속칭 나암포라고 하는데 여산의 서쪽 20리에 있다" 라고 하여 현재의 논산시 강경읍 망성면 화산리의 화산(나바위, 바우꼬쟁이)지역임을 알 수 있다. 화산은 나바위 성지로 더 잘 알려져 있는데 나암포는 숙종대까지 운영되다가 금강하류에 위치한 성당창으로 다시 이전된다.

(6) 성당창(聖堂倉)

강경의 화산 나암포가 성당창으로 이전한 이유는 유형원의 「반계수록」에 "갑작스레 갑진년에 여산의 나암포가 막히면서 성당창으로 이전했다"고 하는데 갑작스런 물길의 막힘은 수로의 변동을 뜻하는 것으로 보인다. 자연의 변화로 옮겨진 성당창에 대한 기록은 「조선왕조실록」 영조 1년(1725년) 4월에 남원 유생 박시도가 성당창에 세납하는 괴로움을 말하는 기록에서 처음 등장한다. 성당창의 위치는 「여지도서」에 "성당창이 함열현에서 북 20리 에 있다"고 기록되어 현재 익산시 성당면 성당리를 지칭함을 알 수 있다. 성당창은 금강의 지류인 난포천을 사이에 두고 과거 용안읍성 득성창의 포구였던 난포보다 약간 더 금강과 가까운 자리에 위치하고 있다. 성당창은 군산창과 함께 조창운영에 대한 관리상의 문제로 두 조창 통합의 논의가 지속되다가 고종 32년까지 운영된 후 폐지된다.

---

6) ≪磻溪隨錄≫ 권3 田制後錄 漕運, "舊德城倉在咸悅 中宗朝移于此爲群山倉 仁祖朝又分置 羅巖倉 今復移羅巖爲聖堂 此則當還罷 合於群山也."

〈사진 2-4〉 성당포구 모습

(7) 임피 서포해창

서포는 군산시 나포면 서포리 지역이다. 이곳은 고려시대 60포구 중에 하나인 조종포가 자리하고 있던 곳이다. 오성산자락과 금강 하구가 만나는 곳에 위치한 서포는 서시포 혹은 서호라고도 하는데 방여강이 금강과 합류하는 용머리산 인근에 자리한 서포마을이 조운창고가 있던 곳이다. 서포에 조창이 있었음은 〈1872년 임피현 지도〉를 보면 알 수 있는데 지도에서는 임피현 오성산 아래 서포에 해창과 장터가 기록되어 조선후기에 서포가 조운창고로 이용되었음을 확인 할 수 있다. 서포 해창의 연혁을 보면 조선후기 전라도지역의 군산창, 성당창, 법성창 등 3개 조창에 속하지 않은 읍들은 지방 토민의 배를 이용해 서울의 경창에 직접 납부하는 경창 직납읍 들이 많이 있었는데, 그 읍들은 나주, 능주, 여산, 장흥, 순천, 김제, 고부, 영암, 보성, 낙안, 진도, 임피, 만경, 해남, 남평, 광양,

구례, 강진, 부안, 무안, 무장, 흥덕, 옥구, 함열, 용안, 함평, 흥양, 영광 등으로[7] 서포의 관할구역인 임피현이 포함되어 있어 군산창 인근에 있는 연안의 현이었던 임피현이 조창까지 세곡을 운반했다가 그것을 다시 또 운송해야 하는 불편을 덜기 위하여 세곡을 직납했음을 알 수 있다.

19세기 후반『호남읍지』에, "임피현의 조운은 2월 내에 전세, 3월 내에 대동미를 수봉하여, 경강선(京江船)으로 운반하는데, 본현 서포 → 옥구 오식도 → 원산진 → 안흥진[8] → 강화 뒷 바다 → 행주 앞바다 → 용산 앞의 호를 거쳐, 전세미는 광흥창에, 대동미는 선혜청에 직납하였으며, 순풍이면 10일 걸렸고, 바람이 불순하면 20일 내지 30일이 걸리기도 하였다"고 기록하여 서포의 조운창고 운용관계를 확인할 수 있다.

〈사진 2-5〉 서포포구 모습

7)「財用考」4,『증보문헌비고』157, 漕運.

8)『호남읍지』(1871)에는 안흥진 → 원산진으로 되어 있으나, 이는 誤記인 것 같다.

(8) 서천 기포해창(걸음개)

금강에 설치된 조창이 주로 전라북도 지역에 위치함은 충청도 지역은 경기도와 육로 운송이 편리하고 해로를 이용하더라도 태안반도 등의 서해 포구를 이용할 수 있기 때문이다. 하지만 오직 한곳 1872년「한산군지도」에는 원산아래의 해창에 대한 기록이 나오는데 그곳이 완포이다. 완포에 대한 기록은『여지도서』한산 편에서도 "강창(江庫)이 군의 남쪽 10리 기포리에 있다"고 하는데 기포리는 현재 서천군 화양면 완포의 다른 이름으로 일명 걸음개라고도 부른다. 완포는 일제시대 자료에 보원리로 되어 있으며, 또한 국유창고가 있어서 지방 역둔토의 수납미를 받아들여서 보관 하였는데 이 제도가 폐지된 이후 쇠락하였다 기록 되어있다.

제2장 군산~강경 수운과 나루터·포구의 유형

1. 금강의 수운(水運)

우리나라 4대 강의 하나인 금강은 현재 20세기 초의 생태모습을 간직한 무한한 가능성을 지닌 하천으로 자연친화적 발전 잠재력이 무한한 곳이다. 장수군 수분리에서 출발한 강물이 천리 길을 달려오는 금강은 어찌 보면 길이에 비하여 넓은 평야와 인구를 차지하고 있어, 철도개통이전에는 충청·전라 양 지역간 물동량을 감당하기위한 수운 이용도가 매우 높았던 강이다. 그러나 현재는 여름철 집중강우와 지속적인 토사의 퇴적이라는 자연환경의 요인과 경부선 및 호남선의 개통으로 수로운송의 경제적 가치가 떨어진 후 1980년 금강 하구둑의 건립으로 물길이 막힘으로써 기능을 잃어버린 강이 되었다.

금강 수운의 범위는 하구의 군산에서 상류의 종점 부강까지인데 과거 금강 수계의 영향권 지역은 전북과 충청 그리고 한강과 낙동강에 이르렀다. 금강의 길이는 401km, 유역면적 9,882㎢, 충청남도, 충청북도 및 전라북도의 3도에 걸쳐있다.

금강의 유황은 상류, 중류, 하류로 나누어 볼 수 있는데 상류는 발원지에서 부강까지이고, 중류부는 부강~강경간의 85.7km인데 이 지역은 직선상의 물길이 이어지는 곳으로 이곳에서 미호천이 합강리에서 유입되고 갑천, 정안천, 유구천, 은산천, 금천등의 여러 지류가 합류한다. 하류부는 강경~하구 간 41km의 구간인데 이른바 진강이라고 한다. 이 구간은 하폭이 강경 392m, 하구부 1,75m 정도로 큰 배의 유입이 가능한 곳이다.

금강의 경우 조수간만의 차가 규암까지 미쳤으며, 풍향이 구조곡과 일치될 경우 소상 주행 시간을 크게 단축시켜 주었다. 그러나 우기에는 수로의 변경이 잦았으며 이 경우 포구의 계선장이 수시로 이동해야 했다. 금강의 장점 중에 하나는 동절기 결빙기간이 30~40일 뿐이라 한강수계의 불통기를 보완할 수 있다는 점이었다. 이러한 자연환경 때문에 금강은 수운의 중심지가 되었다.

삼국시대 대규모 수운은 군사작전을 중심으로 이용되는 한계성을 보였으며 수운이 국가 경제적으로 활용되기 시작한 것은 고려시대 조운제도의 발달에 의해서이다 당시 금강에는 수많은 포구가 번창하였고 포구마다 객주가 상권을 운영하여 황포 돛 배들이 꼬리를 물며 왕래 했는데 대한제국 시기에는 중국의 밀무역선까지 더해져 그야말로 해상의 고속도로였다고 할 수 있다. 이후 조운제도의 폐지와 1899년 군산항의 개항으로 물류유통의 중심지인 금강은 새로운 변혁을 거치게 된다.

금강 최고의 포구인 강경포구의 경우 1904년 한해 강경을 출입한 선박이 1만 여척에 이르러 당시 수운의 정도를 짐작할 수 있다. 그러나 1911년 호남철도의 대전~강경선 개통과 1912년 강경－이리－군산선이 개통되며 금강의 수운은 철도와 경합관계로 변모하게 된다.

이 글에서는 금강의 운송수단 중에 하나인 정기여객선의 운영노선 및 선박들의 연혁과 금강 수운의 거점 지역이었던 포구와 나루터의 현황을 확인해보고자 한다. 이 조사를 통하여 첫째로는 금강의 여객운송에 일대 혁명을 일으킨 동력선의 취항과 관련한 연혁을 확인하고자 하며, 둘째로는 석유 동력선의 운항이라는 정기여객선의 운항시대에 여객선이 경유한 포구를 확인하고 포구에서 살아가는 주민들의 생활흔적을 찾아보고자 한다. 세째로는 전라도와 충청도의 다리역할을 한 나루터의 현황과 나루터의 특징을 알아보고자 한다.

이러한 조사를 통하여 금강이 지닌 물류유통의 잠재성과 천혜의 역사문화자원으로서의 활용가능성을 확인해 보고자 한다. 더불어 주민들의 생활사 조사를 통한 자료정리의 의의도 있다고 본다.

1) 금강의 여객선

육로가 발달하지 않았던 우리나라 고대왕국들의 해상교통로는 주로 연안항로를 경유하여 강에 들어오는 노선이었기에 강을 이용한 교통로가 발달하였는데 이때 교통로의 거점지역이 포구와 나루터이다. 이처럼 포구와 나루가 발달하였기에 해상 여객 운송도 발달할 수 있을 것으로 생각하지만 사실은 여객운송 시스템은 발달하지 못한 상황이었다.

그 이유로는 먼저 선박의 안전성이 떨어져 항해에 위험이 따랐고, 동력선이 아닌 바람을 이용한 범선은 바람조건에 따라 운항기간이 군산에서 서울까지 빠르면 10일, 늦으면 20여일 이상 소요되었기에 걸어서 5일정도면 서울에 갈수 있는 육상교통의 효율성 등으로 여객운송체제가 발전하지 못하였다. 그러나 여객운송이 전혀 없는 것은 아니었는데 고려, 조선시대에 몸이 불편한데 원거리 여행을 하는 사람은 배를 이용하였는데 이 경우 사람들은 조운선이나 어선에 배 삯을 내고 얻어 타는 형태였다. 이러한 해상운송체제의 변화요인은 첫째 동력선의 등장을 들 수 있다. 석유를 이용한 동력선을 이용하게 되면서 시간을 정하여 정기적인 운항을 하게 되는 수운의 획기적인 변화를 겪게 된 것이다. 둘째로는 동력선의 운항을 가능하게 한 여객수요의 증가를 들 수 있다. 여객수요층의 증가는 오랜 기간 쇄국정책으로 일관하던 조선이 일본 및 서구열강의 침략을 받기시작하며 이제까지의 자급자족형 경제가 외국에서 들어온 경공업 수입품과 이 땅에서 생산되는 농산품의 수출로 변화를 겪게되며 시작된다.

당시의 변화는 1876년 통상장정에 개항장의 사방 10리로 제한 되있던 일본인의 통행구역이 1883년 조영조약으로 100리로 확대되며 무역경쟁체제로 접어들게 되며 시작되었다. 이러한 변화는 일본인 및 외국인의 육로이용에 따른 위험성과 내륙통행에 따른 법적 규제로 해상운송의 급속한 발전을 동반하게 되었다. 이와 함께 자연스럽게 금강을 이용한 여객운송이 발전하게 되었다.

(1) 1900년대 : 여객운송의 태동기

금강의 여객선이 언제부터 시작되었는지는 알 수 없지만 충남 부여군 양화면 입포마을의 촌로들은 금강 여객선 운항의 시작을 입포 최초의 객주라는 노중락씨가 자신의 황포돛배로 이틀에 한번씩 군산에서 생활필수품을 실어 나르던 것에서 유래한다고 생각한다. 이때 운행한 황포돛배가 변하여 군산~강경 간을 조수에 맞춰 1일 2회 왕복하는 여객선으로 바뀌었다는 것이다. 하지만 이러한 사실을 확인 할 수는 없다. 이후 1일 2회 정기적으로 정해진 운임을 받으며 운항한 여객선의 시작은 1899년 군산이 개항된 이후 동력선이 들어온 뒤부터로 생각된다. 기록에 의한 첫 번째 여객선의 운항은 1900년 8월 인천에 거주하는 일본인 기무라(木村)가 한국인의 명의를 빌려 8톤급 소형증기선 강경환(江景丸)과 24~25톤급의 황산환(黃山丸)을 운행하며 이루어졌다고 한다. 이때 운행한 강경환(江景丸)과 황산환(黃山丸)은 재정상의 이유로 일시 폐항 하였다가 1903년에 재 취항하는 어려움을 겪는다.[9] 이후 1907년이 되면 군산과 강경간 노선에 새로운 사업자가 뛰어드는데 그 회사가 삼남상회였다. 1907년 11월 17톤급의 제4진항환(第4進航丸)과 19톤급 군산환(群山丸)이라는 석유발동기선을 취항시킨 삼남운수회사의 여객운임은 승객 1인에 50전(錢), 곡물 1석에 12전, 잡화 1개에 8전이었다. 하지만 이처럼 석유발동기선이 운행할 때에도 재래식 무동력선의 여객운항이 지속되었는데 이 배들의 운임은 승객 1인 30전, 곡물 1석 5전, 잡화 1개 4전내지 5전이었다.[10] 석유발동기선으로 운송업을 시작한 삼남상회 이후 강경운수회가가 1908년 11월부터 역시 동력선인 19톤의 군강환(群江丸)과 성기환(城崎丸)을 운행하였고, 1910년 5월에는 25톤(60인승)의 개운환(開運丸)을 취항하며 금강의 여객운송업의 태동기를 이끌었다. 당시 여객선의 운항시간은 1일 2회, 1회 3시간 정도였으며 운임은 기선의 경우 1인 50전, 미곡 1표 20전이었으며 일반 범선은 1인 30전이었다.[11]

당시 강경~군산간 여객수송은 기선과 발동기선 3척이 주를 이루고 있었는데, 호남철도가 개통되면서 점차 기차 의존도가 높아져 1912년경에 이르면 그 노선이 대부분 폐지된다.[12] 그러나 금강을 이용한 화물 운송노선의 폐쇄와는 달리 여객운송의 필요성은 증대되는데, 그 이유는 금강 하구에 자리한 군산이 1920년대 후반에 이르면 명실 공히 식민지도시의 면모를 갖추게 되어 군산을 중심으로 금강의 경제권이 형성되었기 때문이다.

---

9) 논산시사편찬위원회, 『논산시지』 제3편 2005, 446쪽.

10) 논산시사편찬위원회, 『논산시지』 제2편, 2005, 250·698쪽.

11) 카가와 겐타로우(香川源太郎, 1900), 타부치 토모히꼬(田淵友彦, 1903), 코마츠 에츠지(小松悅次, 1907), 사카우에 토미조(坂上富藏, 1909), 나도승(1979).

12) 나도승(1980) 및 센바 소타로우(仙波正太郎, 1913).

(2) 1930년대 이후 : 여객선의 번성기

1928년 영암운수창고주식회사가 발동기선 1척으로 다시 시작한 군산 강경 간 정기선[13]의 운항은 1933년에는 발동기선 강경환(江景丸) 삼성환(三星丸)이 매일 왕복하였는데[14], 이들 두 척의 기선은 40마력의 동력을 지니고 있었다. 당시 여객선과 기차의 요금을 비교해보면 기차로 강경에서 군산까지 가면 2시간이 소요되며 요금이 80전인데 기선은 3시간에 20전인 관계로 여객선을 이용한 화물과 승객이 연일 만원을 이루었다. 그 결과 철도국에서는 막대한 손해를 보았다.[15] 이처럼 1930년대가 되며 새로운 성공사업으로 자리 잡은 군산 강경간 정기연락선 사업은 1935년대가 되면 최고조에 올라 금강운수주식회사에 의하여 제2의 번성기를 누리게 된다.

금강운수주식회사(錦江運輸株式會社)는 1930년 7월 7일 자본금 5만원으로 설립을 한 회사이다. 이 회사는 군산 강경의 유력자들이 공동경영하는 공영회사로 사장에 우에타무라(上田村), 전무에 나카하라케이마(中原計馬)(1913년 조선에 이주 충청남도 논산군 강경읍 거주)였으며 이들 두 중역 외에 도의회의원 니시지마 토라키치(西島寅吉), 실업가 후지토 마사이치(藤戸政一), 감사에는 군산의 유력자 니키카와 케이이치(西川慶一), 강경 도의회위원 박재승(朴在新)등 여러 사람이 있었다. 회사의 보유선박은 발동기선 14톤 1척, 부선(艀船) 21톤(350叺積) 5척, 동 19톤(300叺積) 1척, 동 13톤(200叺積) 4척을 보유하고 있었다. 이후 1935년이 되면 금강운수주식회사 군산~강경간 쾌속여객선 금강환(錦江丸)을 건조(40마력)[16]하여 운항하게 되는데 금강환은 25

---

13) 조선총독부 내무국(1929).

14) 조선중앙일보 1933. 9. 29.

15) 조선중앙일보 1933. 9. 29.

16) 동아일보 1935. 8. 29.

톤 속력은 13마일, 승객정원 72명(2등 14명, 3등 58명)이었다(〈사진 2-6〉 참조).

1930년대 군산 강경을 운항하였던 강경환(江景丸) 삼성환(三星丸), 금강환(錦江丸)은 해방 후에도 운항을 지속하는데 1960년대에는 행운환, 용봉환, 화양환(환을 호로 표시해야하지만 어른들이 사용하는 명칭을 그대로 사용함)등의 배가 추가로 운항을 하지만 1980년대에 이르러 금강 하구둑의 완공으로 운항을 중단하게 된다.

금강을 이용한 여객운송은 동력선의 이용으로 강경에서 군산까지의 금강 변 마을들을 군산의 1일 생활권에 포함하는 생활문화의 변화를 초래한다. 즉 강경에서 10시경 출발한 강경환을 타고 3시간 만에 군산에 도착하여 3~4시간 일을 보고 오후 배를 이용하여 강경이나 다근이로 돌아가는 생활을 하게 되는데 이러한 변화는 과거 무동력선의 운항 시에는 상상하기 어려운 변화이다.

〈사진 2-6〉 강경 구 금강선운(주) 매표소 건물
금강운수주식회사 매표소는 강경읍 서창리 114번지에 위치하였던 건물로 1930년 7월 강경과 군산간 매일 승객수송을 위하여 지어진 지상 2층의 목조건물. 2001년 멸실.

〈표 2-2〉 1900~1960년 여객선 현황표

여객선명	회사	규모	취항	비고
강경환(江景丸)	일본인 기무라(木村)이 한인명의로 허가	8톤	1900. 8	왕복시간 1~2일에 1회
황산환(黃山丸)		24~25톤		
제4진항환(第4進航丸)	삼남상회	17톤급	1907. 11	
군산환(群山丸)		19톤		
군강환(群江丸) 성기환(城崎丸)	강경운수회	19톤	1908. 11	1일2회 1회 3시간
개운환(開運丸)		25톤, 60인승	1910. 5	
발동기선 1척(명칭?)	영암운수 창고주식회사가		1928	
강경환(江景丸) 삼성환(三星丸)	금강운수주식회사 (錦江運輸株式會社)	20톤급40마력	1930. 7. 7	
금강환(錦江丸)		25톤 40마력, 승객정원 72명	1935	1960년대 후반 중단
행운환	미창(대한통운)	80t	1947	1954년 침몰
화양환	국유 (충남 화양면 소속)	20t	해방 후	
연봉환	국유	20t	1948~1953	

자료 : 香川源太郎(1900), 田淵友彦(1903), 小松悅次(1907), 坂上富藏(1909), 나도승(1979), 조선총독부 내무국(1929), 논산시지(1925), 중앙일보(1933), 동아일보(1935)등에서 자료 발취하여 표작성(김중규).

2) 여객선의 운항노선

1900년부터 시작된 상업적 정기여객선의 운행에 있어 여객선의 경유지는 오랜 시간동안 자연발생적으로 생성된 옛 포구를 중심으로 노선이 정해졌다. 당시의 배들은 금강의 양쪽 기슭에 있는 전라도와 충청도의 포구를 경유하며 지그재그로 운항하였다. 여객선의 운항은 금강이 밀물 썰물의 영향을 받는 강이었으므로 물때에 맞추어 1일 2회 운항을 하였다.

여객선이 경유하는 포구들은 일정한 특징을 지니고 있는데 첫째 인근에 금강 양안을 왕복하는 나루터가 존재하고 있다는 점과 둘째 포구에 객주가 거주하여 어선의 입출항 거점지역이라는 환경을 지니고 있음이며, 세째 연락선을 이용할 주민들이 모일 수 있는 재래시장이 존재한다는 점을 들 수 있다. 이러한 이유로 여객선의 경유포구를 조사할 때는 여객선 경유지로 활용된 원인을 확인해야 하며 특히 포구에 객주가 있었는지, 있었다면 객주의 영업형태와 포구에 입항한 어선의 규모 및 거래된 어류의 종류 또한 파악해볼 필요가 있다.

군산~강경 연락선의 경유포구들은 앞서 언급한 특징 외에도 기본적으로 갖추고 있는 것들이 있었는데 먼저 연락선의 매표를 담당한 매표원이 상시 거주했고, 손님들이 배를 기다리는 주막이 갖추어져있었다. 또한 인근에는 2~3곳 이상의 주점이 함께 자리하였다. 반면에 선박의 계류시설이 있는 곳은 확인할 수없어 대부분의 선박들이 강변의 자연암반을 활용하여 배를 접안하였음을 알 수 있었다.

연락선의 경유포구는 옛부터 내려온 금강양안의 모든 포구를 운항노선으로 하지는 않고 있다. 그 이유는 여객사업의 경제적 수익 현황에 따라 여객회사에서 노선을 변경하였기 때문이다. 본 장에서는 1940~1960년 사이 군산~강경을 운행한 강경환(江景丸), 삼성환(三星丸), 금강환(錦江丸), 행운환, 연봉환, 화양환 등의 여객선 운항 노선을 중심으로 연락선의 경유포구를 당시 배를 이용한 주민들을 대상으로 구술조사 하여 확인해보고자 한다(〈표 2-3〉 참조).

〈지도 2-2〉 군산~강경간 여객선의 운항노선(행운호)(김중규 지도작성 2006)

〈표 2-3〉 연락선별 경유포구

구분	출발	도착	노선
강경환	강경	군산	강경 ⇒ 다근이 ⇒ 칠산 ⇒ 입포(갓개) ⇒ 성당 ⇒ 시음리 ⇒ 웅포(곰개) ⇒ 나포(나리포) ⇒ 걸음개(완포) ⇒ 화양 ⇒ 군산(째보선창)
금강환	강경	군산	강경 ⇒ 다근이 ⇒ 칠산 ⇒ 남당⇒ 입포(갓개) ⇒ 성당 ⇒ 시음리 ⇒ 웅포(곰개) ⇒ 나포(나리포) ⇒ 걸음개(완포) ⇒ 망월리 ⇒ 군산(째보선창)
행운환	군산	강경	군산(째보선창) ⇒ 망월리 ⇒ 지서울(와초) ⇒ 걸음개(완포) ⇒ 나포(나리포) ⇒ 웅포 ⇒ 시음리 ⇒ 입포(갓개) ⇒ 남당 ⇒ 칠산(상황에 따라 유동적) ⇒ 강경
연봉환	용산	군산	용산(후케) ⇒ 걸음개(완포) ⇒ 화양 ⇒군산(째보선창)
화양환	화양	군산	화양 ⇒ 망월리 ⇒ 군산(째보선창)

주 : 구술조사를 통한 선박에 따른 운항 노선도 작성(김중규 2004~2006년 조사)

2. 군산~강경 나루터·포구의 유형

1) 양안의 포구

조선시대 한반도 중부지역의 대동맥 역할을 하던 금강은 일제시대에는 금강을 거슬러 오르는 연락선의 운항으로 주민들의 기억에 살아있다. 당시를 기억하는 주민들은 이제는 막혀버린 물길을 바라보며 옛 기억을 들추어내는데 당시 연락선은 배의 규모는 작았지만 오늘날처럼 버스가 없던 시절에는 가장 편리하고 중요한 대중 교통수단이었다. 당시 여객선들은 본래 정원은 80명 정도였지만 보통 정원을 초과하여 200명 정도가 승선하였다고 하는데 물때에 맞추어 하루에 2회 군산과 강경을 왕복 운행하였다고 한다.

금강변 포구마을 주민들이 기억하는 연락선은 금강호, 강경호, 행운호, 연봉호 등의 배들인데 여객선에 따라 경유지가 다르기는 하였으나 군산에서 강경까지 총 32개(강 남안 17개소, 강 북안 15개소)의 포구 중에서 17개(강 남인 6개소, 강 북안 11개소)의 포구를 경유하였다고 한다(〈표 2-4〉 참조).

1950년대 금강하류에 자리한 포구들의 경제적 규모는 강경 〉 입포 〉 웅포 〉 나포 〉 화양 〉 시음리 〉 후케 〉 지서울 〉 걸음개 〉 내성리 〉 남당 순으로 구분할 수 있었다. 채만식의 소설 「탁류」에 보면 서천에 살던 정주사 가족이 용댕이(화양)에서 배를 타고 째보선창으로 오는 장면이 있는데 바로 정주사 일행이 탔던 배가 바로 금강을 운행하는 연락선이었던 것이다.

금강의 여객선은 1954년 성당에서 출발한 행운호가 서천의 와초(지새울)선착장에서 암초에 부딪혀 침몰하여 66명이 익사하는 큰 사고를 당하기도 하였는데 육상을 이용한 버스 운송이 발달하고 하구둑이 완공되며 역사의 뒤안길로 사라지고 말았다. 하지만 연락선의 중단은 연락선에 그치지 않고 금강변의 천년 역사를 지닌 포구들도 함께 사라져 이제는 70세이상 어른들만이 금강을 따라 오르내리던 여객선과 어선들에 관한 기억을 간직하고 있다.

〈표 2-4〉 금강연안의 포구와 나루 현황표(하구에서 상류방향)

위치	포구 - 나루
전라북도 (강 남안)	군산포(군산창★☆) ⇒ 죽성포(째보선창★☆◎) ⇒ 경포(서래포★☆) ⇒ 궁포(★) ⇒ 사옥개(☆) ⇒ 석포(수례★) ⇒ 월포(달개★☆◎)⇒ 서포(서시포★☆◎) ⇒ 나포(나리포★◎) ⇒ 웅포(곰개★☆◎) ⇒ 피포(★) ⇒ 제성(☆) ⇒ 성당(★◎) ⇒ 용안(★☆) ⇒ 황산(★☆◎) ⇒ 강경(★☆◎)
충청남도 (강 북안)	서천포(★☆) ⇒ 망월리(★☆◎) ⇒ 화양(★◎) ⇒ 지서울(와초, 와포☆★◎)⇒ 걸음개(완포★☆◎)⇒ 죽진(★)⇒후케(★◎) ⇒ 시음리(★☆◎) ⇒ 내성리(웅포대교 마을★◎) ⇒ 입포(갓개★☆◎) ⇒ 남당(★◎) ⇒ 상지포(★◎) ⇒ 다근리(★☆◎) ⇒ 칠산(★◎)

포구(★), 나루(☆), 포구나루(★☆) 여객선 경유포구(◎)

주 : 구술조사를 통한 선박에 따른 운항 노선도 작성(김중규 2004~2006년 조사)

〈지도 2-3〉 군산~강경사이 나루터·포구 현황조사표(김중규 지도작성 2006)

2) 양안의 나루터

나루터는 강을 사이에 둔 두 지역을 연결해주는 작은 무동력 선박을 운행하는 강변을 지칭한다.

읍지나 고문헌에서는 나루를 강을 건너는 곳이라 하여 진도(津渡)라 표기한다. 일반적으로 나루터가 자리한 곳은 강의 폭이 좁은 곳으로 나루터로 인하여 자연취락이 형성되어 자연스럽게 재래시장의 기능까지 하는 경우가 많다. 하지만 이러한 경우는 강 중상류의 내륙에 위치한 나루터의 형태이고 강폭이 넓은 금강 하구에 자리한 나루터는 이와는 다르게 서해바다와 가까운 지형적 이유로 먼저 포구가 형성되어 포구에 사람들이 살기 시작하고 이렇게 형성된 포구마을과 마주보고 있는 강 건너편 포구마을 사람들이 서로 경제적 필요에 의하여 나룻배를 운영하는 형태로 발전한 경우가 많다. 이러한 이유로 금강 하구에 자리한 나루터는 포구와 함께 운영되고 객주들이 거주하였다는 특징을 지니고 있다.

군산~강경사이에 자리한 나루터는 12곳 정도로 파악되는데(〈표 2-5〉), 그중에서 사람이 많이 이용하였던 나루는 군산포(군산창)－장암포, 경포(슬애)－용당진(용댕이), 입포(갓개)－제성나루, 웅포(곰개)－신성리나루, 강경－황산나루 등 다섯 곳의 나루를 들 수 있다.

금강 전체로 볼 때는 강경의 상류에 자리한 귀암나루가 큰 나루였다고 한다. 또한 부여의 상류에 위치한 나루터를 상류로부터 열거해 보면 부여읍 저석리 왕지장터와 청양군 청남면 동강리를 연결하는 창강나루, 부여읍 저석리와 청양군 청남면 왕진리를 연결하는 왕진나루, 규암면의 신리와 구드래를 연결하는 구드래나루가 있었다.

군산과 강경 사이에 자리한 대표적인 나루터의 현황을 살펴보면 아래와 같다.

〈지도 2-4〉 군산~강경간 나루터 현황조사표(김중규 지도작성 2006)

〈표 2-5〉 군산~강경 간 나루터 현황조사표

군산 - 강경간 금강양안의 나루터				
전라북도	현위치		충청남도	현위치
군산포(군산창)	군산시 해망동 도선장	⇔	장암포	장항읍 신창리 장항도선장
경포(슬애) 째보선창	군산시 중동 인근 군산시 금암동 인근	⇔	용당진(용댕이)	장항읍 원수리
사옥개	군산시 내흥동 사옥마을	⇔	고순개	장항읍 원수리 고순개
월포(달개)	군산시 성산면 항동	⇔	망월리	서천군 마서면 망월리
서포	군산시 나포면 서포	⇔	와초(지서울)	서천군 화양면 와초리
나포	군산시 나포면 원나포	⇔	나름막골나루터	서천군 화양면 죽산리
웅포(곰개)	익산시 웅포면	⇔	신성리포구(곰개나루)	서천군 한산면 신성리
제성 대봉안나루	익산시 웅포면 제성리	⇔	입포(갓개)	부여군 양화면 입포리
용안	익산시 용안면 용두리	⇔	다근리	부여군 세도면 간대리
강경	논산시 강경읍 황산	⇔	세도	부여군 세도면가회리

주 : 구술조사를 통한 나루터 현황표 작성(김중규 2004~2006년 조사)

(1) 군산포 – 장암포 나루

군산포–장암포를 연결한 나루는 군산창과 군산진이 자리하였던 군산진성의 군산포(현 군산시 도선장)에서 장암진성이 있는 장암포(현 장항읍 도선장)를 연결하는 나루터로 이 나루는 군사, 경제, 행정적 기능을 하는 관용 나루터였다. 양 지역은 조선 중종 7년 군산포에 조창이 설치되기 이전부터 나룻배가 왕래한 것으로 보이는데 군산이 개항되며 군산항이 관용항구가 되고 나루터의 기능이 죽성리 포구로 이관되며 자연스럽게 나루의 기능이 사라졌다가 1930년대에 군산도선장과 장항도선장이 만들어지며 동력선에 의한 현대화한 나루터의 기능으로 부활하였다.

〈사진 2-7〉 1969년 장항도선장

조선시대 군산포의 나루터는 수덕산(수륙산) 동쪽 기슭에 자리하고 있었다. 현재 군산시 금동 100년 광장 뒷 편의 내항광장일대가 당시의 군산포와 나루터가 있던 곳인데 조선시대 이곳은 월명산에서 내려온 샛강이 대학로를 지나 금강에 합류하던 곳으로 자연하천 때문에 안전한 포구의 기능을 할 수 있었고 인근에 수덕산이 서해바다의 해풍을 막아주는 천혜의 포구였다. 수영지라는 조선시대 지도에 그려진 군산포는 강가에 많은 배들이 그려져 있고 강기슭에 나루터 주막으로 보이는 초가집이 그려져 있다. 군산진성이 자리한 수덕산은 1920년대 내항축항공사시 절개되어 그 일부만 영화동 여성회관 뒷산으로 남아있는데 당시에는 구 공회당에서 시작하여 해망동 한국전력공사 인근으로 이어진 산으로 이산에는 군산포의 당제인 용왕굿(수륙제)을 모시는 당집이 있었기에 수륙산 혹은 수덕산이라고 불렀다.

장항포는 장항읍 신창리에 자리한 포구로 백제시대에는 설림군에 속한 포구로 오랜 시간 갈대숲에 자리한 포구로 알려져 왔는데 1938년 강안매립공사로 축항되어 장항도선장이 만들어진다.

(2) 용댕이나루(경포 – 용당진)

경포와 용당진 간 나루는 군산의 경포(슬애나루 / 군산시 금동사거린 인근)와 서천 용당진간에 왕래했던 나루를 말한다. 경포(京捕)라는 명칭이 서울로 가는 포구라는 뜻을 지니고 있음에서 알 수 있듯이 경포에는 일찍이 많은 사람들이 몰려들었고 그러한 이유로 조선시대에 경장시장이라는 큰 장터가 조성되었던 곳이다. 경장시장에 대한 기록을 보면 "경장시장은 400년 전부터 장이 열리기 시작하였고 30여 년 전까지 서천 방면으로 가는 도선장이 있었으며 상업 인구는 500여 명이다. 경장시장 이용 지역은 군산과 옥구 서천의 대부분 지역으로 이외에 강경, 전주, 태인 등지까지 걸쳐 있었다. 거래 품목은 쌀, 콩, 녹두, 깨, 백목,

마포, 금포, 광목 등이 있었고 시장은 매우 번성해서 거래도 오늘날의 수십 배였다[17]"고 적고 있어 경포가 경장시장과 함께 금강 하류의 경제 중심지였음을 알 수 있다. 그러나 1920년대 경포천이 매립되고 경장시장이 기능을 잃은 후에 경포~용당 간 나루의 기능은 인근에 위치한 죽성리포구(째보선창)로 옮겨간다. 그러나 강 건너편에 위치한 서천의 용당나루는 변치 않고 나루 역할을 한다. 장항읍 원수리에 자리한 용당나루는 금강쪽으로 튀어나온 용당산의 동쪽에 나루터가 자리하여 용당나루라 불렀는데 조선시대에는 경포(슬애)와 나룻배가 왕래했으나 일제시대에는 1931년까지 째보선창과 나룻배가 왕래하였다. 용당나루는 나루의 기능과 포구의 기능을 함께 지니고 있었는데 용당포는 조선시대 금강의 중요 포구로 성당창에서 출발한 조운선들이 금강의 마지막 관문인 용당포에서 휴식을 취하며 용당산에 올라 용왕신에게 안전한 항해를 기원하며 제사를 지내던 곳이다.

〈사진 2-8〉 용댕이 나루터

17) 조선총독부, 「조선의 시장경제」, 1929, 194쪽.

(3) 곰개나루(웅포－신성리)

웅포(곰개)－신성리나루는 양쪽 마을 주민 모두 곰개나루라고 불렀는데 그 이유는 신성리에서 뜨는 나룻배가 강 건너 곰개(웅포)를 왕복하였기에 공용명칭으로 곰개나루라 불렀다고 한다.

〈사진 2-9〉 조선시대 나룻배 모습(한강추정)

이곳이 나룻터로 이용된 유래는 아주 오래되었다고 하는데 조선시대에는 나룻배가 나무로 만든 황포돛배 형태로 크기가 관광버스 정도였기 때문에 쌀가마 50개 정도를 실을 수 있었다고 한다. 나룻배의 운행은 뱃사공이 돛과 노를 이용하였으며 운항시간은 부정기적으로 손님이 배를 채우면 출발하였다고 한다. 1940년대에는 강폭이 지금보다 좁아서 소리를 질러 강 건너 배를 불렀다고 하는데 강물이 양 강변의 흙을 깍아 먹어 1960년대가 되면 강폭이 넓어져 금강의 지류 중 군산포구 다음으로 이곳의 강폭이 넓어짐으로서 양쪽 나루에서 깃발을 흔들어 배를 불렀다고 한다. 나룻배 운임은 조선시대에는 기방세라 불렀으며 양쪽 마을 주민들이 한 마을처럼 왕래가 많아 1년에 한차례 곡식(보리, 콩)이나 벼로 뱃삯을 주었다고 한다. 하지만 1960년대가 되면 운임을 화폐로 받았는데 성인 1인 300원(아이는 무료), 소 1마리 500원을 받았다고 한다. 손님들은 주로 장사꾼들이었는데 태모시(모시의 재료), 소, 염소, 마포, 무명 등을 지닌 장사꾼들이 웅포에서 신성리로 넘어 왔다. 태모시는 전라도에서 생산되어 이곳을 거쳐 한산에 가면 한산모시로 제작되었다. 반면에 신성리에서는 잡곡(조, 콩)이 많이 넘어갔다고 한다. 당시를 기억하는 촌로들에 의하면 일제시대 때는 태모시, 마포, 면 등이 통제품이라 매매가 어려우므로 나룻배를 통하여 몰래 운반했는데 발각될 경우 조합과 순사들이 빼앗아 갔다고 한다.[18]

(4) 갓개나루(입포 - 제성)

입포는 일명 갓개라고 불리는 포구로 나룻터에는 초가집 주막이 있어 이곳에서 도선객들이 나룻배를 기다렸다. 나룻배 손님은 1척뿐인 나룻배가 강 건너 익산시 함열군 제성에 가있으면 소리쳐 불렀으며 입포장이서면 나룻배에 사람이 몰려 한번에 많이 탈 때에는 40~50명이 승선했다고 한다, 나룻배의 뱃삯은 다른 지역과 달리 외지인의 출입이 많아 년으로 계산하지 않고 탑승시 계산하였다고 한다. 제성나루는 익산시 웅포면 제성리에 자리한 나루터로 입포의 상권영향을 받아 전라북도의 상인들이 입포장을 보러갈 때 이용한 나루터였다.

---

18) 신성리 곽문용(78세) 신성리 나루터 사공(2004. 11. 27. 김중규 조사).

(5) 황산나루(세도 – 황산)

부여군 세도면의 넓은 들판을 배경으로 금강 변에 자리한 세도와 강경의 황산(놀뫼)간의 150m 남짓한 거리를 나루 배로 건너던 시절 황산나루는 금강 최고의 나루터였다. 황산나루는 강경장이 번성하며 뒤따라 생간 나루터로 역사가 오래되지 않는데 나루터에는 나룻배와 함께 차마를 도강하는 선박과 사람을 운반하는 인도선(人渡船)이 따로 있어 1960년 이전까지 강경읍으로 통학하는 학생들로 아침 저녁 혼잡을 이루었다. 그러나 1988년 황산대교가 만들어지며 중단되었다.

3) 강 남안 전라수계의 포구와 나루

조선시대 이래로 금강의 남쪽(전라)에 위치한 군산에서 강경까지의 포구와 나루는 17곳 정도 되는데 하류부터 살펴보면 군산포 ⇒ 죽성포 ⇒ 경포 ⇒ 궁포 ⇒ 사옥개 ⇒ 월포 ⇒ 석포 ⇒ 서포 ⇒ 나포 ⇒ 웅포 ⇒ 판포 ⇒ 피포 ⇒ 제성 ⇒ 성당 ⇒ 용안 ⇒ 황산 ⇒ 강경 등이 있었다. 이 장에서는 이들 포구의 위치와 현황을 살펴보고자 한다(〈지도 2-3〉 참조).

(1) 군산포(群山浦, 진포)

- 행정구역 : 군산시 장미동 한국전력이 자리하고 있는 인근지역
- 연혁 : 군산은 옥구현 북쪽의 진포에 자리하고 있는데 전함이 중함4척, 별함4척, 군사 461명, 초공4명 등이 있고 군산진의 관리는 종3품인 수군만호이다(세종14년 1432).

조선시대 군산포은 군산시 해망동 도선장 인근에 자리하고 있었다. 현재도 당시 나루터의 역할을 현대식 나루터인 도선장이 이어가고 있다. 군산포에 대한 기록은 「대동지지」 옥구현조에 "군산포진(群山疱鎭)은 옥구현의 북 20리에 있다"고 기록한다.

〈사진 2-10〉 1890년대 군산항

여기에서 언급하는 군산포진은 본래 왜구를 막기 위해 선유도에 있었던 조선의 수군부대였으나 왜구가 선유도를 우회하여 금강에 들어오자 세종 초에 현재의 군산시 영화동 수넉산 기슭에 있는 군산진성(일명 노인성)으로 이전하면서 불리어지게 되었다. 군산포에는 수군기지인 군산진과 해창(군산창)이 함께 있었기에 군산진, 군산창, 군산포, 해창, 칠읍해창 등 다양한 이름으로 호칭되었다.

군산포의 자연 환경을 「조선왕조실록」에서는 "군산진은 세미를 포구까지 날라야 하는데 득성창보다 다소 멀고 조함 출입이 불편하므로 부득이 쌀을 포구에 져 나르자면 만조 시에는 침수되고 진 뻘에 빠질 우려가 있습니다"[19]라고 하여 군산포가 조수 간만의 차이가 크고 그로 인한 갯벌 때문에 규모가 큰 조함의 출입이 어렵다는 상황을 자세하게 설명하고 있다.

19) 「성종실록」 21년 9월, 성건의 복명서.

군산진(군산포)의 시설은 「1872년 전라우도 군산진지도」를 보면 확인할 수가 있는데 군산진이 자리한 수덕산 기슭에는 아청과 아내, 책당, 군기고 등이 모여 있고 조금 남쪽으로 이청, 조복청, 장청 등의 건물들이 자리하고 있으며 군산진 인근에는 구영리와 강변리라는 마을들이 있어 군산진에 근무하는 수군병사들의 가족들이 살았던 것으로 보인다.

조선시대 군산진과 군산창의 역할을 하던 군산포는 1899년 군산이 개항된 후 군산항이라 불리며 호남지역 최고의 국제항구로 발전을 거듭하게 된다. 1894년 이후 불법적으로 군산지역에서 밀무역을 행하던 일본인 상인들은 조선 3대 시장 중 한곳이었던 강경시장에 거점을 마련하려 노력하였지만 강경시장의 민족자본가들이 힘을 합하여 대항하자 그 뜻을 이루지 못하고 대신 강경시장의 조선인 자본가들을 고사시키려는 계획하에 금강의 입구이며 조선왕조의 조운창고와 수군부대가 있던 군산포를 개항시켜 자신들의 본거지로 삼고 군산항을 근거로 호남지역 경제를 손아귀에 넣고자 하였다.

일본인들의 강경시장 고사계획은 군산항의 개항을 필두로 전군도로의 개통(1908년)으로 전주지역의 상권을 군산에 예속시켜 그 뜻을 이루었고 끝내는 호남선 철도를 개통(1912년)하여 북쪽의 충청북도와 남으로는 전라남도를 군산상권에 포함하는 결과를 얻어 음흉한 그 뜻을 이루게 된다. 이러한 치밀한 일제의 침탈계획으로 군산포는 식민지 수탈의 전진기지인 군산항이 되었고 반면에 강경시장과 군산의 경장시장(설애장)은 불리한 교통과 유통업의 제한으로 쇠퇴를 거듭하게 된다. 이 시기 조선의 쌀을 일본으로 수송하기 위한 항구였던 군산항은 발전을 거듭하여 1909년의 경우 우리나라 전체 미곡 수출량의 32.4%가 군산항을 통하여 일본에 수탈당하게 된다.

일제시대 군산항은 군산세관의 관리 하에 상선과 관선의 출입만이 허가되는 항구가 되는데 수차례의 내항 축항공사로 과거의 지형은 큰 변화를 겪게 되며 뜬 다리 부두 등이 만들어져 규모면에서 인천항에 뒤지지 않는 항구가 된다. 이 당시 어선과 충청남도 장항으로의 나루터 기능은 동쪽 2㎞ 위치에 자리한 죽성리 포구(째보선창)에서 대신하였다. 그러나 해방 이후 군산항이 침체기에 빠져들고 소룡동에 외항이 만들어지며 현재는 도선기능과 어선만이 정박하는 내항이 되었다.

(2) 죽성포(竹城浦, 째보선창)

- 행정구역 : 군산시 금암동
- 연혁 – 죽성포(竹城浦) : 옥구군의 북쪽 군산부에 있다. 옥구군지(대정 13년, 1924)

군산시 금암동에 자리한 째보선창은 지금은 쇠락하고 너저분한 어시장의 모든 모습을 보여주는 곳으로 변하였다. 이곳이 째보선창이라는 특이한 이름으로 불리는 유래는 옛날 이곳 선창에 째보(언청이)라고 불리는 객주가 있었는데 그가 이곳 포구의 상권을 모두 장악하고 있었기에 째보선창이라고 불렀다고도 하고 혹은 포구의 모습이 안쪽으로 째진 모습이 마치 째보(언청이) 처럼 생겼다하여 그렇게 불렀다고도 하는데 명확히 알 수는 없다. 째보선창은 일제시대 이전인 고려, 조선시대부터 군산지역 주요 포구 중 하나였다.

일반인들에게 생소한 명칭인 죽성포구가 바로 째보선창의 본래 명칭인데 죽성리 포구란 조선시대 이곳에는 큰 대나무 숲이 있어 마을을 감싸고 있었는데 마을을 감싼 대나무 숲이 마치 성(城)과 같이 서쪽과 북쪽에서 오는 바람으로부터 마을을 보호하는 모습이었기에 그 마을의 이름을 대재 즉 죽성리(현 죽성동)라고 불렀던 데서 유래한다. 그리고 그 마을에 있는 포구이기에 죽성포구라고 불렀던 것이다.

〈사진 2-11〉 군산 째보선창(1930년대)

죽성포구가 처음 기록에 등장하는 것은 조선시대 『옥구군지』인데 당시 포구의 위치는 현 금암동 해안파출소자리에 있던 지금은 사라진 돌산 기슭이었다. 이 돌산의 동쪽 기슭에는 둔율동성당 인근 산에서 흘러 내려온 개천 물이 과거 옥구군청 인근에 모여 작은 소(연못)를 이루고 이곳에 모인 물이 다시 흘러 죽성포구로 흘러드는 줄기와 또 다른 줄기인 경포천에서 갈라져 나와 발이산(팔마산) 기슭을 돌아 대명동 구시장을 지나 죽성포구로 흘러오는 자연하천이 합류하여 강과 만나는 자리에 포구가 형성되었다. 죽성리포구는 배의 접안이 용이하고 돌산으로 인해 해풍을 피할 수 있는 장점을 지니고 있었다. 조선시대까지만 하여도 서쪽에 군산포나 동쪽의 설애포(경포)에 비하여 규모가 적었던 죽성포가 째보선창으로 이름을 바꾸어 큰 성장을 한 것은 일제가 군산에 발을 들여놓은 개항 이후이다.

군산항이 개항되며 군산포가 관용항구가 되어 어선의 출입이 제한되자 어선들이 인근에 위치한 죽성리 포구로 몰려들었고 어선들이 몰려들자 동부어판장이라는 수협조합이 만들어지며 상권의 중심 포구로 되었던 것이다. 거기에 덧붙여 충남 서천으로의 나루터와 강경까지의 여객선이 째보선창을 출항지로 운항함으로서 째보선창은 최고의 번성기를 누렸다. 결과적으로 경포가 쇠퇴의 길로 접어들자 설애장(경장시장)의 조선인 객주들이 군산에 가까운 죽성포구로 이주해 와서 여관업과 어류유통업을 하였고 이들이 죽성포구 인근에 객주전거리를 형성함으로서 더욱 발전의 계기를 마련하여던 것이다. 그 와중에 일본인들도 째보선창 인근에 집단거주지를 만드는데 1900년초 나가사끼현의 어부들의 동빈정(금암동) 집단이주가 그것이다.

째보선창의 규모가 커지자 1933년 군산부에서는 째보선창에 동빈어판장(히가시하마)라는 수산시장을 개설하여 군산 수산업의 중심시장으로 만든다. 당시 동빈어판장의 위판고는 하루 40원에 이르렀는데 1백평 정도의 목조건물이있던 이판장은 현재 군산의 수산업 중심지인 서부어판장과 비교할 수 없이 큰 규모였다. 1920년대 이후 1970년대까지 성황을 누리던 째보선창에는 요즘에야 환경오염으로 고기의 씨가 말라 옛날 이야기로만 풍요로운 선창가 이야기가 전해온다.

일제시대 황포 돛단배로 금강을 오르내리며 고기를 잡던 시절 4월 산비탈에 진달래꽃이 점점이 뿌려질 무렵이면 금강 하구에 산란하러 온 뱅어를 잡기 위해 수많은 풍선(돛배)들이 불야성을 이루었다고 한다. 이렇게 해서 잡은 뱅어는 고기 맛이 좋아 비싼 가격에 거래되므로 일본인만 먹는 생선이었다고 하는 슬픈 이야기 또한 전한다.

일본인의 생선인 뱅어가 사라지고 5월이 되면 고군산열도의 황금어장인 칠산바다에 조기떼가 밀려와 조기를 잡기 위해 어민들은 몸살이 날 정도로 고단한 생활 속에서도 콧노래를 불렀다고 한다. 이때 군산 앞

바다에서 잡히는 조기는 알이 밴 누런색의 참조기인데 그 크기가 어른 팔뚝만 해서 요즘 조기와는 비교가 안 되는 상품이었다고 한다. 칠산어장이 물반 고기반이 되면 멀리 황해도 연평도에서도 조기를 잡으러 왔으며 위도와 연도 어장에서는 임시 바다수산시장인 파시가 서서 수송선들이 조기를 사들여 째보선창으로 날러대는 바람에 정신이 없었다고 한다. 조기 철이 되면 동네 아낙들이 모두 몰려나와 조기를 염장해서 팔아 넘겼고 남는 것은 굴비로 만들었는데 이 기간에는 동네 개들도 어른 팔뚝만한 참조기를 한 마리씩 물고 다녔다고 한다.

일제시대 째보선창이 번창한 요인은 동부어판장의 설립과 조선인 객주들이 째보선창에 밀집해 있어 민간유통업의 중심지였기 때문이다.

현재 째보선창은 바위산도 깎여 나가고 자연하천도 복개되어 옛 모습을 전혀 찾을 수 없다.

(3) 경포(京浦, 슬애포구)

- 행정구역 : 군산시 중동
- 연혁 : 경포 군의 동쪽 20리 동쪽에 있다. -옥구군지(대정 13년, 1924)

경포는 오늘날 군산시 중동 로타리 지역으로 서래포구 혹은 슬애포구로도 알려진 포구이다. 당시에는 현재 중동농협 길 건너편 쪽이 배를 대는 포구였고 그 인근에 초가집이 꽉 들어찬 어촌마을이 있었다고 한다.

조선시대에는 서래산(현 군산역 뒤 바위산)을 등지고 군산 최대의 자연하천인 경포천을 앞에 둔 어촌마을이었는데 당시 마을 주민들은 자신들의 마을을 슬애라 불렀다. 슬애란 서래의 군산식 발음인데 그 뜻은 서울에 가는 포구라는 뜻이다. 이 슬애를 한문으로 기록하려니 서울 경(京)에 포구 포(浦)자를 사용하여 경포라 부른 것이다. 군산포가 조창을 중심으로 한 관용포구였다면 서울로 가는 포구였다는 경포는 조선시대 군산의 어업과 상무역이 가장 활발했던 민간인 포구였다. 경포에는 경장시라는 오일장이 열렸는데 경장시장은 경포에서 경포천을 따라 조금 안쪽으로 올라가 현재의 경장동 예그린APT 인근에 위치하였다. 일명 설애장터라고도 불렸다.

경장시는 초하루(1일)과 초엿새(6일)에 장이 서는 오일장이었고 장터의 위치가 현재의 경포천을 이용하여 나루터 및 포구 옆에 자리하고 있어 군산과 인접한 충청남도, 서천, 한산 등의 지역으로 왕래하는 나룻배를 이용하는 사람들의 왕래가 끊이질 않았다. 또한 금강 상류에 위치한 조선 3대 시장인 강경장 상인들의 상업선이 경포를 출입하여 시장의 거래 구역도 넓고 매우 번성한 시장이었다.

경포의 설애산에는 다른 포구들과 마찬가지로 당집이 있었다고 한다. 서래산(돌산)의 동북쪽 7부 능선에는 군산에서 처음 고기잡이를 시작한 10성받이 조상들을 모시는 당산이 있었는데 그 모습은 정면 1칸 측면 1칸의 기와집이었고 당집 앞에는 당집을 지키는 무속인의 집이 있었다.

이 당산에서는 매년 음력 정월 대보름 첫새벽에 당제를 지냈다고 한다. 당시 당제의 모습을 보면 먼저 서래산 당산에서 당산제를 지내고 그 후 경포리(중동) 마을로 내려와 용왕세를 지내는 순서였는데 당제가 열리면 농악대를 앞세워 마을을 돌며 걸립을 하였다고 한다. 그러나 현재의 설애산은 군산역의 동쪽에 절개된 작은 바위덩어리로 남아있다.

(4) 궁포(弓浦, 궁멀)

• 행정구역 : 군산시 구암동 구암동산

궁포는 오늘날 구암동 세풍APT가 있는 강가의 조그만 동산인 구암동산 기슭에 자리한 포구였다. 궁포는 구머리, 궁말, 구암 등으로 불렸는데 궁멀이란 궁멀산이 거북이가 강에 들어가는 모습이라서 거북이구(龜)

자를 써서 거북이마을이란 뜻의 구멀이라 불렀으나 발음상 궁멀로 변한 것이다. 궁멀은 궁포귀범(弓浦歸帆)이라고 하여 궁포 모퉁이로 돌아 내려오는 돛닷배들의 아름다움이 군산8경 중 하나로 꼽혀 있는 곳이다.

궁포는 경포나 죽성포에 비하면 작고 한적한 포구였지만 이곳 역시 궁멀산 기슭으로 자연하천인 둔덕천이 흐르고 있어 포구의 조건은 잘 갖추어진 곳이다.

궁포는 금강의 연락선의 경유지나 나루터가 있던 곳은 아니지만 어선이 접안하고 인근에 소규모 조선소가 있었다.

1900년대 궁멀은 궁멀산에 자리잡은 남장로선교회선교사들이 건립한 구암교회, 예수병원, 영명학교, 멜본딘여중, 영명 초등학교의 영향으로 미국산이라고도 불리었는데 당시 선교사들이 궁멀을 선교의 본거지로 삼은 이유는 궁멀이 멀리에서도 눈에 띄는 지리적 특징과 함께 금강 입구에 자리한 포구라서 금강 상류와 고군산 도서지역에 대한 수로를 이용한 선교사업이 용이했기 때문이다.

궁멀 인근에서는 마을 사람들이 간단한 전통어업을 해왔는데 대발과 고정 개매기라고 하는 두 가지 종류가 있었다고 한다. 하지만 현재는 사라지고 구전을 통해서만 확인 가능하다. 대발은 궁멀 앞 물길이 현재와는 달랐던 해방 전에 구암동산의 동북쪽 하천 앞에서 이루어졌는데 당시 연세가 많으신 할아버지 한 분만이 대발을 쳤다고 한다. 대발은 대나무의 높이가 1m50㎝, 길이가 30~40m의 반달형 어구였는데 주로 숭어, 새우, 우여, 잡어 등을 잡았다고 한다. 이밖에도 고정 개매기는 금강의 중간에 썰물 때 나타나는 모래톱에 설치했는데 2m 높이의 나무 말뚝을 5m 간격으로 50m 정도 V자형으로 설치했는데 이곳에서는 뱀장어가 많이 잡혔으며 숭어와 새우, 우여 등도 잡혔다고 한다. 고정 개매기는 구암동 사람이 아니고 사옥개 사람이 와서 설치했다고 하는데 그 사람도 사망하여 현재는 물가에 말뚝만이 드문드문 서있는 모습이다.[20)]

(5) 월포(月浦, 달개)

• 행정구역 : 군산시 성산면 항동리 월포
• 연혁 : 월포는 군의 동쪽 30리에 있다. -「조선환여승람」

월포는 우리말로 달개나루라고 부르는데 성산면 성덕리 항동마을에 있다. 월포는 포구와 나루터의 기능을 같이 한 것으로 보인다. 그러나 식민지시대 금강을 운행하던 여객선의 경유지는 아니었다. 이곳에는 해방 후 큰 돛단배 1척과 작은 어선 3~4척이 금강 하구에서 어로작업을 하였으며 객주도 1인 있었다고 하는데 이름은 알 수 없다. 월포의 나룻배는 조그마한 전마선이 1척 있어 서천 화양의 망월리로 건너다녔다고 한다. 이곳 나루터는 주로 서천의 모시 상인들이 모시와 삼배를 짊어지고 와서 임피지역에서 팔고 가는 나루터였다. 월포가 언제부터 포구의 역할을 했는지는 알 수 없지만 자그마한 바위산이 강으로 돌출해 있어 포구로서의 환경은 잘 지니고 있다. 또한 인근에 백제가 금강을 방어하는데 전략적으로 중요했던 오성산성이 있어 백제시대에는 오성산성의 포구로 활용되었을 것으로 보인다.

〈사진 2-12〉 월포 전경

20) 제보자 : 이동철(67) 구암동 거주(2004. 12. 김중규 조사).

(6) 서포(西浦, 서시포, 서호)

- 행정구역 : 군산시 나포면 서포리
- 연혁 : "강을 거슬러 올라가면 시야가 탁 트인 곳에 서시포(西施浦)가 나온다" –「택리지」

서포는 성산에서 나포를 가다보면 만날 수 있는 마을로 과거에는 서시포라고 불린다. 조선 숙종 때 사람인 이중환의 「택리지」에는 서시포에 대하여 "강을 거슬러 올라가면 시야가 탁 트인 곳에 서시포(西施浦)라는 큰 마을이 있는데 배가 머무르는 곳으로 강경, 창안과 함께 강가의 이름있는 마을이다. 서시포라는 명칭은 민간에 전해오기를 중국 월나라의 미녀로 미인의 대명사인 서시가 바로 이곳 출신이라서 서시포라 한다"고 적고 있어 흥미롭다. 서시는 중국 월나라 때의 미인으로 월왕 구천이 자신의 목숨을 구하기 위해 오왕 부차에게 서시를 헌납하는 미인계를 부려 오왕이 서시에게 빠져 정치를 멀리하고 끝내 멸망함으로서 나라를 위태롭게 할 정도의 뛰어난 미녀를 일컫는 한자성어 경국지색(傾國之色)이라는 말을 만들어낸 주인공인데 중국 강남의 소흥 저라산 근처에서 나무꾼의 딸로 태어난 서시를 동명이라 하여 군산서포출신이라 하는 것은 심한 억측으로 보인다〈이하내용은 서포조창 참고〉.

(7) 나리포(羅里浦, 나리포창)

- 행정구역 : 군산시 나포면 원나포
- 연혁 : 나리포(羅里浦)는 진포의 다른 이름이다. 동으로는 함열의 웅포와 접하고 서로는 옥구의 군산과 접하며 앞에 바다가 있다. –「대동지지」 임피현조

나리포 혹은 나시포라고 불렸던 원나포는 나포면소재지를 지나 공주산이라고 하는 금강으로 돌출해 있는 조그마한 산 아래 위치하고 있다. 본래 현재의 원나포가 나포 포구의 중심이었으나 면사무소가 이전 하며 나포초

등학교가 자리한 나포 문화마을로 명칭을 넘기고 원나포라는 이름으로 남아있다. 나리포란 명칭의 유래는 나리포창에서 유래한 말로 조선 숙종46년 진휼청에서 공주, 연기의 입구인 나리촌에 설치한 점포에 근원을 두고 있다. 그 나리촌이 금강하류인 나포로 옮겨진 것은 경종 2년의 일이다. 나리포의 용도는 도서지역에 가뭄이 들면 내륙의 미곡과 섬에서 생산되는 해산물을 물물교환 할 수 있게 하는 일종의 공용 임시시장이었다.

나리포가 언제부터 포구 역할을 했는지는 알 수 없으나 원나포 마을에서는 허씨 성을 지닌 허선달이라는 이가 진도에서 이곳에 와서 처음 포구를 열었다고 전하는데 「신증동국여지승람」 임피현 산천조에는 "공주산은 현의 북쪽 13리에 있는데 전하는 말에 공주로부터 떨어져 나왔기에 이름한다고 한다. 공주산 밑이 진포인데 민가가 즐비하고 배 부리는 것을 상업으로 한다"라고 적고 있어 이미 조선시대 초에도 상당한 규모의 어촌이었음을 알 수 있다. 이곳 나리포(원나포)의 공주산에는 영신당이라는 당집이 있어 근래까지 당산제가 이루어졌다고 하지만 현재는 빈터만 남아있다.

영신당 당제는 매년 정월 대보름날 지냈으며, 경비의 일체는 마을 사람들이 부담하였다. 당주는 정월 열 나흗날 밤 자정이 되어서 인기척이 없을 무렵에 혼자서 음식 일부인 밥·떡·술·과일·전·돼지머리 등을 깨끗한 새 발채에다가 짊어지고 공주산으로 올라가 바로 당집 뒤에 있었던 제단석의 넓다란 바위에다 차려 놓고 산신제를 먼저 지낸다. 이튿날 새벽 5시쯤에 바닷가에 있는 아랫당이라 불렀던 각시당의 음식을 남겨 두고 깨끗한 새 발채에 다시 음식을 짊어지고 윗당인 영신당으로 가서 마을 할머니로 하여금 제물을 차려 놓게 한 다음에 좌우에 촛불을 켜놓고 소지를 올릴 준비를 한다. 이와 같은 진설이 끝나면 마을에서 제일 유식하고 그 해 궂은 일이 없는 남녀노인이 제주가 되어 예로부터 전해오는 축문을 읽는 형태였다.

〈사진 2-13〉 나포포구 전경

〈사진 2-14〉 나포포구와 공주산

이밖에도 공주산에는 우리민족의 기원인 고조선과 연관된 또 하나의 전설이 전하는데 고조선의 준왕이 위만에게 나라를 빼앗긴 후 배를 타고 남쪽으로 내려와 새로운 땅을 찾았는데 그때 준왕이 처음 상륙한 곳이 바로 금강하류인 나리포의 공주산이고 준왕은 산을 넘어 익산에 가서 나라를 세웠는데 이때 왕의 공주가 머물렀던 곳이기에 이 산을 공주산이라 불렀고 공주를 데리러 왕이 왔다고 하여 공주산의 앞산은 왕이 왔다는 뜻의 어래산이라 불린다는 것이다. 이처럼 다양한 전설이 전해 내려오는 나리포는 어업과 농사로 풍요로운 삶을 영위하는 마을이었다.

나리포에는 수많은 어선들이 배를 대고 다양한 종류의 수산물을 객주들에게 넘겼는데 서해바다와 금강 하구에서 잡히던 많은 어종들이 대부분은 지금은 나오지 않는다고 한다. 나포의 객주는 해방 전에는 이종윤(이병규씨 조부) 서삼동, 조동철(조은규씨 부친), 조판종씨 등이 영업을 하였다. 이들 중에 이종윤씨는 재력이 있어 혼자 운영을 했으나 서삼동, 조동철, 조판종씨 등 3인은 동업을 하였는데 이들의 동업은 서삼동씨에게 일이 밀려들어 혼자 감당하기 어려워지자 합자를 하기로 하였으며 이익금은 동일하게 분배했다고 한다.

당시 객주들은 서로 생원이라고 호칭했다. 나포의 객주중에 직접 어선을 운영하는 사람은 없었고 조동철씨만 어선으로부터 물건을 받아올 수 있는 작은 상고선이 1척 있었다. 객주들의 영업 방법은 진도, 완도, 고군산 등에서 고기를 잡은 어선들이 나포포구에 들어오면 장사꾼과 연계해주고 판매금의 10%를 받는 형태였다.

당시 금강에서는 강경 아래로 입포 〉 웅포 〉 나포 〉 순서로 포구의 규모가 컸으며 이곳에 들어온 어선들이 가격을 못 맞추어 잡아온 어류의 판매시기를 놓치면 어류의 신선도가 떨어지는 일이 빈번하게 발생했는데 이런 경우 어부들은 논산으로 가서 물건을 처분했고 이러한 경우를 객주들은 "오줌 싼다"라고 표현했다.

해방 후에는 이들 4인 외에 조부천, 한진아, 김감녹, 원용근씨 등이 객주업을 시작하였다.

그러나 객주들의 영업은 해방 후 군산 동부어판장에 어협조합(수협공판장)이 만들어지며 객주들의 영업자체가 불법이 됨으로서 쇠퇴기에 들어가고 한국전쟁을 겪으며 모두사라지게 된다.

1940년대 나포에는 주재소(파출소)가 있었는데 주재소는 판자에 기와지붕 건물이고 2명(일본인 순사1명, 조선인 보조원 1명)이 근무를 했다. 이밖에도 2곳의 일상용품 배급소가 있었다. 당시는 태평양전쟁 중이라 모든 생활용품을 배급제로 했는데 배급소는 돈을 주고 물건을 사고파는 것은 같았으나 동(洞)이나 면에 1~2개소 정부의 허가를 받은 업소만 운영이 가능했고 물건도 면민에게만 판매가능했다. 나포의 경우 식료품(쌀, 설탕, 밀가루)은 서삼동씨의 배급소에서 취급하였고 옷가지와 농기구류는 조동선씨가 취급하였는데 이들은 면(面)에 할당된 일상용품을 대야의 취급소에서 정량 만큼 받아와서 면민(面民)에게만 판매를 했다. 포구인근에는 주점이 3곳 있어 어부들을 상대로 운영을 했다.

나포 인근에서 잡히는 어류로 봄이 되면 금강 하구에 와서 산란을 하는 뱅어를 들 수 있다. 요즘은 보기도 귀한 어류가 된 뱅어는 물고기 중 가장 깨끗한 어류였다고 한다. 뱅어잡이는 열흘 이내로 끝이 났는데 뱅어잡이가 끝나면 회를 쳐서 먹으면 고소한 맛이 일품인 우여와 몰치(숭어새끼)등을 잡았다. 같은 시기 군산앞 바다인 칠산어장에는 남해안에서 월동을 하고 북상하는 조기잡이를 위하여 서해안의 거의 모든 배들이 모여들고 바다에서 장이 서는 파시가 열렸다. 당시 잡히던 조기는 어른 팔뚝만하여 오늘날에는 구경하기 힘든 큰 조기였다고 한다. 이때 조기를 잡은 어선들이 금강으로 들어와 포구의 객주들에게 물건을 팔았는데 나포로도 수많은 배들이 들어왔다고 한다. 이곳에서는 지금도 두 세척의 배가 어로작업을 하고 있는데 일제시대에는 군산항에서 출발한 여객선이 이곳을 거처 강경으로 올라가던 항로였으나 1980년대 금강 하구둑이 완공되며 바다와 강이 단절되자 어장과 수로의 기능을 잃고 지금은 한적한 시골 마을로 잊혀져 가고있다. 이곳에서의 함정어업은 하구둑 완공 전까지 행해졌는데 대표적인 것이 개매기와 똘매기라는 어법이었다.

개매기는 서해안의 개매기와 유사한 형태인데 원나포에서는 마을 앞 금강에 설물 때 나타나는 모래톱에 어망을 설치하는 형태를 취하였다. 마을에서는 모랫등이라 부르는 곳에 모랫등의 지형을 따라 U자형으로 말뚝을 박고 그곳에 그물을 메달아 바닥에 숨겨 놓은 후 물이 들어왔다 다시 나가는 썰물 때 배를 타고 나가 바닥에 숨겨놓은 그물을 걷어올려 고기를 포획하는 형태였다 당시 개매기의 모습은 U자에 양끝을 휘감아놓아 포획 방을 만들어 놓은 형태였다. 당시 개매기는 1km 정도의 규모였으며 개배기 한 개에 5명 정도의 작업인원이 필요했다고 하는데 봄과 가을에는 새우와 황새기가 많이 잡혔고 5~6월에는 우어, 여름 가을에는 메기, 장어가 많이 잡혔다고 한다. 이때 잡은 고기는 중간상인이 회수해 갔다고 한다. 똘매기는 금강에 유입되는 개천에 설치하는 개매기 형태의 함정어법으로 역시 썰물 때 개천의 입구에 / 형태로 그물을 설치한 후 바닥에 감추어 두었다가 물이 들어온 후 그물을 걷어올리는 형태인데 그물을 대각선으로 설치하여 한쪽으로 몰린 물고기를 그물을 통째로 걷어올려 잡는 방법을 이용하였다. 똘매기는 모든 개천의 수문이 있는 곳에서 행해졌는데 개매기보다 적은 어로 행위로 주로 장어와 메기가 잡혔다고 한다.[21)]

---

21) 자료 제공 : 박대성(56) 나포면 원나포(2004. 11. 김중규 조사).

(8) 웅포(熊浦, 곰개)

- 행정구역 : 익산시 웅포리
- 연혁 : 웅포(熊浦)는 서북 십리에 있고 진포의 이명이다. – 대동지지(김정호)

웅포는 익산시 웅포면 웅포마을을 칭한다. 군산에서는 금강변 도로를 따라가다, 원나포를 지나 익산시 관내에 들어서서 첫 번째 나오는 마을이다. 웅포는 쇄락한 마을분위기 속에서도 파출소와 초등학교가 자리하여 과거에는 큰 마을이었음을 알 수 있는데 이곳저곳에 재래식 상점의 흔적과 대규모 젓갈통 들만이 이곳이 금강 하류 최대의 포구 중 한곳이었음을 알 수 있게 한다. 지방어른들은 금강물이 웅포에 이르면 짜지 않다는 말로 웅포가 살기 좋은 포구 마을임을 자랑한다.

웅포의 유래를 보면 웅포 인근의 새터마을 에서 백제시대 대규모 무덤군이 발견되었고 특히 입점리 고분에서는 왕관과 금동신발 등이 발견되었으며 인근에는 어래산성, 관원산성 등의 군사시설이 자리하고 있어 백제시대부터 금강 하류의 중요 도시였음을 알 수 있다.

웅포는 식민지시대 1강경 2곰개라고 불리며 금강 지역 유통 상권의 2인자로서 번영을 누렸던 곳이다. 당시에는 웅포 광덕정 아래에서 한산면 신성리로 왕래하는 나룻배가 있었는데 이 나루배에는 웅포 오일장을 찾는 충청도 상인들이 많이 이용하였다. 신성리 와의 나룻배의 운용은 양 지역의 경제 뿐만이 아니고 혈연적 관계도 연결하였는데 당시 웅포와 신성리는 서로 결혼을 많이 하여 사돈마을이라고 부르곤 하였는데 주로 생선장수들이 중매를 서곤 했다고 한다. 이곳 나루는 이용객이 많아 1905년 함열군 읍지에 의하면 군에서 이곳 나루터에 도장을 1명 배치하여 매달 20냥의 세전을 거두었다고 한다.

현재의 덕양정 자리는 본래 금강을 오가는 배들의 무사안전을 기원하는 용왕사가 있던 터이다. 용왕사나 용당이라는 명칭은 나루터나 포구의 제례처를 이르는데 웅포 용왕사의 용왕제는 고려시대 조정에서 관리하는 전국의 제사처였던 전국의 3산5악 중 4해에 해당하는 서부릉변의 현장으로 당시 임피군에 속하여 국가적인 용왕제를 지내던 유래 깊은 곳이다. 용왕사의 전통은 1970년대까지 지속된 웅포 용왕제에서 그 흔적을 찾을 수 있다. 용왕제는 웅포면 웅포리 일대 9개 마을이 정월대보름날 덕양정 자리에 있던 용왕사에 모여 웅포에 소속된 어선들의 안녕과 풍어를 기원하는 제례였다.

〈사진 2-15〉 덕양정에서 바라본 웅포포구 전경

과거 웅포장에서 유명한 특산품은 젓갈이었다. 현재는 젓갈하면 강경이지만 전에는 웅포의 젓갈이 더 유명했다고 한다. 웅포의 젓갈 중 조기젓은 특히 유명하여 이리, 전주 등으로 팔려나갔고 이때 조기젓은 조기젓대로 젓국은 젓국대로 따로 팔았다고 한다. 지금도 나포 등 인근 마을에서는 할일 없이 빈둥거리는 사람에게 "일 없으면 곰개(웅포)에 가서 젓국이나 날아라"고 핀잔을 주곤 한다.

웅포에 있는 웅포장은 규모가 커서 객주 또한 많았는데 19세기 웅포의 선주인(船主人) 가격은 1천냥에 이르는 거금이었다고 한다. 선주인이란 당시 포구는 전관제라 하여 포구의 관리를 하는 궁가(웅포는 명례궁 소속)[22] 의 허가를 받아 배를 가지고 포구에서 독점적 영업을 할 수 있는 사람을 말하는데 객주의 다른 명칭이라고 볼 수 있다. 이처럼 막강한 선주인의 위세는 일제시대에도 이어졌는데 일제시대 수많은 객주 중에 유명한 객주로는 유양순, 오귀연, 이상용씨 등을 들 수 있다. 이들의 규모는 다른 포구의 객주 규모와는 사뭇 달라 1인당 중선 배 여러 척을 직접 운영할 정도였다. 웅포가 이렇듯 상권이 강해지자 그 영향권 안에 있었던 강 건너 충청도 서천군의 신성리와 시음리 등의 포구에는 어선이 들어가지 않아 객주가 없었다고 한다. 당시 객주들과 선주들은 강변의 포구 인근에 거주하며 생활하였으며 웅포인근 마을 사람들은 강변의 갈대를 베어서 돗자리로 만드는 것을 업으로 삼았다고 전한다.

(9) 판포

• **행정구역 : 익산시 웅포면 웅포리**

피포는 웅포리에서 상류로 2㎞ 인근에 위치한 포구로 판포 혹은 한글로 느래라는 이름의 포구이다. 느래란 웅포에서 피포까지 지형적으로 포구가 늘어져있어 느래라 불렀다고 한다. 웅포와 함께 금강의 중요 포구로 이용되었는데 김정호의 『대동지지』에서는 피포에 해창이 있다

22) 순전영덕, 『이조상업정책사연구』 18~19, 동경대학출판사(1994).

고 하나 아마도 웅포면 고창리에 자리한 조선시대 덕성창터를 이웃한 피포와 혼돈한 것으로 보인다.

(10) 성당(聖堂, 승댕이)

- **행정구역 : 익산시 성당면 성당리 난포리**
- **연혁 – 성당창(聖堂倉) : 북 이십리 진포변에 있다. 세종 10년 용안의 득성창을 피포로 이전 하고 성종 18년 나누어 이전했다. 남원, 운봉, 진산, 금산, 용안, 고산, 익산, 함열 팔읍의 전세 대동미를 경성으로 운반하였다. – 대동지지(김정호)**

성당은 일명 승댕이라고 불리는 곳으로 조선시대 함열현감이 직접 조운선단을 이끌고 금강과 서해를 거쳐 한양으로 세곡을 운반하기 위한 출발장소인 성당창이 있던 곳이다. 원래 성당이라는 지명은 조선 태조 이성계가 나라를 세우자 반발하여 서울 두문동에 숨어들어간 72현 중 안씨 성을 지닌분이 이곳에 이주하여 살았는데 바로 그 분의 호가 은성당이라 성당이라 칭 했다는 설이 있다. 현재 난포천으로 불리는 금강의 지류가 과거에 배가 드나들던 물골 역할을 하였다. 주민들은 용안면 난포리와 성당면 성당리를 가르며 흐르는 난포천의 일부(283-1, 2, 3번지)일대가 과거 배의 정박지였다고 전하며 정박지 인근에는 보호수로 지정된 은행나무가 있는데 과거에는 이 나무에 배를 묶어 두었다고 한다. 난포천의 물길은 일제시대에 둑방이 쌓이며 변했는데 이전인 18세기 정조때에도 호조판서 정민시가 성당창의 이설을 논하거나 전라감사 윤시동이 성당창 물길이 물풀등에 막혀가고있다는 문제를 거론하는 것을 보면 성당포구의 물길이 자주 변화하였음을 알 수 있다. 성당포구에는 일제시대 정기 연락선이 운행을 하였다(〈이하내용은 앞의 성당조창 참고〉).

〈사진 2-16〉 성당포구 전경(강 건너편으로 백제의 성흥산성이 보임)

(11) 용안(龍安)

- 행정구역 : 익산시 용안면 용두리
- 연혁 – 금두포(金頭浦), 득성창(得成倉) : 금두포에 있다. 국초에 창성이 축조되었다. 전주 남원 등 19읍의 전세를 모아 한양으로 운반 하였는데 성종 18년 함열 성당창과 옥구 군산창으로 나누어 옮겼다. – 대동지지(김정호)

용안은 본래 함열현에 포함된 곳으로 1914년 익산군 용안면이 되었다. 금강변에 자리한 용안포는 용안면 용두리에 있는 위치한다. 용두산 기슭에 자리한 용두리는 『여지도서』에서 기록한 용두포로 조선시대 조운 창고인 득성창이 자리하고 있었다. 용안포에서 강 건너 다근이로 가는 나루터가 있었으나 연객선이 경유하지 않았다(〈이하내용은 앞의 용안조창 참고〉).

(12) 강경(江景, 갱갱이)

- 행정구역 : 논산시 강경읍
- 연혁 : 강경은 은진군 김포면의 지역이었는데 1914년 행정구역 폐합에 따라 강경면으로 하고 논산군에 편입되었으며, 동국여지승람에 은진현(恩津縣) 강경포(江景浦)가 나오고, 1731년(영조7년)에 세운 미내교 석비(渼柰橋石碑)에 보면 강경촌(江景村)이라고 기록되어 있다.

강경은 조선전기까지는 강경대(江景臺)라는 작은 야산에 불과했다. 그러나 포구로 개발됨에 따라 전국적인 대규모 상업도시로 발전하였다. 중요상권으로 강경의 입지가 부각되기 시작하것은 18세기 중엽부터였다. 이 시기에 신흥 상업세력이 크게 성장하였고, 상품유통의 구조가 전국적으로 형성되기 시작하였다. 이때 대규모 유통시장이 형성된 곳은 대도시 지역과 강을 끼고 있는 포구와 바닷가의 해안 포구였다. 옛적부터 은진(논산)은 강경덕에 산다는 말이 전하는 강경은 시장 깊숙이 배가 들어와 천연적인 지형을 이용한 강경시장의 발전으로 서해 수산물 최대시장으로 성장하여 1평양, 2강경, 3대구라 부르는 전국 3대 시장의 하나였으며 성어기(成魚期)인 3~6월의 4개월 동안은 하루 1백 여척의 배들이 드나들어 우리나라에서 가장 번성한 포구가 있었던 곳으로 서해(西海)의 각종 해산물이 이곳으로 들어와 전국 각지로 공급되었다. 조선 3대 시장으로 한 시대를 풍미했던 강경포구는 이제는 사양길에 접어든 황혼의 항구가 되었다. 그럼에도 불구하고 사람들의 뇌리 속에 금강의 포구 하면 강경을 떠올리고 강경의 새우젓을 기억하게 하는 것은 최근 1세기 동안 강경이 누린 풍요와 성쇠 때문일 것으로 생각 된다. 강경은 우리나라 유일의 천혜의 내륙항으로 일찍이 수운이 발달하기 시작한 곳이다. 때문에 강경은 오랜 옛적부터 금강의 주요 포구로 서해에서 들어오는 각종 해산물과 교역물의 유통항구 역할을 해왔었다. 일제시대에는 군산 강경간 여객선 운항의 거점 포구의 역할을 하였다.

〈사진 2-17〉 강경포 입구

강경포의 정확한 역사적 자료는 찾을 수 없지만 이미 조선시대부터 제주에서 미역과 고구마를 실은 배들이 드나들었고 중국의 무역선이 비단과 소금을 싣고와 장삿길을 터온 것은 지역주민이라면 모두 알고 있다. 조선후기 강경에는 객주가 영업을 하기 시작하며 서해안 수산물의 최대시장으로 발전했으며 일제시대 일본의 의도적인 강경시장 축소정책에도 불구하고 우리의 민족자본을 끝까지 지키고 유지한 자랑스러운 포구이다.

강경의 발전에 있어 중추적인 역할을 한 것은 천혜의 포구와 함께 객주를 들 수 있다. 구한말 경강상인 만상, 송상들로 대표되는 객주 집단은 강경에서 큰 자본을 바탕으로 어민들의 출어자금을 대고 잡은 고기를 판매하면서 부를 축척했다. 이때 강경에는 한번에 10척씩의 배를 부리는 객주가 20명 이상 있었다고 한다. 이들 객주와 함께 강경을 부각시킨 것은 새우젓이다. 일제 초기부터 고군산군도 인근과 광천항 주변에서 잡히기 시작한 새우젓은 편리한 수상교통을 발판으로 한강이남 최대의 유통망을 구축할 수 있게 한 원동력이 되었다. 당시 세간에서는 "一元山一江景"이라는 말을 생성시키며 원산의 명태, 오징어와 강경의 새우젓, 홍어를 높이 쳐주었다. 특히 해마다 성어기인 3~4월에는 충북, 경기, 전북지역의 거상들이 생선을 사기위해서 밀려들어 여관마다 초만원을 이루었다고 한다. 이러한 풍요는 생선의 과잉공급을 불러왔고 썩는 생선의 보관방법으로 염장법과 수산가공법이 병행 발전함으로서 새우젓 등의 염장 식품의 국내 최대 공급시장이 되는 과정을 거치며 서해안 최고의 포구로서 자리를 확고히 갖추게 되었다. 이러한 명성은 당시 법성포가 새우젓의 명산지였음에도 불구하고 강경에 가야 젓갈을 제대로 구할 수 있다는 인식으로 바뀌게 된 것이다.

이 시절 강경은 "충청도백보다 강격읍장이 더 실속 있다"는 말이 나돌 정도로 강경의 풍요는 대단했었다. 강경의 번영은 1924년 갑문의 완공으로 어선의 시내활동이 자유로워지며 극에 달했는데 이후 일제는 민족자본인 객주들의 세력을 약화 시킬 목적으로 1935년 어업보호취체제도를 만들어 객주중심의 어업에 정면으로 탄압을 가하여 쇠퇴의 길목에 접어들게된다. 강경이 전국 4대 시장이던 시절 강경의 인구는 3만명으로 평시 상주인구는 10만의 규모였는데 현재 강경의 인구가 2만임을 보면 당시의 상황을 짐작할 수 있다. 강경시장 몰락의 가장 직접적인 요인은 1970년대 어선이 대형화되고 어로장비가 발달하여 근해인 고군산 중심의 어업이 사라지면서 부터이다. 어선들이 차츰 영해를 벗어나기 시작하자 객주들도 힘을 잃고 강경 또한 빛을 일어갔는데 이러한 쇠퇴의 원인에는 일제가 민족자본 집단인 강경의 객주세력을 견제하기위하여 일본인 상권중심의 군산으로 철도(1912년)와 전군도로(1908년)를 개통하며 이미 예견된 상황이었다.

현재의 강경은 토사의 유입으로 50t 이상의 선박은 포구 안으로 진입도 어려운 포구로 변했으며 그나마 금강 하구둑의 완공으로 물길마저 막히고 말았다.

4) 강 북안 충청수계의 포구와 나루

군산에서 강경사이에 위치한 금강의 북쪽(충청남도) 강변지역의 포구를 하류로 부터 살펴보면 서천포 ⇒ 용당포 ⇒ 망오리 ⇒ 화양 ⇒ 지서울 ⇒ 걸음개 ⇒ 죽진 ⇒ 후케 ⇒ 신성리 ⇒ 시음리 ⇒ 내성리 ⇒ 입포 ⇒ 남당 ⇒ 칠산 ⇒ 다근리 등 15곳이 있었다. 이들 포구의 경제적 규모는 강경 〉입포 〉화양 〉시음리 〉후케 〉지서울 〉걸음개 〉내성리 〉남당 순서로 구분된다(〈지도 2-3〉 참조).

(1) 서천포(舒川浦, 장암포)

- 행정구역 : 서천군 장항읍 신창리
- 연혁 : 충청도 서천군 관방조 "舒川浦營在郡南二十六里水軍萬戶一人高麗時稱長巖津"이라고 적고 있어 서천포와 장암진이 같은 지역을 나타냄을 알 수 있다. -「신증동국여지승람」 권19

서천군 장암면 장암읍 장암동 질구개 일대를 장암포라 부룬다. 포구의 형성은 백제시대 부터라 하는데 고려시대에는 서천의 포영으로 장암진이라 불렀다. 장암진이란 길고 큰 바위가 있는 나루터라는 뜻이다. 이곳의 포구는 건너편의 군산포와 같이 군사요새인 장암진성의 포구로 이용되었으나 군산포처럼 조창운영 등의 역할이 없었기에 상업용도로는 활성화되지 못하고 장암진성의 포구·나루기능이 동쪽에 위치한 용당나루 옮겨가며 쇠퇴한 포구였다.

서천포영은 군산을 바라보는 바닷가의 야산(45m)의 능선과 서사면에 걸쳐 자리한 석축산성으로 성곽의 남과 북벽에 각각 1개소의 문지가 있고 동벽과 남벽이 만나는 곳과 북벽과 동벽이 만나는 곳에 각각 1개소의 치가 있다. 문지는 남벽과 북벽에 각각 1개소가 있었다. 성의 둘레는 640m로 전체 형태는 상부가 좁은 마름모꼴이다. 「신증동국여지승람」 권19 충청도 서천군 관방조에는 "舒川浦營은 正德甲戌 始築城主一千三白十一尺"이라고 성을 소개하고 있어 이성곽이 조선 중종9년6월(1514년)에 축성되었음을 알 수 있다.

(2) 용당진(龍堂津, 용댕이나루)

- 행정구역 : 장항읍 원수리 용당산 아래
- 연혁 : 용당진(龍堂津) 군의 남쪽 25리 전라도 옥구현계 – 여지도서 서천군

용당진은 금강이 서해와 만나기위해 마지막으로 물줄기의 방향을 돌리는 장항읍 원수리의 용당산 아래에 자리히고 있다. 강변으로 돌출된 용당산은 강변에 돌출된 야산들이 포구의 지형을 모두 갖춘다는 특징 때문에 백제시대 이래로 포구의 역할을 해왔다. 현재도 용당산 아래에는 조선소들이 자리하여 옛 포구의 흔적을 확인할 수 있다.

용당나루는 서천군 장항읍의 대표 나루터로 강 건너 군산의 군산포와 경포 등으로 배를 띄웠는데 일제시대에는 1931년까지 째보선창(죽성포)으로 나루배를 운행하여 서천, 한산에서 군산으로 건너오는 사람들이 모두 이용하는 나루터가 된다. 용당산에는 용단당이라는 제례처가 있어 조선시대에는 기우제를 지냈고 매년 정월에는 용왕신에게 당제를 올렸다. 용당산 정상은 경치가 좋아 고려때 웅진명소로 불렸다고 한다.

(3) 망오리(望五里, 망우리, 망월리)

- 행정구역 : 서천군 화양면 망오리
- 연혁 : 망오리(望五里)는 군 남쪽 15리에 있고 진선이 1척이다. – 한산군지(韓山郡誌) 1850년

서천군 화양면 망오리는 다른 이름으로 망우리라고도 부르는데 해마다 정월보름에 포구의 주산인 망월산에 사람들이 모여 만월을 보았다하여 망월리(望月里)라 부렀다. 망월산에는 당산이 있어 매년 정월에 당제를 이어오고 있다. 이곳에 포구가 형성된 것은 고려시대 이전부터라 하는데 조선시대에는 망오리진(望五里津)이 설치되어 진선 1척이 주둔하던 포구였다. 망오리 서쪽에는 선소마을이 있는데 샛강으로 금강과 이어진 제방 안쪽의 마을로 배의 정박이 편리하여 배를 만들던 마을이라 전한다. 망오리는 일제시대에는 강경에서 군산으로 운행하는 금강환, 강경환, 화양환, 해운환 등의 정기 여객선이 모두 경유하는 포구였다. 당시 군산~강경간에는 40~50원, 군산~망월간은 20~25원의 승선료를 냈다고 한다. 망월리 인근지역을 옛 기록에서는 신아포라고도 기록하는데 길산포에는 뒤지지만 길산평야의 농산물을 출하하는 포구로 해방이후 까지 서해에서 어획한 조기, 갈치, 흑산도 홍어 등을 실은 중선배가 닿았다(〈표 2-6〉 참조).

망월리의 여객포구는 금강으로 돌출한 망월산의 남쪽 기슭 강변에 있는 일명 뭉치바위라는 흰 바위였기에 여객선이 직접 바위에 접안 했고, 일반 어선은 망월산의 서쪽 기슭에 정박했다. 그곳에는 망월리의 유일한 객주인 박종락씨가 창고와 잡화점을 열고 어부들을 맞이했는데 마을사람들은 박씨를 망월객주라고 불렀다. 이곳에 들어오는 어선은 그리 많지 않았는데 한달에 두 번 스무날과 초여드래의 조금에 중선 배들이 들어왔다. 음력 4~5월 봄의 조기철에는 어선이 많이 들어와 포구근처에는 간이천막을 친 주점이 7~8개 만들어져 아가씨들의 노래와 장

구소리가 진동했으나 조기철이 지나면 언제 그랬냐는 듯이 떠나가기를 반복했다고 한다.

〈사진 2-18〉 망오리포구 전경

망월리는 포구의 조건은 좋으나 마을에 하나있는 우물이 물 사정이 좋지 않아 강 건너 성산면 월포(달개)에서 물을 길어다 사용했다. 또한 땅이 질어 여자 없이는 살아도 장화 없이는 못산다는 우스갯소리가 전해올 정도이다. 때문에 시어머니가 갓 시집온 며느리에게 해주는 첫 번째 이야기가 걸을 때는 발가락 오므리고 다니라는 충고였다고 한다. 집신을 신고 미끄러운 흙길을 걸어야하니 발가락에 힘을 주지 않고 걸으면 미끄러지거나 신이 벗겨져야 했으니 집안일을 도맡아 하는 여인들의 고통을 느낄 수 있다.[23]

〈표 2-6〉 망오리에서 유통되거나 잡히는 어류(김중규 구술조사 제작 2004)

월	3월	4~5월	7월	8월	10월	11월	12월
금강에서 잡는 어류	우여, 뱅어, 새화 (우여종류)	망둥어, 황새기, 우여	새우, 민물참게	민물참게	복, 황새기	숭어	숭어
중선배가 잡아오는 어류	조기, 농어			갈치			

(4) 화양(華陽)

• 행정구역 : 서천군 화양면 옥포리

서천군 화양면 옥포(玉浦)는 화양면의 면소재지였던 곳으로 지금은 56호에 56명의 주민이 살고 있는 곳이지만 해방 전에는 70호에 120여명의 사람이 살던 마을로 면소재지답게 서천경찰서 화양분소와 우체국, 중국집, 다방 등이 있는 마을이다. 옥포는 오랜 옛날부터 포구의 역할을 한 곳이다. 옥포는 면소재지라서 면에서 군산간 정기연락선인 화양호를 군산까지 직접 운영하였는데 화양호는 오전에 망오리를 거쳐 군산의 째보선창으로 갔다가 오후에 귀환하는 형태로 운영되었다.

금강으로 돌출한 산을 마을에서는 도르메산 혹은 당산이라 부르는데 산에 당집은 없지만 지금도 산의 아래에서 당제를 지내고 있다. 이 산은 전설에 의하면 군산시 나포면의 공주산과 본래 하나였으나 금강을 떠내려 오다 빨래하던 아낙이 빨래 방망이로 때려 둘로 갈라져 하나는 전북의 공주산이 되고 하나는 이곳에 떠 내려와 당산이 되었다는 구전이 전한다.

마을 주민들은 도르메산에 대한 공경의 마음이 있어 산의 시누대를 꺾은 주민이 동티가 났다고 조심하고 있다. 현재는 옥포리 도르메 당산

23) 윤정순(76), 서천군 화양면 망월리 218(2004. 9. 김중규 조사).

제는 부녀자 중심으로 형식적으로 치루어지는데 도르메산의 잘 만들어진 계단을 올라가보면 8부 능선에 오색천을 감은 나무가 있어 현재도 제례의 기능으로 활용됨을 알 수 있다.

옥포는 망월리포구보다 큰 규모의 포구로 어선이 많이 들어왔는데 이곳 역시 객주는 "옥포리 객주"라고 불렀다. 옥포객주는 이완봉(옥포리 이문용의 조부)씨 1명이 있었으나 그 아래 3~4명의 중간 도매인이 있어 포구에 들어오는 조기, 갈치, 흑산도 홍어 등을 취급했다. 현재 옥포리의 포구와 객주집터는 유실되어 물에 감긴 상태이며, 그 후 옮겨 지은 원산 북쪽 기슭의 객주집이 폐가 상태로 방치되고 있다. 이곳의 객주는 직접 배를 부리지는 않았으나 마을 주민들이 8척 정도의 어선을 운행하였다고 한다. 강변에 자리한 객주의 집에는 숙박시설이 갖추어져있어 포구에 들어온 어부들의 숙식을 책임졌다. 어선은 통상 1일 2~3척이 들어왔으며 어선이 들어오면 객주가 당산 정상에 배에서 만선 시 사용하는 오색 깃발을 꽂아 놓아 인근 마을 주민들에게 고깃배가 들어왔음을 알려 고기를 사러오게 했다고 한다.[24] 이곳 포구에도 5곳 정도의 술집이 있어 어부들을 상대로 영업을 했다고 한다. 이곳의 주민들은 어업과 농업을 병행했는데 마을 앞 금강의 모래섬에 살배 혹은 개막이라는 어전을 설치하여 황새기, 농어, 우여, 장어, 숭어 등을 잡았는데 그중에서 황새기와 숭어가 가장 많이 잡혔다고 한다(〈표 2-7〉 참조). 그러나 화양의 대표적인 어종은 역시 우어인데 지금도 마을에는 우어만을 취급하는 식당들이 남아있어 옛 영화를 느낄 수 있다.

옥포에서 3대째 어업을 해온 이양근(58)씨에 의하면 이곳 주민들은 돛이 2개 달린 2t 규모의 안강망 어선을 지니고 자망어업을 했는데 년중 숭어를 잡을 수 있었고 황새기는 6~8월까지, 9~10월에는 민물참

24) 정인삼(67), 서천구 화양면 옥포리 198번지(2004. 10. 김중규 조사).

게를 잡았다고 한다. 또한 옥포 인근에는 굴이 많이 낳는데 특히 하구뚝이 놓인 곳에 큰 굴이 많이 잡혔다고 한다. 이양근씨에 의하면 바다굴은 생으로 먹으면 목이 쇠므로 익혀 먹지만 이곳처럼 민물과 바닷물이 만나는 곳의 굴은 맛도 좋고 생으로 먹어도 탈이 없다고 한다. 굴 외에도 옥포의 앞강에는 재첩이 많이 잡혔는데 이 지역에서는 재첩을 안 먹었기에 전량 부산으로 판매되었다고 한다.

〈표 2-7〉 화양(옥포)에서 잡히는 어류(김중규 구술조사 제작 2004)

월	3월	4~5월	6월	7월	8월	9~10월	11월	12월
금강에서 잡는 어류		우여	황새기	황새기	황새기	민물참게		
중선배가 잡아오는 어류		조기	갈치, 꼴뚜기	잡어				

(5) 와초(瓦草, 지서울)

- **행정구역 : 서천군 화양면 보현리 와초리**
- **연혁 : 와포(瓦浦)는 군남 14리에 있다. 진선이 1척있다. 과거에는 와초동이라 불렀다. 와초란 기와를 굽던 마을이라는 뜻이다. –「한산군지」**

와초는 일명 지서울로 불리는데 마을 주변에 세봉우리가 있는 삼봉산이 자리하고 있다. 이곳을 와초동이라 부르는 이유는 이 마을에서 예전에 기와를 구웠기 때문이다. 와초는 화양면 상류에 위치한 포구로 현재 70여 가구가 농업으로 생활을 하는 고장이다. 일제시대에는 130여 호가 생활하던 포구로 와초에서 서포로 가는 나루터가 있어 서포와 이웃마을처럼 가까이 지냈다고 한다. 1940년대 이 고장에는 중선배 5~6척 소선은 5~6척이 있어 고군산 인근에서 고기잡이를 하여 생활했다고 한다. 당시 잡던 주 어류는 조기와 갈치였다. 이 마을은 한산 세모시가 특산품으로 유명했는데 와초에도 객주가 있어 "와초객주"라 불렀지만 기억하는 마을 사람이 없다.[25] 이곳에서는 1954년 성당에서 출발한 행운호가 마을 앞 강변에 있던 장수바위와 충돌하여 침몰하여 66명이 익사하는 큰 사고를 당하기도 하였는데 이때 희생자들은 주로 강경에서 군산으로 통학하던 학생들이었다.

〈사진 2-19〉 와초 선착장

(6) 완포(完浦, 걸음개)

- 행정구역 : 서천군 화양면 보현리 완포
- 연혁 : 와포(瓦浦)는 군남 14리에 있다. 진선이 1척 있다. -「한산군지」

완포는 걸음개로도 불리는데 군산으로 가는 나루터가 유명한 곳으

25) 김석성(79), 서천군 화양면 와초리 244(2004. 10. 김중규 조사).

로 일명 기포리(岐浦里)라고도 한다. 걸음개의 어원은 게가 많은 뻘땅 근처에 마을이 있다하여 걸음개라 했다하며 기포라는 명칭은 뱃사람들의 표적이 되는 마을이라는 뜻이다. 그런데 걸음개 마을은 조선시대 조운 창고인 해창이 설치되 있던 유서 깊은 포구이다.

(7) 죽산진(竹山津, 죽진)

- 행정구역 : 서천군 화양면 죽산리
- 연혁 – 죽진(竹津) : 군 동족 11리에 있는데, 곧 죽산진이다.
  – 죽산진(竹山津) : 군 동쪽 13리에 있으며 진선이 1척이다. – 한산군지(韓山郡誌)

죽산진은 현재는 포구와 나루의 기능을 하지 않는 한적한 강변 마을이지만 조선시대에는 진선 1척이 배치된 군사경비 초소 기능을 하던 포구였다.

죽산진은 대매(죽산/120m)라는 산 아래 자리하고 있는데 산에 조릿대가 많이 있어 산 아랫마을을 대매 혹은 죽진이라 불렀다. 현재는 금강변 제방공사로 강과는 떨어진 농촌마을이지만 산에는 여전히 대나무가 자라고 있어 쉽게 찾을 수 있다. 죽진은 백제시대 이래 금강의 주요 포구였다고 전하는데 이곳에 있던 나름막골 나루터는 백제시대부터 나루터였다고 전하며 나포와 왕래하였다고 한다. 또한 망개마을은 죽산진에 있던 과거의 나루로 백제시대에는 집이 만호나 있다하여 만개라 불리었다.

(8) 용산(龍堂, 후케)

- 행정구역 : 서천군 한산면 용산리
- 연혁 : 후포(朽浦)는 군 동쪽 12리에 있다. 월명산에서 근원하여 진포로 들어간다. 일명 신후포라고도 한다 – 한산군지(韓山郡誌) 1850년

서천군 한산면 용산리의 옛 명칭이 후케이다. 과거에는 후포라 불렀는데 현재는 마을의 뒷산이 용의 모습과 유사하다 하여 용산이라 불리고 있다. 이곳은 나포면 공주산과 서로 마주보고 있지만 나룻배의 왕래는 없었고 나포에 가려면 신성리의 나루터에서 곰개나루를 이용하여 웅포로 넘나들었다고 한다.

일제시대 이곳의 풍경은 안수근(72) 씨가 전해주는데 식민지시대 이곳은 강경, 웅포 다음가는 금강에서 큰 포구였다고 한다. 당시 전남 진도와 고흥의 어선들이 고기를 잡으면 후케로 들어 왔는데 주 어종은 조기, 갈치, 황새기 등이었으며 많을 때는 70여척의 배가 들어왔다고 한다. 당시 포구는 마을 앞 셋 강이 금강과 만나는 제방일대였다. 일반 어선이나 연락선은 강변의 포구에 정박하였고 물문 안쪽으로는 죽산리의 황포 돛배들이 정박하였다.

이곳에는 황덕필이라는 객주가 있어 물건을 매매하였는데 이 고장에 쌀이 많아 물고기와 쌀을 물물 교환하는 경우가 많았다고 한다. 황씨 집에는 큰 창고와 젓간통 그리고 숙박시설이 있어 뱃사람들이 오면 숙식을 해결해주었는데 뱃사람들은 고기를 푼 후 배에 갖고 다니는 풍물(꽹과리, 북, 징, 나팔)을 치며 놀았다고 한다. 해방이후에는 오수개라는 여자분이 잠시 객주생활을 했다. 당시 물건의 매매는 조기의 경우 객주가 경매를 시키면 마을 주민들 중 상인들이 물건을 사서 말린 후 굴비를 엮었다고 하는데, 갈치와 황새기는 젓을 담아 판매하였다. 마을에는 5~6척의 배가 있어 서해바다에서 고기를 잡았다고 하는데 이곳의 젓갈은 황새기가 유명하여 다른 젓갈은 담지 않았다고 한다. 마을에서 하는 전통어로 방법으로는 앞강에서 개매기와 쪽대를 하여 고기를 잡았는데 주로 봄에는 뱅어, 새우, 우어 가을에는 숭어, 동어(숭어새끼) 참게 여름에는 새우를 잡았다. 사계절 복어와 농어 등이 나왔는데 하구둑 공사 후 고기를 볼 수 없어 어업을 그만두었다고 한다.

〈사진 2-20〉 후케에서 바라본 공주산

마을에는 당집이 따로 없고 용산 위에 장구구멱이라고 하여 장수가 태어났다는 전설이 전하는 굴이 있어 제사를 지냈으며 용산의 장수와 공주산의 장수가 서로 싸우다가 죽었다는 이야기가 전한다. 또한 이곳에서는 공주산의 전설이 나포쪽과 같은 내용으로 전해오고 있다. 일제시대 이후로 금강을 운행하던 행운환, 강경환, 연봉환 등의 연락선이 운행하였는데 연봉환은 금강을 운행하는 연락선중에서 가장 작은 배로 해방 후에 다닌 발동선인데 이곳 용산에서 출발하여 결음개, 화양, 째보선창에 이르는 노선을 왕복하는 국유 연락선이었다.[26] 이곳 후케에는 동네에 초상이 나면 꼭 개고기를 내놓는 관습이 있는데 이러한 풍습은 충남지역이 보편적으로 같다.

26) 안수근(72), 서천군 한산면 용산리(2004. 11. 21. 김중규 조사).

(9) 신성리(新城里, 곰개나루)

• **행정구역 : 충청남도 서천군 한산면 신성리**

신성리는 영화 J.S.A의 배경이 된 갈대밭을 관광자원으로 활용하여 해마다 많은 사람들이 찾아오는 마을로 마을 앞 갈대밭이 과거 곰개나루라 불리던 나루터였다. 이곳 나루는 곰개나루라고 칭하는데 그 이유는 신성리에서 뜨는 나룻배가 강 건너 곰개(웅포)를 왕복하였기에 그렇게 불렀다고 한다.

이곳의 나룻배는 역사가 오래되는데 조선시대에는 나무로 만든 무동력선으로 크기가 관광버스 정도였다고 하는데 쌀가마 50개 정도를 실었다고 한다(〈앞장 나루터－곰개나루 참조〉). 신성리와 웅포는 서로 한동네처럼 지내어 결혼은 아주 빈번한 일이었고 중신은 주로 생선장사꾼들이 많이 했다고 한다. 또한 5일장도 웅포장을 이용하였으며 웅포의 유명객주 중 유양순 씨는 강 건너인 이곳에 수많은 논을 소유하고 있어 생활과 경제활동이 하나로 이어져 있었다.

신성리에서는 우스갯소리로 할 일 없으면 "갓개에 가서 소금이나 시고오라"는 말을 많이 했다고 하며, 신성리와 시음리는 서로 이웃하고 있어 경쟁관계라고 볼 수 있는데 농악을 치면 신성리가 실력이 나았고 연줄끊기 놀이를 하면 꼭 시음리가 이겼다고 한다.

이 마을에서도 전통어법인 개매기를 했는데 곽해용 씨 선친의 경우 금강에 합류하는 샛강의 출구 바닥에 그물을 숨겼다. 썰물에 걷어 올려 잡아들이는 개매기를 했는데 이러한 형태를 전라도에서는 똘매기라 부르는데 이곳에서는 개매기라 칭하고 있다. 개매기를 하면 주로 매기, 장어, 빠아사리, 잉어, 숭어, 농어, 참게 등을 잡았다고 한다. 이밖에도 금강 변에서 반달형태의 대형 개매기가 행해졌으나 신성리 주민들은 농사를 지었기에 개매기를 안 했고 주로 군산, 웅포, 강경사람들이 했다고 한다.

〈사진 2-21〉 신성리에서 바라본 웅포 광덕정

마을에 배가 한척이 있었는데 김종덕(71)씨의 집안에서 운영한 배는 중선배로 안강망 배였다고 한다. 이 배는 서해바다와 연평도에서 어업을 했다고 한다. 하지만 객주는 없었는데 그 이유는 웅포와 생활권이 같아 웅포로 배들이 입항하고 그곳에 거상객주들이 많았기 때문으로 이러한 현상은 시음리도 같았다.

당시 배를 조선배는 뱃머리가 뭉뚝하여 뭉뚝이라 불렀고 안강망을 비롯한 일본에서 전래된 배는 뾰쪽한 것을 남촌개미라 불렀다고 한다. 신성리에는 특별한 제례는 전해지고 있지 않고 있다.[27]

27) 곽문용(78), 곽해용(80) 서천군 한산면 신성리(2004. 11. 27. 김중규 조사).

(10) 시음리

• **행정구역 : 부여군 양화면 시음리**

시음리는 현재 신성리 갈대밭으로 유명해진 마을 의 북쪽에 자리하고 있다. 주변환경은 북쪽으로 흐르는 금강과 서쪽으로 흐르는 원산천이 맞닿는 곳인 양화면 동남쪽 끝에 위치한다. 이곳에는 신성포라는 포구가 있는데 금강에 새로 생긴 나루라는 뜻을 지니고 있다. 또한 신성포 남동쪽에는 곰개나루가 있는데 이곳에서는 익산의 웅포로 건너가는 나루가 있다.

한산군지에 의하면 이곳에는 "모시, 뱅어, 홍어, 조기, 숭어, 웅어, 농어"가 풍부하다고 한다 시음리는 조선시대에는 상지포면에 속한 곳으로 뒷산이 시루처럼 생겼다하여 시루미라고 하다가 음이 변하여 시음 또는 시음개라고 불렀다고 한다.

현재 30여호 가 살고 있는 시음리는 해방 전후만 하여도 70여 호가 살던 고상이있다.

1940년대 포구는 현재 제방이 있는 곳에 자리하였는데, 시음리는 본래 연락선이 닿는 곳이지, 나루터는 아니었다고 한다. 당시에는 도로라고는 부여에서 서천가는 도로정도만 있어 주로 배를 이용하였기에 포구가 발달하였는데 포구에는 큰 300~400년 정도 된 큰 팽나무(정자나무)가 서있고 산에서 굴러내려 왔다는 바위돌이 있어 그곳을 하선장으로 이용했다고 한다.

포구에는 주막집 한채와, 가정집 한 채가 자리하고 있었는데 마을에서는 정씨가 운영하던 주막집은 아랫집이라 불렀고 전씨가 살던 가정집은 윗집이라 불렀다고 한다. 이들 두 집은 포구에 위치하는 관계로 금강 여객선의 표를 팔았는데 주막인 아랫집은 군산에서 출발하는 행운환의 표를 판매했고 윗집은 강경에서 출발하는 금강환의 표를 판매했다.

당시 행운환은 군산의 미창회사(현 대한통운)에서 운영하며 군산에서 출발하여 강경까지 운영하였고 금강환은 강경의 회사가 운영하며 강경에서 출발하여 군산까지 운행하였다고 한다.

주막집인 아랫집은 술을 입포(갓개)에서 배로 배달하여 조달하였는데 새마을 사업 이후에는 자가용으로 운반하였다고 한다.

시음리 포구에는 전해오는 당제는 없고 정초에 각 집에서 무속인에게 치성을 드리는 정도가 일반 적이었다는 점으로 보아 본래 포구는 나루터 역할을 하는 신성리가 주 역할을 했고 이곳은 후에 연락선의 포구 역할만 한 것으로 보인다.

마을에서 어업을 전문으로 하는 사람은 끌장(삼마이)이라는 그물 어로를 하는 두집 정도인데 그 것도 농업의 보조수단으로 한 정도인 것으로 보이며 마을 앞강에서 개매기가 행해지기는 하였으나 마을 주민이 한 것은 아니고 강경사람들이 와서 했다고 한다.

끌장은 일제시대부터 했다고 하는데 그 형태는 삼마이 그물을 한쪽은 대나무로 고정시키고 한쪽은 작은 배에 연결하여 물살에 따라 움직이며 고기를 잡았는데 그물의 아래쪽은 가라 안치기 위하여 쇠붙이를 메달았고 위쪽은 뜨게 하기 위하여 허무(오동나무, 굴참나무껍데기, 프라스틱 등으로 만든 부표)를 메달아 놓았다고 한다. 마을에 끌장배는 2척이 있어 부업으로 어류를 궁포나 갓개에 팔았다. 끌장으로 잡는 어류는 주로 우어나 황복 등이었다고 하는데 조기는 안 잡혔다고 한다. 60년대 이후 하구둑이 완공되기 전 까지는 재첩을 많이 잡았는데 재첩은 상인들이 구입하여 부산으로 가져갔다. 이밖에도 금강에 합류하는 샛강에서는 개천에서 하는 전통어로방법인 개매기(똘매기)를 했다고 한다. 이곳 역시 전북에서는 똘매기라 부르는 형태를 개매기라 부르는데 그 형태가 원나포의 똘매기와 같다(〈표 2-8〉 참조).

〈표 2-8〉 시음리에서 잡히는 어류(김중규 조사 2004)

월	3월	4~6월	7~8월	9~11월
잡는 어류	우여	황복, 빠가사리	농어 등	민물참게

시음리의 특이한 어로형태로는 주벅을 들 수 있다. 본래 주벅이란 고군산군도 등의 서해바다에서 고정된 말장(나무기둥)을 여울목에 설치하고 조수간만의 차이를 이용하여 어류를 잡는 어구를 말하는데 이곳에서는 대나무 통발형태의 어구를 그렇게 부르고 있다. 아마도 통발의 형태가 바다 주벅의 원형과 유사하기에 그렇게 불렀지 않나 생각된다. 주벅의 제작과 형태를 보면 주벅은 시음리 주민들이 각 가구당 기본적으로 1기씩 제작하여 이용했는데 주로 농어를 잡기위한 수단이었다. 하지만 농어 외에도 민어, 숭어, 까치복, 복 등이 잡혔는데 주벅으로 잡는 민물복은 독이 없어 귀한 어류였다고 한다. 주벅으로 잡은 고기는 판매가 아닌 가족의 먹거리로 이용되어 가족마다 반찬거리 확보용 어구였다고 한다. 마을주민들 중에는 욕심이 많아 2개의 주벅을 운영하는 사람도 있었다고 하는데 주벅의 제작비용이 만만치 않아 주벅을 제작하지 못하는 가구도 있었다. 시음리의 주벅은 30개 정도가 운영되었다고 한다. 주벅은 늦은 봄인 4월경 우여 잡이가 끝나면 제작하는데 마을 공동작업으로 함께 만들었다고 한다. 이때 만들어진 주벅은 마을 앞 강에 설치하는데 한번 만든 주벅은 대략 3~4개월 정도 밖에 사용하지 못하며 장마 때 떠내려가거나 10월경이 되면 주벅의 틀인 나무가 물을 먹어 무거워져 뻘에 묻히는 경우가 많아 한해 사용이 기본이라 한다.

주벅의 운용은 주벅을 설치한 후 민물과 썰물의 교체기에 물이 가장 많이 차오르는 시점에 가라 앉아있던 주벅이 부력에 의해 자동으로 떠오르는데 이때를 맞추어 작은 주벅배에 3~4명이 타고 고기를 건지러 가는데 이때 주벅의 주인들은 배 주인(김성훈 씨)에게 수고비로 봄에 보리

1말, 가을에 쌀1말을 주었다고 한다. 고기를 건지러는 하루에 2번 다녔으며 주벅의 꽁무니를 잡아 올려 안에 잡혀있는 고기를 내었다고 한다.

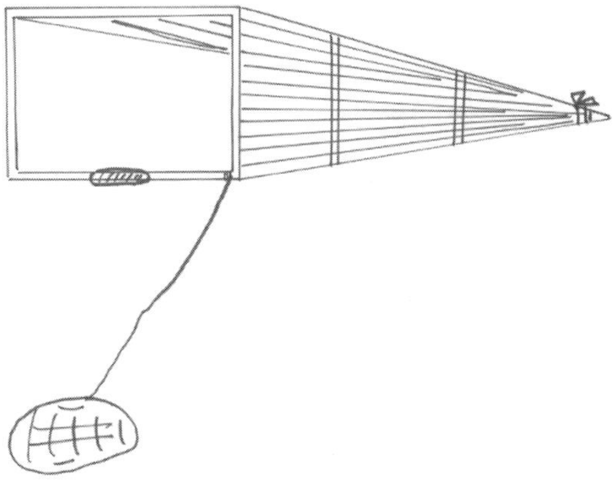

〈사진 2-22〉 시음리 주벅모습(김중규 2004. 12. 구술을 근거로 작성)

주벅의 형태는 폭3m 높이1m50㎝ 정도의 종아리 두께만한 사각형 소나무 틀을 먼저 만든후 그 뒤쪽으로 본틀보다 점점 작아지는 역시 사각형의 참나무 틀을 배치하고 사각틀의 받깥으로 얇게 자른 대나무를 이용하여 전체를 감싸 놓은 형태이다. 전체적으로 대나무 통발처럼 생겼는데 주벅의 꼬리 부분은 물고기가 잡힐 경우 꼬리부분을 풀어 고기를 꺼내는 형태를 지니고 있었다. 주벅 제작에서 중요한 공정은 소나무틀의 하단면에 오동나무로 만든 허우를 달아 놓는 것인데 이 허우가 주벅의 부력을 높여주어 민물과 썰물사이에 주벅을 떠오르게 한다. 주벅제작의 마무리는 주벅 입구 틀의 하단부에 허벅지만한 굵기의 짚으로 만든 동아줄을 묶은 후 동아줄의 다른 쪽 끝에 섭이라는 이름의 짚으로 만든 망태를 메다는데 이 섭 안에 바윗돌을 넣어 주벅이 떠내려가지 않게 닷 처럼 활용했다. 주벅이 완성되면 주벅배에 섭을 실고 강의 가장 깊은 곳에다 주벅과 섭을 던져놓으면 완료된다. 주벅은 섭에 매달려 조수에 따라 움직이며 조수가 빠르면 그 압력으로 가라앉아 물고기를 잡고 민물과 썰물의 교체기에 물이 잔잔해지면 떠올라 고기를 건져 갈 수 있게 한다.[28)]

(11) 내성리 포구

• **행정구역 : 충남 부여군 양화면 내성리**

내성리는 인근에서 황골사람들이라고 칭하는 현재 웅포대교 서천쪽 입구에 자리한 마을이다. 내성리 마을 중 포구가 있던 곳은 다리의 상류 쪽 대나무 밭으로 과거에는 아랫멀 이라 하여 15가구 정도가 거주하며 포구로서의 기능을 하였으나 하구둑이 건설되고 금강의 연락선이 중단된 뒤 차츰 쇠락하여 지금은 가옥이 남아있지 않다. 내성리 포구는 포구의 규모로 볼 때는 금강의 포구 중에서는 규모가 적은 편이다. 아마도 포구로서의 존립 이유는 시음리에서 입포 사이가 너무 떨어져있어 간이 정거장 역할을 한 것으로 추정된다.

내성리에는 2척 정도의 풍선 중선배(15m)가 있었으며 포구에는 행운호, 금강호, 강경호, 등의 배가 들렀다고 한다. 이들 연락선중 행운호가 가장 큰 배였으며 금강환과 강경환이 그 다음 크기였다.

내성리포구에는 송영남씨가 주막을 하며 배표를 판매했는데 송씨가 4척 모두 팔았다고 한다. 송씨의 주막은 강가에 자리했는데 막걸리는 입포(갓개)에서 받아다 판매했는데 주로 연락선이 운반했고 가끔 급하면 소선으로 직접 가져오기도 했다고 한다. 포구는 강가에 배를 대기 좋은 바위가 있어 그곳에 배를 대었다고 하는데 방파제 공사로 현재는 사라졌다.

---

28) 김복환(73), 이영복(70), 이성원(72), 부여군 양화면 시음리(2004. 12. 김중규 조사).

내성리포구에는 이(李)씨 성을 지닌 객주가 한명 있었는데 아랫멀에 살며 직접 중선배를 부렸고 중선배가 잡아오는 물고기를 내성리와 인근 동네에 팔았으며 이씨 집에는 초가로 지은 큰 창고가 있었다고 한다. 그러나 이씨 마저도 내성리의 어류수요가 적어 중선배가 잡은 물고기를 입포장으로 가져가 처분할 정도로 내성리는 유통구조가 취약했던 것으로 보인다.

내성리는 포구의 기능은 하였으나 나루터 기능은 하지 않았는데 내성리 강 건너에는 맹굴(소맹)마을이 있었으나 서로 왕래는 하지 않고 건너편으로 가려면 입포로 가서 개석나루로 넘어가는 나룻배를 탔다고 한다.

이곳에서의 전통어로는 시음리와 같이 주벅을 하였으나 시음리 처럼 대규모는 아니고 이 마을의 주벅은 농어를 잡기위한 도구였다고 한다. 농어는 민물고기 중 가장 큰 고기였는데 농어가 많이 잡히면 인근에 팔기도 했다고 한다. 주벅 외에 2척의 중선배가 고기를 잡았는데 중선배는 바다로 나가 조기, 명태, 박대 등을 잡았다. 내성리에서는 개매기는 행해지질 않았는데 마을 주민들은 마을 주변에 갯벌이 없음을 이유로 들고 있다.29)

(12) 입포(笠浦, 갓개)

• 행정구역 : 부여군 양화면 입포리

양화면 입포(笠浦)는 우리말로 갓개라 불린다. 그 이유는 이 고장의 지형이 옛날 우리 조상들이 많이 애용한 모자인 삿갓과 닮았기에 삿갈입(笠)자를 써서 입포, 관포, 갯개라고 불렀기 때문이다. 지금은 120여호 350여명의 주민이 거주하는 적은 포구인 이곳이 포구로서 이용되기 시작한 것은 백제시대 때부터 라고 마을 주민들은 전한다.

---

29) 송영팔(89), 부여군 양화면 내성리 64(2005. 2. 김중규 조사).

입포의 백제시대 유적으로는 나당연합군에게 패한 백제의 의자왕과 신하들이 당으로 끌려갈 때 백제의 유민들이 입포의 포구 옆에 위치한 유황산에 올라 금강을 따라 당나라에 잡혀가던 백제의 군신을 마지막으로 배웅하며 불렀다는 산유화가의 노랫말이 남아있다. 이후 입포는 포구의 기능을 하며 지내왔는데 특히 일제시대에는 갱갱이포구(강경)와 세력을 다툴 정도로 물상과 유통이 활발한 포구로서 당시에는 김제안 포구라 하여 안흥, 장항, 웅포와 함께 충청남도 4대 포구로 꼽히게 된다. 당시 입포는 여산 8군이라 불리던 부여, 예산, 청양, 서천, 보령, 논산, 공주의 쌀을 모아 군산으로 운반하던 중간 기착지의 용도로 이용되었는데 이 시절 입포에는 일본 주재소(현 면사무소 터)와 군산 곡물검사소 입포 분소가 설치되어 쌀 수탈의 전진기지 역할을 하였다.

1940년대 입포에는 연안노조라는 하역단체가 구성되어 있었다. 군산, 장항, 강경과 더불어 입포에 성립된 연안노조는 포구에 들어오는 어선과 화물선에서 어류와 기타 농수산물을 실고내리는 독점권을 행사하는 노동조합형태의 단체로서 입포의 경우 조합워은 40명 정도로 현 입포 경로당 자리에 사무실이 위치하고 있었다. 당시 조합건물은 대지 200평에 8칸 겹집의 초가 건물로 방마다 구들이 깔려있어 조합원들이 대기하다 배가 들어오면 물건을 선적 또는 하역하였다. 작업은 각 조 단위로 추진되었는데 노임은 각 조의 십장(혹은사천)이 받아서 일당으로 지급했다.

입포가 번영을 누릴 수 있던 이유를 마을 주민들은 입포의 포구에 배가 직접 접안할 수 있는 접안능력 때문이었다고 한다. 금강을 올라오는 배들이 강경으로 가고자 하지만 거리도 멀고 갯벌에 걸릴 수 있으므로 입포에 접안을 많이 했기 때문이라는 것이다. 입포의 포구는 현 제방의 안쪽에 자리하고 있었는데 나룻배와 연락선은 금강유수측정탑(1970년대 건립) 아래 바위 턱에 접안하였고, 어선은 그 아래쪽에 위치한 200m 제방에 길게 접안하였다. 어선의 선착장에는 일제시대에는 하루 평균 2~3

백 척의 황포돛배가 접안하였다. 나룻배와 연락선의 포구에는 초가집 주막이 있어 이곳에서 여행객들이 객선의 표도 사고 나룻배도 기다렸는데 나룻배 손님은 1척뿐인 나룻배가 강 건너 웅포에 가있으면 소리쳐 불렀으며 입포장이 서면 나룻배에 사람이 몰려 한번에 많이 탈 때에는 40~50명이 승선했다고 한다. 나룻배의 요금은 다른 지역과 달리 외지인의 출입이 많아 년 단위로 계산하지 않고 탑승시 계산하였다고 한다. 나룻터에 접안하던 연락선은 행운환과 금강환이 다녔는데 배표는 허돈씨라는 분이 판매를 했다. 허씨는 입포에 살며 배표만 주막을 매표소 삼아 팔았다고 한다. 입포의 번성은 어류와 농산물 그리고 소금의 유통으로 이루어질 수 있었다. 그 중 어류는 홍어와 조기류가 주종을 이루었는데 조기의 유입은 흑산도, 위도, 칠산, 연평어장으로 이어지는 조기어장을 쫓는 어선들의 입항으로 가능했다. 특히 해방직후 조기어장의 대풍으로 마을 전체가 조기 썩는 냄새가 진동했고 수백척의 어선이 드나들었다고 한다. 그 시절 입포는 "개도 지전을 물고 다녔다"고 전한다.

이와는 별도로 소금의 유입은 입포의 독특한 포구역사의 단면을 보여준다. 당시 유입된 소금은 충남내륙지역으로 유통되었는데 수입처는 주로 중국이었다고 한다. 입포와 중국과의 교역은 대한제국 말기 국가에서 금지시킨 외국무역을 거스르고 몰래 밀무역을 하던 밀수선에서 유래했다. 이들 밀수무역은 위험한 만큼 엄청난 수익을 보장해줘 입포에는 벼락부자가 많이 나왔다는 이야기가 전하는데 "할 일없으면 갓개장에 가서 소금한통 짊어지고 나와라" 라는 인근지역 주민들의 우스개 소리도 당시 소금이 전매품으로 비싼 가격에 매매되었기에 비롯된 말이다. 해방 후 중국과의 무역이 중단된 후에는 안면도, 임자도, 무녀도 등의 서해안 도서지역에서 생산되는 소금이 유통되었는데 배 한척에 60kg 소금이 700~1,000석이 실렸다고 한다.

〈사진 2-23〉 입포선착장 전경

〈사진 2-24〉 입포장터 전경

이처럼 번성하던 입포의 쇠락은 6.25이후 대 중국 소금무역의 중단으로 큰 타격을 받은 후 1950년대 객주의 몰락을 계기로 되돌릴 수 없게 된다. 일제시대 입포의 객주는 5명 정도가 있었는데 그 중 거상은 허씨와 박씨였고 그 밖에 김씨. 최씨. 정씨가 있었다. 이들은 입포에 들어오는 어류의 중간 도매와 젓갈생산 및 판매를 주로 했는데 장터인근에 자리한 경로당(구 연안노조)옆으로 길을 마주보며 허씨와 박씨의 옛 객주터가 자리하고 있어 당시 객주들이 포구와 장터에 가까운 곳에 자리 잡고 있었음을 알 수 있다.

조선시대 이후 어시장의 유통과 관리를 책임지고 있던 객주들은 1950년대 어업협동조합의 창립으로 입지가 좁아지게 되었고 1960년대에는 어로작업이 연안어업에서 내수면 어업으로 전환하며 입포의 포구기능은 정지상태에 들어가게 되었다. 이러한 시대조류 속에 포구로서 입포의 마지막 역할은 군산~강경 정기연락선의 운항이었다. 육로교통이 발달하지 못하던 시절 논산, 강경 등이 군산의 경제권에 들어있던 식민지시대에는 군산에서 전북 충남의 내륙에 이르는 금강을 이용한 수로운송업은 어찌 보면 자연스러운 일이었다. 그런데 군산~강경 정기연락선의 운영은 몰락하는 객주들의 변신이었다는 점에서 의미가 있다.

금강 역객선의 운항은 입포 최초의 객주라고 전해지는 노중락씨가 시작을 했다는 구전이 그것인데 강경의 촌노들에 따르면 최초의 여객선은 노씨 소유의 황포돗배로 이틀에 한번씩 군산에서 생활필수품을 실어 나르던 형태였다고 전한다. 이러한 여객업이 경제성이 있자 강경의 사업자들이 전문적인 동력선을 군산~강경 노선에 배치하여 조수에 맞춰 1일 2회 왕복하는 여객선으로 변했다는 것이다. 그러나 이들 여객선들도 70년대 시내버스의 등장으로 사라지게 된다. 한때 부여파출소장보다 양화파출소장이 좋다고 전하며 또 술 먹고 돛대만 가리키면 만사 OK라던 우스게 소리가 어른들의 구전으로만 전하는 입포는 지금은 논농사가 생활의 기반이 되어 옛 모습을 확인할 수 없다.

입포의 번성을 생각할 때 빼놓을 수 없는 것이 포구와 함께 장터의 역할이다. 입포장은 언제부터 시작되었는지 알 수 없을 정도로 긴 역사를 지니고 있는데 3일, 8일 장이 서는 오일장으로 장날에는 사람이 많아 걸을 수도 없을 정도였다고 한다. 입포장에는 인근의 서천, 부여, 웅포 등의 주민들이 모였는데 장터의 특산물은 생선이었고 강 넘어 웅포에서 만들어오는 갈자리가 많이 유통되었다. 갈자리는 화문석보나 낮은 단개의 돗자리로 일반 주택에서 요즘의 장판대용으로 방바닥에 깔아두는 생활 용품이었는데 7월에 강변의 갈대를 베어다가 두드려 돗자리 식으로 만들어 사용하는 물품이었다.

장터인근에는 포구가 함께 있어 술집과 장사집이 많이 있었다고 하는데 입포에 자리한 입포 양조장은 인근의 포구나 나루로 술을 배포하는 큰 주조장이었다. 현재도 장이서는 장터에는 장사꾼들을 위한 노점상터가 줄지어 서있어 옛 영화를 느끼게 한다.

입포지역은 포구기능이 강하여 주민들의 소규모 어로활동은 약한 편이라 지역 주민들의 말로는 “이곳에서는 접시로 익은 고기만 잡는다”는 우스갯소리를 하는데 예전에는 앞 강에서 작은 배로 황복, 우어, 뱅어 박아사리 등을 잡았고 금강에 이르는 개천에서는 김씨성을 가진분이 개매기(똘매기)를 하는 정도였으며 주낙을 이용하여 농어를 잡기도 했다 한다. 주벅의 경우에도 유황산 인근의 암수리 주민들은 주벅 작업을 했지만 입포주민들은 주벅을 만들지 않았는데 그 이유로 암수리 쪽에는 주벅의 재료인 대나무가 흔하지만 입포쪽에는 대밭이 없기 때문이라 하는데 재료수급의 문제도 있으나 아마도 입포 주민들은 굳이 주벅을 하지 않아도 포구에 들어오는 어류를 쉽게 구할 수 있기 때문으로 생각된다.[30]

(13) 남당포구

- 행정구역 : 부여군 임천면
- 연혁 : 남당진(南堂津)

남당포구는 나루터는 아니고 행운환과 금강환이 거쳐 가던 포구마을로 금강에서 가장 적은 규모의 여객선 경유포구였다. 포구에 주막은 없었고 일본인이 칠산에서 출장을 다니며 여객선 표를 팔았다. 남당포구는 규모가 적기에 객주는 없었으며 어선이 와도 입포나 강경으로 들어갔다. 남당마을 주민들은 2척의 배가 있어 그 배들로 강경장을 보러 다녔다고 한다.[31]

(14) 칠산포(七山浦)

- 행정구역 : 부여군 임천면 칠산리

칠산리는 금강의 남단에 자리해서 칠산제방이 쌓아지기 전까지는 들이 모두 금강 물이 들어오고 침수해버리는 뻘땅이었다. 그래서 심한 비바람이 몰아칠 때는 침수되는 것이 보통이었고 농경지로서 피해가 많이 있었던 지역이다. 그 지역에 길이 1,300m의 칠산제방이 놓여지면서부터 곡창지대로 변한 지역이다.

조선시대 초기에 처음 제주고씨가 정착하여 집성촌을 이룩하기 시작하였으며, 이어 인동장씨, 풍양조씨가 북쪽에 자리 잡기 시작하여 집성마을을 조성하였으며, 그 후에 금강변에 작은 둔적을 이루는 지역에 풍양조씨가 개간하여 정착함으로써 칠산리 일원은 새로운 면모를 갖추게 되었다. 들 가운데 낮은 일곱 봉우리의 산이 있으므로 칠산이라 하였다.

---

30) 이갑순(75), 부여군 양화면 입포, 85(2005. 3. 1. 김중규 조사).

31) 강권호(77) 부여군 임천면 두곡리(2005. 4. 김중규 조사).

군산과 강경간 여객노선이 칠산을 들려 강격에 입항하였던 포구이다.

(15) 다근리

• 행정구역 : 부여군 세도면 간대리

다근이나루는 세도면의 젖줄인 사동천이 북쪽에서 흘러와 남쪽으로 흐르는 천변의 넓은 들을 차지하고 있는 세도면의 간대리에 자리하고 있다. 금강 변에 자리하여 물가에 바위가 많다고 하여 다근이, 다근도선장, 다근진이라고 불렸다. 다근이에는 객주는 없었는데 그 이유는 인근에 강경시장이 위치하여 모든 어선들이 강경으로 몰렸기 때문이다. 다근이 나루에는 금강환이 운행하다가 해방 후 행운환이 운행하였는데 머지않아 침몰하였다. 금강환은 여객전문 선박이었으나 행운환은 소금배를 개조하여 사용하였다고 한다. 배표는 따로 파는 사람이 없이 배에서 직접 예매를 하였다고 한다.

다근이포구는 강변의 큰 바위를 하선장으로 활용하였으며 선착장 주변에는 최옥순씨집, 장만영네 집 등 주막이 3곳이 있어 영업을 하였다고 한다.

포구는 나루터로도 이용되었는데 다근이나루는 세도면의 5일장(2, 7장)을 보러가는 사람들이 이용하였으나 의외로 장꾼들은 적었고 다근이나루 인근지역의 강변 풍취가 아름다워 강 건너 용안사람들이 많이들 놀러왔고 다근이 마을이 소금배의 물량하선과 및 분배와 가마니 검사소가 위치하여 사람들이 모였다고 한다.

다근이의 나룻배는 1톤 반 정도 크기로 전통 조선식의 앞이 뭉둑한 배였는데 본래 마을 공동소유로 뱃사공이 1년 단위로 마을에 세를 내어 빌린 후 주민과 사람들을 상대로 영업을 했다. 배삯은 용안과 다근이를 왕래하며 농사를 짓는 사람은 여름에 보리 한말 가을에 벼 한말을 내었고 일반인은 해방 직후에는 1인 5원, 60년대에는 1인 20원이었다고 한다. 주민들에 따르면 다근이 나루에서는 용안의 용두리 포구 아래에 위치한 고양펄로 배가 다녔는데 예전에는 강폭이 지금의 절반정도로 가까워 운행이 쉬웠다고 한다.32)

〈사진 2-25〉 다근이포구 선착장

3. 맺음말

금강하류의 전라북도와 충청남도는 지금이야 금강 하구둑 외에도 금강대교, 웅포대교 황산대교 등의 다리들이 놓여 있어 왕래가 자유롭지만 1980년대 이전만 하여도 군산과 서천의 경우 군산 도선장에서 출발하는

32) 강윤휘(70), 부여군 세도면 간대리 2리(2006. 7. 김중규 조사).

여객선을 이용해야만 건너다닐 수 있는 곳이었다. 그런데 아이러니컬한 것은 교통이 편리해진 오늘날보다 당시에는 더 많은 학생들이 배로 통학하였고 또한 더 많은 사람들이 서천장과 군산장을 보러 상호 왕래하여 서로 구분이 없이 함께 살아왔다는 점이다. 이렇듯 강을 이용한 수운은 시대를 거슬러 올라갈수록 교통의 중심에 자리하는 독특한 특징을 보이는데 그 이유는 육상교통이 발달하지 못했던 시대의 중요 교통로가 바로 강을 이용한 해상운송이었기 때문이다. 하지만 1908년 전주~군산간 도로가 개통이 되고 1912년 호남선 철도의 지선으로 군산선이 완공되며 물류유통에 있어 금강의 이용 빈도는 눈에 띄게 줄어들었고, 1980년 금강 하구둑의 완공으로 금강은 열린 공간에서 막힌 공간으로 사람들의 기억에서 사라지게 되었다. 겨우 50여년 만에 강이 사람들의 생활에서 멀어짐과 병행하여 수백년을 이어온 포구와 나루터도 함께 잊혀지기 시작하여 오늘날에는 흔적을 찾아보기 어려운 처지가 된 것이다.

이러한 상황아래 실시된 군산~강경의 수운(水運)과 나루터·포구의 유형 조사는 몇 가지 의미 있는 결과를 낳을 수 있었는데 그 내용은 대략 세 가지 정도로 요약할 수 있다.

첫째는 이번조사를 통하여 금강의 여객운송에 이용된 선박이 1900년 이후 적어도 14척 이상이 존재했다는 사실을 처음으로 확인할 수 있었다. 하지만 확인된 14척의 배중에서 사람들의 기억에 남아있는 배는 겨우 4~5척뿐이며, 그 배들조차도 선박의 제원이나 사진 등은 남아있지 않다.

둘째는 군산~강경 간 포구와 나루터의 현황 조사결과 군산에서 강경까지 총 32개(강 남안 17개소, 강 북안 15개소)의 포구 중에서 17개(강 남안 6개소, 강 북안 11개소)의 포구가 1950년대 여객선 경유지로 이용하였음을 확인하였다. 또한 포구의 현황을 조사한 결과 포구의 경제적 규모가 강경 〉 입포 〉 웅포 〉 나포 〉 화양 〉 시음리 〉 후케 〉 지서울 〉 걸음개 〉내성리 〉남당 순으로 규모의 편차를 보이며 그러한 차이에는 지정학적 및 경제적 이유에서 파생된 결과임을 확인하였다.

세째는 군산~강경사이에 자리한 나루터는 총12곳이 확인되었으며 현장조사를 통하여 나루터의 명칭과 운영실태 및 현 위치를 확인하였다.

이상의 조사를 통하여 금강 수운의 역사 중에서 국가에서 운영했던 조창의 기능과 일제강점기이후 1970년대까지 이용한 여객선 운용의 형태를 확인함으로써 수운능력으로서 금강의 역할을 확인할 수 있었고 더불어 전통문화유산의 자산으로서 향후 가치를 추정할 수 있었다. 또한 각 포구에 대한 현장조사를 통하여 1950년대를 기준으로 한 포구마을들의 생활사와 민속, 어로, 경제의 현황 및 객주의 유무와 객주의 역할을 확인함은 소중한 기회였다.

이러한 조사를 통하여 장기적으로는 물류유통의 대안으로 떠오르는 금강의 수운활용의 방안을 추정해보고 단기적으로는 백제문화권 및 금강문화권이라는 관광자원의 개발에도 유용한 자원으로 활용되리라 생각한다.

마지막으로 몇몇 포구에 대한 현장조사가 미진함에 아쉬움을 느끼며 추가 조사는 다음 기회로 미루고자한다.

第3부
금강 수운과 군산·강경지역 근대 상업의 변용

김민영

제1장 금강 수운의 변천과 구간별 특징

1. 금강 수운 활용의 사적 개관

우리나라의 서해안이나 남해안으로 흘러가는 각 하천은 일찍부터 내륙수로로 널리 이용되었는데, 특히 개항(開港)에서 철도의 개통 이전 시기까지 수운의 활용은 그 절정기였다. 우리나라 주요 수계인 한강과 낙동강은 물론 금강 역시 수운의 역사 가운데 그 차지하는 위치가 적지 않았다. 이는 무엇보다 금강이 경기는 물론 충청, 전라지역에 접하여 교점을 형성하였을 뿐 아니라, 한반도의 허리를 휘감아 돌며 유역의 역사와 문화 및 경제를 가히 하나의 권역으로 만들었기 때문일 것이다.

그러면 먼저 금강 수운 이용의 역사적 변천을 살펴보자. 금강은 이미 고대시대부터 한반도의 하천 가운데 그 의의가 지대했다. 즉 공주 인근의 석장리 구석기시대 유적은 물론, 삼한시대 마한의 중심지로서의 유적 유물들이 이를 잘 말해 주고 있다. 이후 삼국시대에는 백제가 남천

(南遷)하여 공주와 부여지역에서 찬란한 문화를 꽃피워 중흥을 이루었음은 물론, 일본 및 중국과 교류했던 중심 지역 역시 이 곳 금강이었다. 신라가 삼국을 통일한 후에도 부여는 서해안을 중심으로 계절풍을 이용해 중국과 교역을 했다.

한편 금강 수운과 하구 지역에 대한 중세시대의 자료로는 우선 고려시대에 이미 군산 임피의 진성창(鎭城倉 ; 朝宗浦=鎭浦)에 대한 기록이 있음을 확인할 수 있다.[1] 즉 고려시대 금강의 수운 활용은 조운제도에서 잘 알 수 있다. 전국 12개 조창 가운데 금강 유역엔 임피(臨陂)의 진성창(鎭堂倉)이 있었다. 그런데 이 시기 금강은 왜구의 침입 루트이기도 했다. 고려 말기(1388년)에는 조창을 노리는 왜구를 물리친 진포대첩이나 홍산대첩 등이 유명하며,[2] 조창 역시 내륙지방으로 옮아간다.[3]

조선시대에도 금강은 조운 등 수운의 주요 기능을 다해왔다. 즉 성당창(聖堂倉)과 군산창(群山倉)은 물론 이를 보호하기 위해 금강 건너에 서천포영(舒川浦營)이 있었다. 특히 옥구지역은 곡창지대로 미곡의 조창과 어염의 집산지였다. 동국여지승람에 '群山浦營在縣北二十二里水軍萬戶一人'이라 되어있고, 또 창고편에 '群山倉在群山浦 舊在龍安爲德成倉移于此'로 기록되어있어 그 사정을 잘 말해주고 있다.

1) 文獻備考 輿地考 關防三 城郭條 臨陂. 古鎭城 在西十里 土築周十餘里 高麗初爲漕倉 卽十二之倉之一. 이곳은 금강, 만경강 연안의 세곡을 수납하던 터전으로, 군산 동쪽 임피읍에서 서쪽으로 약 4km 지점에, 고도 100m 내외의 망경산 능선이 있고, 그 동쪽 창오리에 진성창이 있었다. 그 연결 수로는 서쪽은 현 군산 내흥동 부근에서 범선으로 구암산을 거슬러 올라가 성산면 도암리에서 육로 1km 남짓 창오까지 이어지고, 동쪽은 만경강에서 임피면 보석리 석곡들을 거슬러 직접 창오까지 접했던 것이다. 나도승(1984), 164쪽.

2) 이와 관련해 최무선의 진포대첩(鎭浦大捷)은 유명하여 지역사회의 축제 등으로 기념되고 있다.

3) 나도승(1984), 165쪽.

즉 조선시대에 들어와서도 진성창은 덕성창(德城倉),[4] 성당창(聖堂倉), 득성창(得成倉),[5] 군산창(群山倉)으로 옮기며 그 역할을 충실히 수행한다(〈그림 3-1〉 참조).[6] 그 과정에서 대동법(1657년)의 제정과 실시를 보게 되는데, 이는 경제사회적 측면에서 큰 변화로서 특히 수운을 포함한 '금강경제권' 형성의 주요한 계기를 마련하였다. 바로 이 시기 군산창은 세곡 수납은 물론 조운과 함께 민간교역의 중추적 기능을 담당했던 것으로 추정된다(〈그림 3-2, 3〉 참조).

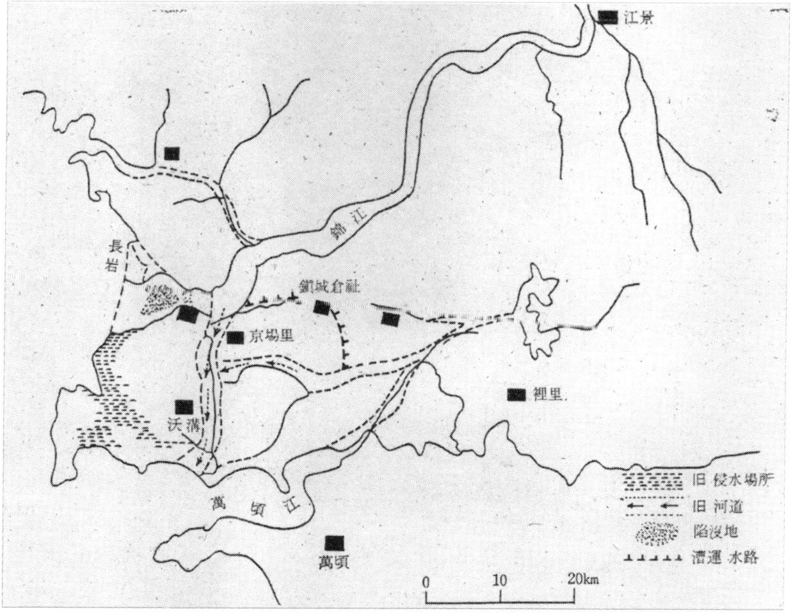

〈그림 3-1〉 금강 하구 하도의 변천, 자료 : 나도승(1984).

---

4) 『新增東國輿地勝覽』에 나타나 있듯이 이는 용안의 금두포에 있었으나, 수로가 폐쇄되어 1428년 현 웅포로 옮겨 성당창이라 칭한다.

5) 이후 성당창 역시 항구적인 포구는 될 수 없다 하여 다시 용안으로 옮겨 득성창이라 부른다.

6) 그후 1482년 다시 군산창으로 옮긴다.

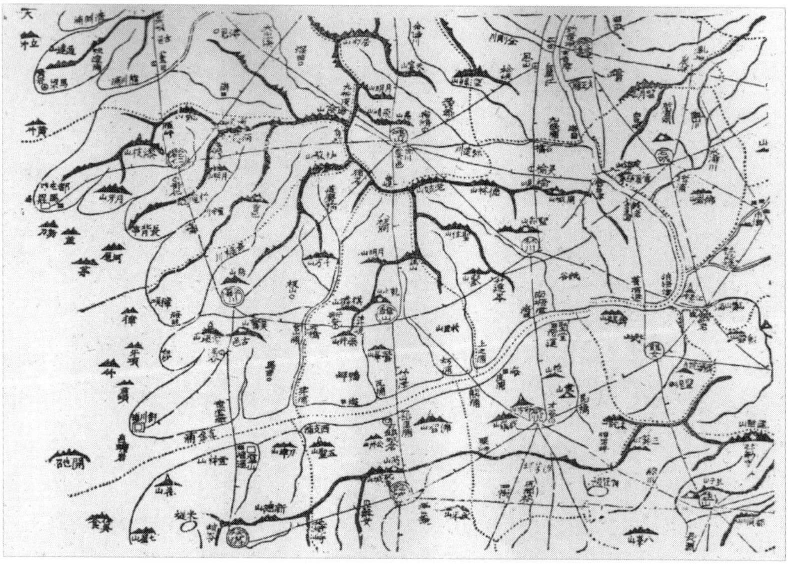

〈그림 3-2〉 대동여지도에 나타난 금강유역의 조창

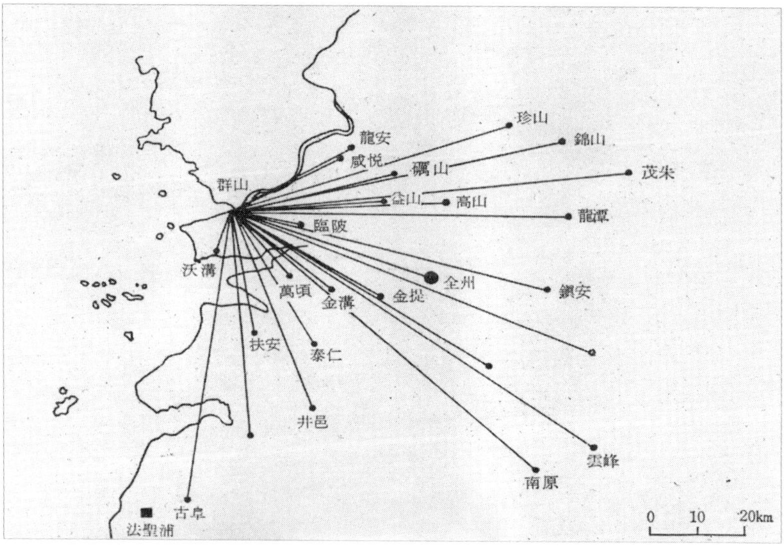

〈그림 3-3〉 군산창의 세곡수납권역, 자료 : 나도승(1984).

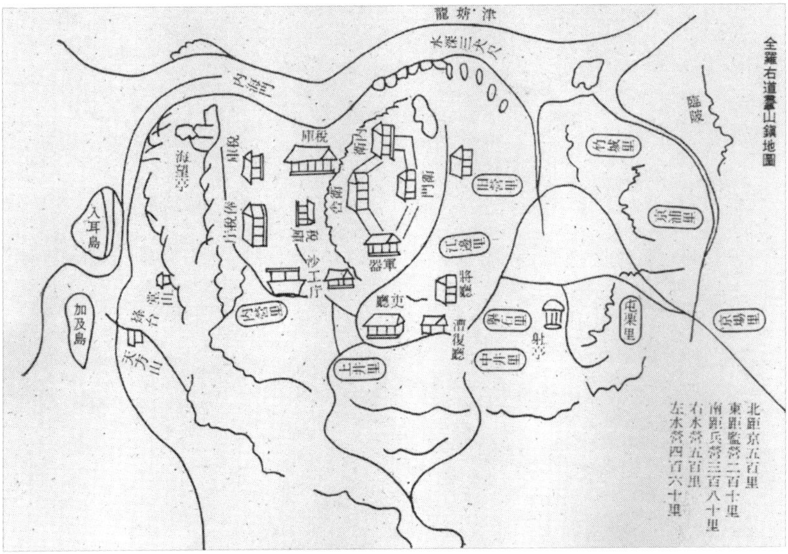

〈그림 3-4〉 전라우도 군산진도

그리고 바로 그 교역을 담당하는 시장으로서 은진, 강경과 함께 군산의 경장시장이 있었다.[7] 개항 이전 경상시장은 옥구군 대부분과 군산포, 서천 이외에도 강경, 전주, 태인 등을 대상으로 운영되고 있었으며(〈그림 3-4〉 참조), 개항이후 항만 건설과 군산시장(현 구시장)이 개설됨으로써 이에 흡수되고 만다.

한편 1894년 갑오개혁 이후 대동법이 폐지되고 현물경제 대신 금납제가 확산되면서 수군 방어진으로서의 군산포의 기능은 점차 축소되기에 이른다.[8] 하지만 1899년 5월 군산의 개항을 계기로 강경과 연계된 중계기능과 배후지 농업지대의 농산물, 군산항을 통한 외국물산이 집산되며 식민지도시로서의 기초조건을 갖추어간다. 이후 군산은 인천, 목

7) 경장시장의 위치는 군산선과 경포천이 교차하는 내항 일대로 추정된다. 나도승(1984), 168쪽.

8) 나도승(1984), 168쪽.

포를 비롯한 여타 개항장 및 일본의 주요 도시 등과 결합관계를 유지하며 새로운 국제적 관계에 포섭되어간다.

특히 1899년 개항 이후 금강 수운의 활용은 그 절정이었다 해도 과언이 아닐 것이다. 더욱이 부강에서 시작하여 공주, 규암, 부여, 강경을 거쳐 군산에 이르는 금강의 하류부는 여러 지류가 합류하여 강폭이 넓고 수량도 풍부하여 그 활용도가 높았다. 금강 하구의 배후지에 비옥하고 광활한 대평야가 펼쳐져 있어서 농수산물 수송의 중요한 역할을 다해왔던 것이다.

2. 금강 수운의 구간별 특징

금강 수운은 그 지형적 특질과 주변 배후지의 사회경제적 여건 및 하안(河岸) 취락의 발달과 관련해 그 역할과 활용이 사뭇 달랐는데, 이를 몇 개의 구간으로 나눌 수 있다.

우선 금강 상류부는 발원지인 전라북도 장수(長水)에서 부강 계선장까지를 말하는데, 심한 곡류가 특징적이다. 중간에 회덕(懷德)과 신탄진(新灘津)을 통과한다. 그 중류부는 부강－강경간 85.7km를 말하는데, 고래로 조씨(趙氏)의 금벽(錦壁), 오가(吾家)의 사송(四松), 임씨(林氏)의 독락정(獨樂亭) 등 경승지가 유명했으며, 금강계곡 등도 뛰어난 경관을 자랑한다.[9] 하류부는 진강(鎭江)이라고도 했는데,[10] 금강 하구에서 시작된 조수 간만의 차가 규암진(窺岩津)까지 영향을 주어 여기에 풍향까지 가세할 경우 주행 시간이 크게 단축되었다 한다.

한편 금강유역의 구역별 특징을 살피기 전에 전반적인 자연환경과 통항시 안전성 및 소요시간에 대해 먼저 정리해 보기로 하자. 우선 금강

9) 나도승(1980).

10) 나도승(1980).

유역의 연강수량은 지역에 따라 다소간 차이가 있는데 하류는 1,000mm, 공주 부근은 1,300mm인데, 상류로 갈수록 많은 편이다. 반면 겨울철의 결빙기간은 30~40일 정도로 통행하기에 안정적인 조건을 갖추고 있었다.[11)]

또한 지금은 금강 하구에 둑이 만들어져 있어 선박 통행이 어렵지만, 과거 금강이 통항되었을 때를 중심으로 그 안전성과 소요 시간에 대해 알아보는 것도 무척 중요하다.

전반적으로 금강의 조류는 비교적 완속이어서 입조시 약 6시간, 출조시 약 5시간 정도의 시간이 걸렸고, 여기에 구조곡간의 곡풍을 이용한다면 주행시간은 더욱 단축될 수 있었으며, 암초가 적은 편이어서 크고 작은 선박이 통항하기에 안전했었다.[12)]

이를 보다 구체적으로 알아보면, 물론 수량과 풍향에 따라 다소간 차이가 있었지만, 부강-공주간 하행은 수량이 풍부하고 풍향이 맞을 때 6시간, 수량이 풍부하나 풍향 조건이 맞지 않을 때 10시간, 수량이 적고 풍향이 맞을 때 10시간 정도가 소요되었다. 더욱이 갈수기에는 18시간 정도 소요됐으며, 당연히 화물 적재량에 따라 시간차가 있었다.[13)]

한편 부여-강경 구간 역시 70석을 적재한 선박도 운항이 가능했으며, 중류부인 부강에서 하류까지는 하행의 경우 1~2일, 상행의 경우 3~4일이 소요되었다. 특히 강경-군산구간은 수로상으로는 37km였는데, 강폭이 넓고 수심이 5~7m여서 항행은 대단히 순조로운 편이었다. 규모를 보면 400~500석 정도에 암초 또한 적어 안전성은 서해안 하천 가운데 우위였다.[14)] 전술했듯이 유역의 나루터 포구를 보면, 논산과 강

---

11) 나도승(1980).

12) 나도승(1980).

13) 群山 南韓鐵道 期成同盟會,『湖南鐵道と群山』, 1910.

14) 나도승(1980).

경, 황산, 웅포, 군산 외에 성당, 입포 등 수개에 달했다.[15)]

아무튼 금강 수운의 활용을 중심으로 볼 때, 먼저 중류지역 종점이라 할 수 있는 부강에서 시작하여 공주, 강경을 거쳐 하구인 군산을 포함하여 크게 3, 4개의 구간으로 나눌 수 있다.[16)] 여기에서는 부강－공주, 공주－강경, 강경－군산 등 3구간으로 나누어 그 대강을 정리하고자 한다.

1) 부강－공주 구간의 수운

이 구역은 금강 수운 활용 구간 가운데 특이한 지형과 경관이 가장 발달된 곳으로 알려지고 있는데, 신탄진에서 시작하여 회덕을 거치지만 부강을 중심으로 공주까지 펼쳐진 구간이다.[17)] 경부철도 개통 전까지 40~50석 규모의 범선이 주행을 하였으며, 여객기선(第5進航丸)까지 운항되고 있어서 물자, 여객은 물론 통신 연락상 주요한 기능을 수행하고 있었다.[18)]

경부선 부강역 일대는 과거 화려했던 금강 내륙수운의 종점이자 시작점이었다. 당연 하항취락이 발달했던 지역이었다. 그러나 경부선 개통 이후 수운 기능은 쇠락하고 이후 해방을 전후하여 그 기능은 더욱 쇠퇴를 거듭해 이제는 지방농산물의 집산지 정도로 몰락해 있다.[19)]

---

15) 앞의 제2부 참조.

16) 이와 관련해 금강 수운 연구에 선도적인 조사 연구를 수행한 나도승(1979)은 1구간(하구－군산), 2구간(군산－강경), 3구간(강경－공주), 4구간(공주－부강)으로 나누고 있다.

17) 1960년대에서 1970년대까지 수차례에 걸쳐 이 곳을 현장 조사한 결과에 따르면, 대부분의 가옥은 범람 침수에 대비하여 간단한 뗏집이었으며, 객주들의 중개소, 하역장, 주막 등의 흔적들을 관찰할 수 있었다 한다(나도승의 일련의 조사 연구 참조).

18) 이는 강경－공주간 발동기선과 연계하기 위한 것이었는데, 일본 오사카 발행 신문과 기타 목포, 인천, 군산 방면의 우편물 수송을 겸하고 있어 오사카에서 발행된 신문도 4~5일 후면 부강에서 읽을 수 있었다 한다(나도승, 1979).

금강과 관련하여 부강 근처의 지형을 보면 마치 지명처럼 충북 진천 일원에서 시작된 미호천(美湖川)과 금강 본류가 연기군 동면 합강리(合江里)에서 합류되는데, 그 지점의 약 3km 상류부에 부강리가 위치한다. 특히 지형상 사행곡류(蛇行曲流) 현상이 가장 발달한 지역으로 유명하다.[20] 따라서 불가피하게 하도변천이 심하게 되고, 이에 따라 〈그림 3-5〉에서 보듯이 취락이 이동하게 된다.

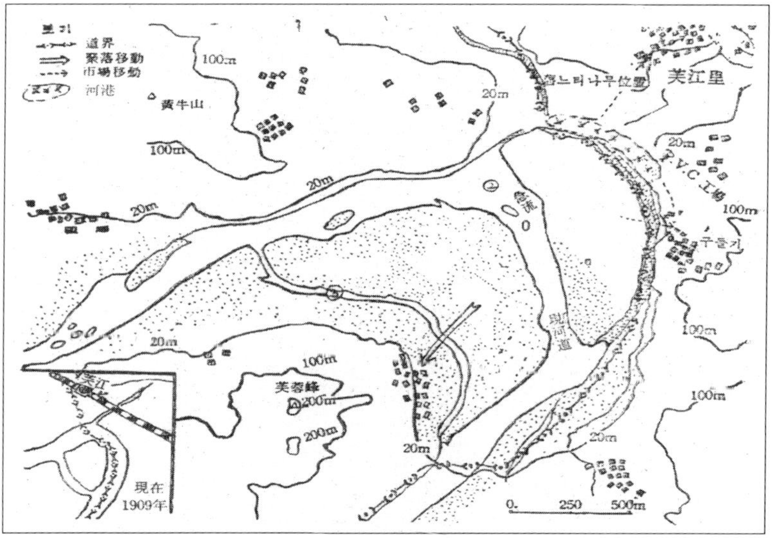

〈그림 3-5〉 부강리 부근의 하도변천과 취락이동(1960년대 중반), 자료 : 나도승(1968).

19) 이곳은 현재 행정구역상으로는 충청북도 청원군 부용면에 속해 있으며 면사무소를 비롯하여 경부선이 통과하는 부강역이 있다. 본 연구의 중심시기인 1910년대에는 충청북도 문의군에 속해 있었다. 이곳은 충청남도 연기군 금남면 부용리 등지와도 인접해 있어서 전형적인 도계에 해당된다. 근래에는 대전 광역시권에 속해 농공단지 등이 생겨나 과거의 모습은 그 흔적을 찾기 쉽지 않은 실정이다. 한마디로 세월의 흐름 속에서 부강 근처의 금강 유역은 자연적인 범람과 퇴적으로 수심이 얕아지고, 사회경제적으로도 수로의 기능이 철도 등에 흡수당한 채 그 명맥마저 잃은 지 오래라 할 수 있겠다.

20) 나도승(1968).

또한 이 지역은 하류지역에 풍요로운 호남평야와 중류지역의 내포평야와 같은 배후지를 갖고 있었다는 점이 중요하다.[21] 그리고 그 양 곡창지대를 내륙수로로 연결하는 주요한 결절지점에 위치했던 것이다. 바로 그러한 점에서 부강은 금강 내륙수운의 중계포구로서 그 종점이자 시작점이었던 것이다. 일찍부터 전국 8대 포구였던 것도 바로 이러한 연유에서였다.[22]

부강을 중심으로 하는 상권은 청주를 경유하는 진천, 증평, 음성 방면과 문의, 회덕을 경유하여 보은 옥천방면이나 청산, 괴산방면으로 나누어지는데, 그 자세한 사정은 과제로 남기고 해안과 내륙으로 대별해 그 대강을 요약해 보기로 하자.

당시 해안지역에서 내륙으로 올라 온 물품은 소금, 명태, 대구, 청어, 새우, 젓 등 수해산물이 많았고, 내륙지방에서 해안지방으로 내려갔던 품목은 무명, 삼베, 소, 말, 임산물 등이 주류를 이루었다.[23] 이러한 역할의 최전성기는 1900년경으로 알려지는데, 이 때에는 200척의 범선이 출입하였다 하니 그 규모를 알고도 남음이 있다.

이처럼 수운을 통한 지역간 물자 중계의 역할을 수행하던 이 지역의 사회경제는 당연 수운의 쇠퇴 여하에 따라 좌우될 수밖에 없었다. 앞에서 부강 지역의 최전성기를 1900년대로 본 것은 바로 그러한 이유에서다. 즉 1909년 경부선의 부강역이 개통된 뒤 물자수송에서 일대 혁명이 일어나고, 급기야 하항에 위치했던 (구)시장마저 이전하게 되었음은 물론이며, 이에 따라 과거의 하항취락이 현저히 쇠퇴하는 것 또한 불본 듯

21) 물론 여기에서 우리는 이 지역이 갖는 지리적 특징에 대해 보다 깊은 고찰을 여유가 없다. 이에 대해서는 추후 관련 학자들의 연구로 남기고 그러한 지역적 특성 속에서 이 지역의 교통지리와 사회경제적 측면에 논의의 초점을 모으고자 한다.

22) 나도승(1968).

23) 선학의 연구에 의하면, 해안지역에서 내륙지역으로 상품을 중계하던 역할이 주였다고 한다. 나도승(1968).

이 뻔한 일이었을 것이다.

물론 경부선 초기에는 부강역 정차 기차가 적어 일정 기간 금강 수운의 역할은 지속된다.[24] 그러한 면에서 이러한 금강 수운의 쇠퇴를 가져 온 보다 직접적 계기는 1914년 호남선 철도의 개통이었다 해도 과언이 아닐 것이다. 더욱이 원래 계획단계에 부강을 분기점으로 하려했던 충북선이 조치원으로 옮겨가며 1912년 개통을 보게 됨으로써, 한편에서는 서해안과 내륙지역과의 물자중계는 물론 영서내륙지방의 상권마저 잃고 만 셈이다.[25]

2) 공주-강경 구간의 수운

이 구역은 47.8km의 거리로 공주에서 부여를 거쳐 논산, 강경에 이르는 구간이다. 개항기 범선이 왕래했는데 규모를 보면 적재량이 40~50석으로 공주를 비롯하여 청양, 정산 등지의 곡류, 엽연초, 들깨가 이출되었으며 공주를 경유하는 물건들은 수산물, 소금 이외 생필품 등이 주류를 형성하고 있었다.

운항 기선은 삼남상회(三南商會) 소속 여객선(第5進航丸)이 강경-공주-부강간을 운행했으며, 1910년부터는 다른 두개의 기선이 운항을 개시했다(第1公州丸, 第2公州丸). 당시 소요 시간을 보면 하구에서 부강까지 상행은 8시간, 하행은 5시간이 소요되었다.

공주의 옛이름 웅진(熊津 ; 곰나루)은 '신성하고 큰 곳'의 의미로서 그 발생은 인근 유적에서 알 수 있듯이 선사시대로 소급된다. 이 곳에서 금강은 서해와 내륙지방을 연결해 주는 동맥 역할을 했는데, 남북간 호

24) 금강 수운의 기능 상실 가운데에서도 부강의 명맥은 당분간은 유지되었음은 물론이다.

25) 여기에 토사의 퇴적에 따른 수로 자체의 미비 역시 금강 수운의 내륙지역 종점이었던 부강의 기능 상실의 또 다른 이유이기도 했다.

남대로와 호남 기호간 수륙교통의 요지였던 것이다. 더불어 차령산맥과 공주분지, 그리고 금강이 얽혀 방어적 요새로서 백제의 수도였을 뿐 아니라 이후에도 일정기간 충청지역의 중심지 역할을 다했던 것이다.

또한 충청관찰부 밑에 32개 군을 관할하며 소비를 중심으로 하는 상업기능도 무시할 수 없었다. 특히 약령시는 음력 2, 8월에 각각 40일씩 개시되었다는데, 성시를 이루었다 한다.26)

공주는 구조상 방어요새로 되어있으며, 경기, 충청, 전라 3도 육로교통의 요충지로, 백제의 수도, 웅진 도독부, 관찰부 등으로 번창하였던 곳이다.27) 잘 알려져 있듯이 원래는 경부철도의 통과지였으나 주민 등의 반대로 대전으로 바뀌어 이후 도시 운명이 역전된 대표적 지역이다.

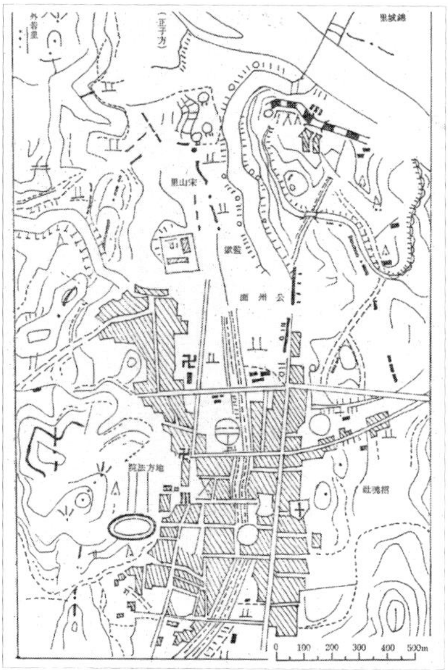

〈그림 3-6〉 1910년대의 공주시가도

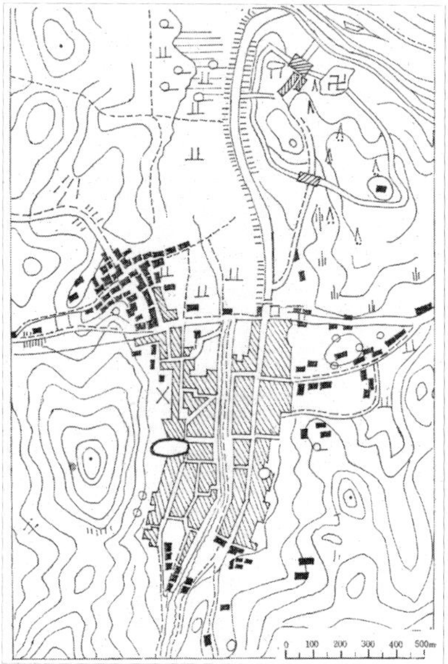

〈그림 3-7〉 1918년대의 공주시가도

26) 나도승, 「공주읍의 지리적 연구」, 공주교대논문집 제1집, 1964.

27) 1901년 당시 공주에는 충남 관찰부, 진위대, 군아, 한국 우편사, 경찰, 교회 등이 설치되어 이미 행정의 중심이자 소비도시로서의 성격을 갖추고 있었다.

즉 통감부 군산 이사청이 설치되고 그 관할하에 공주가 들어가게 되면서 충청관찰소가 갖는 정치적 기능이 약화됨은 물론, 경부-호남철도가 개통되면서부터 그 상업적 기능은 치명적인 타격을 받는다(〈그림 3-6, 7〉 참조). 반면 철도 교차점으로 부각되기 시작한 대전은 크게 성장을 보인다. 더욱이 1931년 충청남도의 도청까지 대전으로 이전되면서 충남 중부권의 도시기능상에서 큰 획을 긋게 된다.

3) 군산-강경 구간의 수운

금강 하구에서 강경까지는 47km인데 이 가운데 군산에서 강경에 이르는 거리는 42km이다. 강폭이 넓어 강경 부근은 약 400m에 이르고 있었고, 수심 또한 5~7m에 유량이 많고 조수 간만의 영향을 크게 받는 곳이기도 하였다. 간만에 따라 운항시간이 달랐는데, 상행의 경우 만조 때 6시간, 간조 때에 5시간이 소요되었으며, 범선 적재량은 막대하여 400~500석에 이르렀다 한다.[28]

이 구간 금강의 양안은 충적과 범람이 빈번하여 전북의 익산, 용안, 옥구를 비롯한 충남의 논산, 은진, 강경, 임천, 한산, 서천 등 대곡창지대를 형성하고 있다.[29] 따라서 대일 미곡유출에 따라 12~2월에 크고 작은 기선이 빈번했으며, 5~6월은 조기를 필두로 하는 서해안의 어획기에 제염까지 보태져 그야말로 금강의 수운이 분주한 시기였다. 이 시기가 되면 하루 출입 어선 수가 40~50척에 이르렀다는데 그 어선들의 선적이 일본의 후쿠오카(福岡), 야마구치(山口), 오이타(大分), 나가사키(長崎) 등 큐슈(九州)지역이었다 하니 당시의 사정을 알고도 남음이 있다.

---

28) 나도승(1979).

29) 이 구간의 금강 양안에는 많은 나루터와 포구가 발달되어 있다. 이에 대해서는 후술함.

이상에서 금강 수운의 경과를 권역별로 나누어 살펴보았다. 그 과정에서 부강, 공주, 강경, 군산, 대전 등 주요 도시의 부침도 함께 생각할 수 있었다. 그런데 이와 관련해 금강 수운에 대해 장기간 현지조사와 문헌 등을 토대로 연구를 수행한 나도승은 유역의 주요 도시에 대해 다음과 같이 각각 그 성격을 부여하고 있어 주목된다.30) 즉 부강은 '상륙몰락형(上陸沒落型)', 공주는 '중심기능분산형(中心機能分散型)', 강경은 '점이형(漸移型)', 군산과 대전은 '수렴형(收斂型)'으로 각각 명명하고 있다.31)

제2장 개항 전후 부강·강경·군산지역 상업의 변동

그렇다면 금강의 수운 활용이 절정기로 접어들기 시작했던 군산 개항 전후 시기 지역상업의 변동과정을 부강과 강경 및 군산지역을 중심으로 보다 구체적으로 살펴보자.

1. 금강 수운의 꼭짓점, 부강지역의 상업

개항 전후 금강 유역에서 거래되던 주요 품목들은 소금을 위시한 수산물이 대종을 이루고 있었는데, 서해 군산이나 강경 등지에서 직간접적으로 운송된 것들이었다. 또한 산간 내륙의 주산물인 의료, 신탄 등도 무시할 수 없는 거래품목이었다.

특히 소금의 유통이 중요했는데, 그 과정을 간추리면 다음과 같다

---

30) 나도승(1981), 112쪽.

31) 그러나 같은 '수렴형'인 군산과 대전은 이후 현대에 들어 상당히 다른 발전의 길을 걷고 있어 향후 그 이유에 대한 해명이 필요하다고 생각된다.

(〈그림 3-8〉 참조). 즉 개항 초기 제염은 전라도가 중심이었기 때문에 금강과 그 내륙수운의 꼭짓점에 있었던 부강의 역할이 주요했다. 이 곳 부강에서 내륙의 수요지까지 소금은 크게 세 갈래로 나뉘어 수송되고 있었다. 즉 문의, 보은을 거쳐 상주, 낙동강 수계까지 이르는 제1코스와 제천, 단양을 거쳐 강원도, 영서지방에 이르는 제2코스, 청주, 진천, 음성에 이르는 제3코스가 그것이다.32)

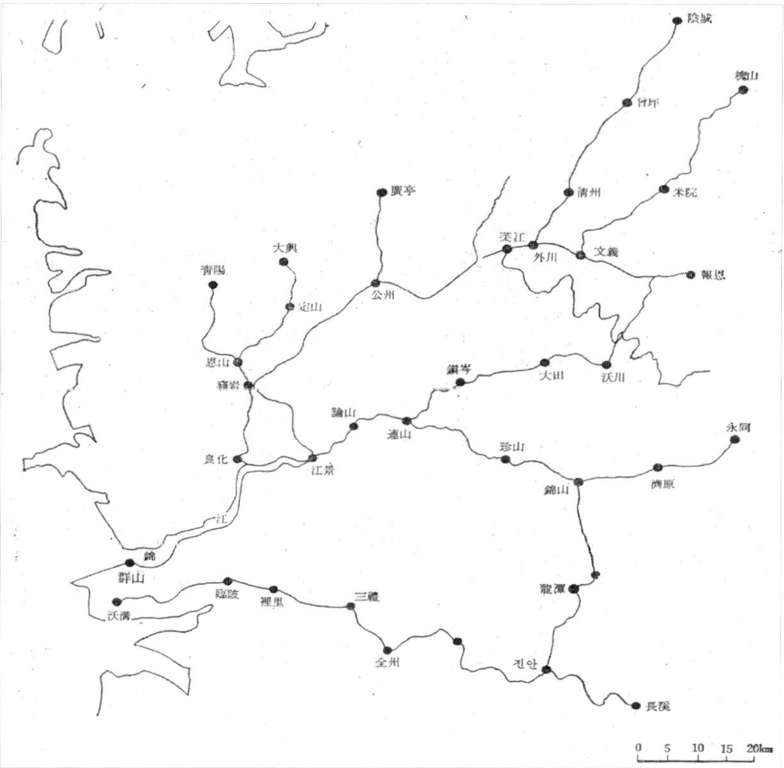

〈그림 3-8〉 금강유역의 소금 유통로, 자료 : 나도승(1981).

32) 이 가운데 제3코스는 철도나 육로 이전에 주로 이용되었으나, 육로교통의 혁명이 있은 뒤에는 아산만의 둔포권에 속하게 된다(나도승, 1979).

금강의 소금 수송체계는 1차적으로는 생산지로부터 해상수송을 통하고, 2차적으로는 수운에 의한 운송, 마지막 3차의 단계에서는 육로로 이루어졌다. 즉 우리나라 소금생산은 나주를 비롯한 서해안지역에서 이루어졌는데, 군산을 통과하여 수운에 의해 강경에 중계된 후 객주들의 손을 거쳐 입고되거나 지방상인들에게 매각되었다.[33] 그렇지 않은 경우에는 소형 범선에 실려져 공주나 부강까지 수송되어졌다.

육로수송을 보면,[34] 운반구는 지게였으며, 1인당 운반량은 소두(小斗) 10두들이 1표(俵)가 평균이었다.[35] 하루의 수송거리는 50리(20 km) 내외였다 한다.[36]

소금의 수송은 봄철 장 담글 때와 가을 김장철에 많았으나, 필수품으로서 연중 행상인이 이어졌으며, 100리 내외에서는 곡물과 1:1로 교환하고 200리에서는 소금 1에 곡물 2의 비율이 되었다 한다. 특히 충북 괴산이나 충주 등지에서는 백미 대신 콩 등과도 교환되었는데, 그 환산 비율은 백미에 준해졌다 한다.

금강의 주요 하항을 중심으로 하는 소금길에 대해서는 나도승의 조사와 연구가 독보적인데, 이를 정리하여 소개하면 다음과 같다.[37]

---

33) 현재에도 강경은 젓갈로 유명한데, 이는 서해안 등지로부터의 수산물 수송과 함께 소금의 주요 중계지였었던 데에서도 기인한다고 생각된다.

34) 나도승(1981).

35) 표(俵)는 식염을 각호에 나누어 주는 법에서 기원한다. 원래 중국에서는 5대의 후당 이래 행하여졌는데 그 폐해가 커서 송나라 태조때 고쳐진다.

36) 그러나 2일째에는 하루 운송거리가 60리로 늘어났다는데, 이는 도중에 매각 처분하기 때문에 중량이 줄어 보행거리가 늘어난데 기인한다고 한다. 또한 소금상인들은 지게에 약단지 같은 그릇을 휴대했다는데, 이는 식사 때 야외에서 밥을 짓는 수단이라 한다. 숙박은 주막 등에서 하는데 경우에는 노숙도 하곤 했다 한다. 우마를 이용할 때에는 1필에 2표(俵)를 적재하는데, 그 외 등짐에 하나를 지고 가기도 했다 한다.

37) 나도승(1981) 참조.

옥구－진안 : 금강 하구의 옥구군에서 시작하여 호남평야 전주를 거쳐 곰티재를 넘어 진안에 이르는 길. 여기에서 더 가면 금강 수계의 발원지인 장수군 수분리에 이르고 또한 섬진강 수계의 공급권과 접함. 평야지대에서는 소를 이용하여 수송능률이 높았으나, 전주를 지나 내륙으로 갈수록 능률이 떨어짐. 소금 이외 건어, 조기 등이 많았으며, 콩, 고추 등과 교환되었음. 호남, 전라선이 개통되면서는 기차로 전주까지 온 것을 운반했음.

강경－금산 : 강경을 기점으로 하는 내륙산지의 공급노선. 금산 분지를 지나 무주까지 연장 수송됨. 소백산맥의 자연적 경계선에서 낙동강 공급권과 접함. 도중에 용담부근에서 옥구－진안길과 만남. 금산까지는 110리로서 약 2일간이 소요됨. 소금가격은 거리에 따라 달라지는데, 철도 개통전 금산의 물가시세는 소금 1표(俵)에 인삼 1근(斤), 쌀 1표(俵)에 모시 1필(匹), 광목 1필(匹) 등으로 교환했다. 이후 대전 중심권이 형성되면서 마비되다가 도로중심교통으로 바뀌면서 부활함.

금산－영동 : 강경－금산길의 연장선에서 영동을 거쳐 추풍령에 이름. 금산에서 중간 상인들의 매매가 있어, 강경－영동길은 3일이 소요됨.

연산－옥천 : 금산길과 연산에서 분기되어 대전, 옥천까지 연장된 길. 도중에 회덕을 우회하기도 함. 옥천에서는 다시 보은가도를 따라 안남에서 부강공급권과 만남.

부강－보은 : 충청북도 내륙에 대한 것으로 금산－영동길과 서로 접함.

부강－괴산 : 괴산, 충주를 거쳐 원주 등 영서 내륙에 이르는 길. 남한강 수계에도 속했지만 경부－호남철도 이전에는 금강 공급권에 속했으나 철도 개통 이후 개편됨. 농산물 가운데 곡류, 담배 등이 부강까지 이송되어 수운을 따라 강경, 군산까지 내려감.

규암－청양 : 강경에서 규암에 이르러 금강 서족의 은산, 정산, 청양 등지와 예산 일부에 이르는 길. 규암의 상업적 기능은 강경권에 속해 있었으며 행정구역상 부여군이어서 부여를 사이에 둔 양육장에 불과했음. 정산, 청양에 이르기까지 공주－부여간 금강공급선과 평행을 이루고, 이와 인접한 소하천의 나루터, 포구의 수송분과 만남. 또한 서해안의 광천 등지에서 청양 등 내륙지방까지 공급되는 수산물도 있어 복잡한 공급권에 속함.

그렇다면 이 시기 이후 부강지역 상업은 어떠한 변동과정을 거치는가. 앞에서 서술했듯이 부강 근처는 금강의 지형단면상 중류와 상류의 경사변환점으로 한 때 신탄진까지 소규모 화물이 이송되기는 했지만 금강 수운을 통한 상업적 이용이었다고 보기는 어렵다.[38] 그러나 부강은 그 배후지를 기초로 전국적인 시장 규모를 자랑했는데, 출시인을 보면 1908년에 6,000~7,000명에 이르렀고, 여름철에는 최소에 달해 2,000명을 기록하고 있었다 한다.[39]

이 곳의 최전성기는 경부철도 개통까지였으며 이후에도 다소간의 수륙간 교역의 기능을 유지하고 있었지만, 호남철도의 개통을 뒤로하여 철도 의존도가 늘어나며 그 기능이 쇠퇴되어간다. 즉 부강은 경부철도의 개통으로 가장 큰 개편을 당한 곳 가운데 한 곳이다.[40]

〈표 3-1〉에서 볼 수 있듯이 경부선 철도가 개통된 뒤 1914년에 이르면 부강역의 도착화물도 현저한 변화를 나타내고 있다. 즉 곡류를 비롯하여 어염과 각종 생필품 역시 철도체계로 바뀌고 있음을 확인할 수 있다. 특히 1921~1922년에 충북선(조치원－제천)이 개통됨으로써 부강이 기능하던 그 중계역할은 거의 상실되고, 조치원과 대전의 상권 분할로 이어지게 된다.

---

38) 나도승(1981), 98쪽.

39) 나도승(1981), 98쪽.

40) 이처럼 부강지역은 이전에는 금강수계를 통해 내륙으로의 어염 등을 중계하던 곳이었는데, 철도와 도로의 발달로 그 수운 기능이 마비되고 이제는 일개 역전촌락으로 전락하여 있다.

〈표 3-1〉 1910년대 부강역 도착 화물톤수

구분	수량	행선지
곡류	94	대전, 경성, 조치원, 인천
해초	37	조치원, 강경, 초량
염건어	17	조치원, 강경, 부산
명태	92	조치원, 초량, 부산
량	12	군산, 대구
화양주	44	대전, 경성, 인천, 조치원(7은 청주로, 2는 공주로)
식염	942	강경, 군산, 인천, 겸이포
식료품	69	대전, 경성, 인천, 부산, 조치원(6은 청주로, 2는 공주로)
장유	21	대전, 인천에서
사탕	16	일본 모지(대부분 청주로)
맥분	25	대전, 조치원, 인천, 일본 시모노세키(대부분 청주로)
석유	32	인천

자료 : 조선총독부철도국 조선철도역세일반(1914), 348쪽. 나도승(1981), 111쪽.

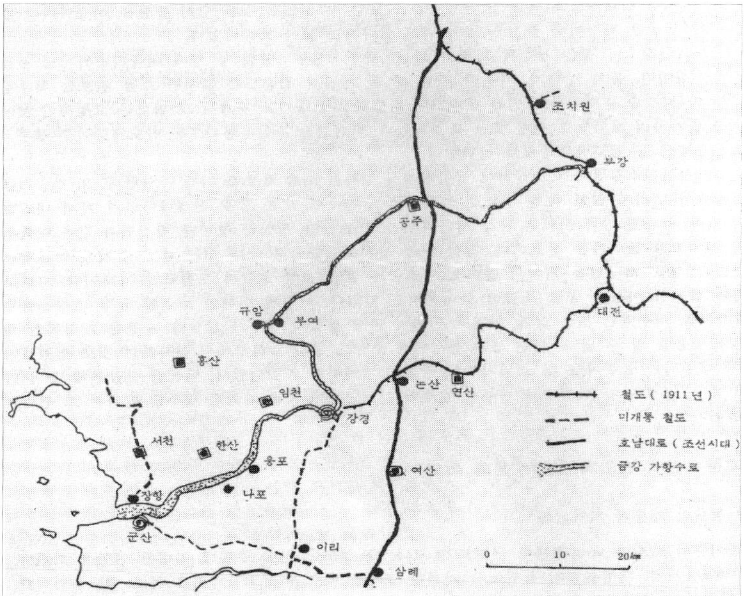

〈그림 3-9〉 금강유역의 수륙 교통망(1911년), 자료 : 나도승(1992).

이상에서 보듯이 근대이전 금강유역은 소금길이 경제생활권 형성의 기본이었으나, 군산항 개항 이후에는 수운을 통한 미곡과 어염 및 생필품의 중계역할을 하였다. 이후 철도 개통과 함께 지역의 상권구조는 크게 변용된다(〈그림 3-9〉 참조).

2. 수륙간 중계의 요충지, 강경지역의 상업

조선시대 강경지역은 봉화의 중계지이자 교통의 요지였다. 즉 금강과 지류가 합류하던 곳에 위치하면서 수륙간 중계의 요지였던 것이다. 하지만 16세기만 하더라도 그 중심은 시진포(市津浦)였다고 한다. 당시 은진현 치소로부터 10리, 강경까지는 26리였다고 한다. 그러나 범람이 빈번하여 이후 강경포가 수륙간 중계지로 급부상하게 된다(〈그림 3-10〉 참조).[41]

강경포가 대시장으로 부각되었던 시기는 1870년경으로 추정된다.[42] 이 시기는 부산(1870년), 원산(1874년), 인천(1877년)의 개항이 있었지만 금강 하구 군산은 미개항의 시기였다. 하지만 공주와 전주라는 전통도시를 배경으로 금강 수운과 육로의 교점상에서 국내외 상인들이 늘어가고 있었다. 당시는 갑신정변(1884년) 이후 전국을 누비던 일인 행상과 서해안의 청상들의 밀무역도 들끓고 있던 즈음인데, 주요 대상지는 충청, 황해, 평안도 연안이었다.[43] 주지하듯이 강경포의 시장은 상, 하시장 두개가 있는데, 처음에는 하시장부터 개설되고, 이후 상시장이 증설케 되었음도 다 이러한 상황을 반영한 것이라 생각된다.[44]

41) 나도승(1983), 125~126쪽.

42) 坂上富藏, 『江景事情』, 10쪽.

43) 특히 그해 청국상선 2척이 금강을 거슬러 강경포까지 와서 밀무역을 요구했다하니 당시의 사정을 짐작케 해준다. 한우근, 『한국개항기 상업연구』, 68쪽.

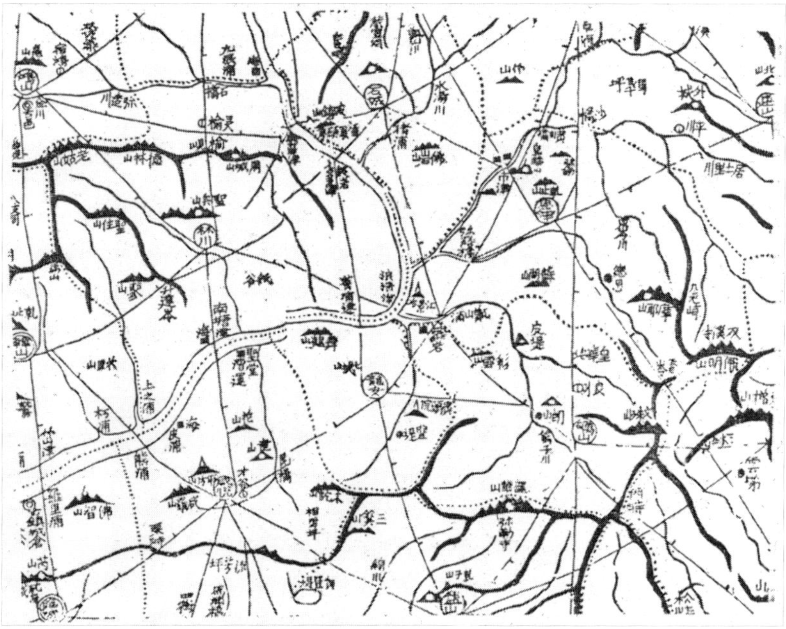

〈그림 3-10〉 대동여지도에 나타난 강경포, 시진 부근

일인들이 강경지역에 본격적으로 관심을 갖기 시작한 것은 1885년 이후인데, 관헌들이 강을 거슬러 와 답사를 하고, 또 행상자들이 들어와 상행위를 하기 시작한다.45) 그러나 이보다 먼저 1894년경 13인의 일인 상인들의 상행위에 대한 기록을 찾아 볼 수 있다.46) 이어 일인들은 러일전쟁을 전후로 한 시기 토지매수와 농업경영을 개시하는데, 강경지역에서도 토지매입이 성행하였다.47) 그리고 이를 뒷받침하기 위한

44) 하시장은 1808년 저습지의 매립을 통해 입지를 확보했고, 이후 1868년경에 증설 요구에 따라 상시장이 만들어졌다고 한다.

45) 坂上富藏, 『江景事情』, 25쪽.

46) 한우근, 위의 책, 271쪽.

47) 나도승(1983), 127쪽.

기관으로 한호농공은행지점과 동척 강경출장소가 대표적이었다.

당시 강경의 상업 규모를 알기위해서는 그 즈음 이곳을 출입하던 주요 국적선의 대강을 통해 잘 알 수 있다.48)

한 선 : 50석 이상 300석 이하 규모로는 약 50척이 있었는데, 인천에서, 목포, 제주 기타 연안 각항을 출입하여 주로 수출입 국내품 상품 수송 및 여객 수송에 종사. 또한 50석 이하 규모로도 약 50척이 있어, 충청, 전라 양도 연안의 각 항을 왕복하며 상품 및 여객 수송에 종사.

일본선 : 소증기선 1척이 있어서 매일 군산을 왕복하며 상품 및 여객 수송을 전담했고, 100석 이하 50석 규모의 선박도 5척과 임시 통행선 몇 척이 있었는데, 인천 왕래의 경우가 많았음. 그밖에 소규모 부선 23척이 있어 거의 매일 군산을 왕복하며 상품과 여객 수송에 전담.

청국선 : 100석 이상 300석 이하 3~4척이 인천을 왕복하며 미곡 및 수입품 운반에 종사.

이즈음 강경은 육로로 군산(42km), 공주(40km), 전주(44km)와 비슷한 거리에 있으면서 미곡을 중심으로 생활 잡화에 이르기까지 일찍부터 한국의 3대 시장으로 손꼽히고 있었다. 즉 금강과 강경천, 논산천이 합류하는 충적범람원을 배후지에 두고 있어서 미곡을 생산하는 평야가 발달해 있고, 또한 금강의 수운과 발달된 육로를 배경으로 하여 한 시기 원산, 대구와 함께 3대시장으로 각광받았던 농상의 중심지였다. 개항이후 일인 자본은 이러한 강점을 이용키 위해 1908년부터 1910년에 걸쳐 각지와 시외전화를 연결하는 등 통신망을 정비하였다. 그 권역 또한 행정구역상 2도 22군에 이르는 광역적인 것이었다(〈그림 3-11〉 참조).

---

48) 『통상휘찬』 188호. 안병직 외 편, 『近代朝鮮의 經濟構造』, 비봉출판사(1989) 참조.

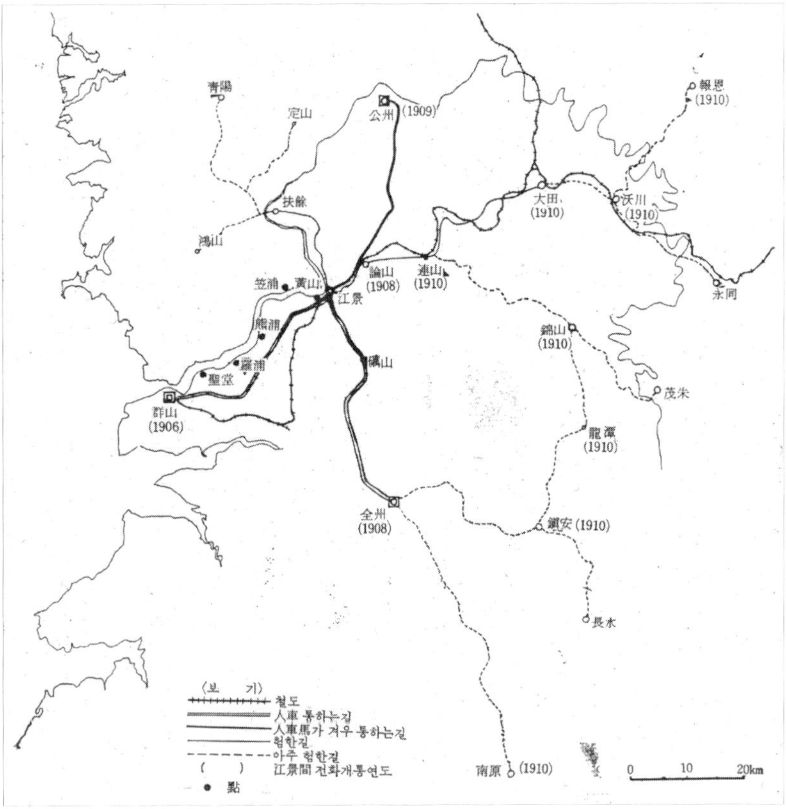

〈그림 3-11〉 강경중심 수륙교통망(1910년). 자료 : 나도승(1983).

시장 개시의 내용을 보면 음력 4일에 상시, 9일에 하시가 열렸으며, 1회 개시 평균 점포 약 900개에 평균 7,000여명이 거래하며 성시를 이루었다 한다. 상품은 미곡을 필두로 식료품, 면포, 마포, 면방류, 도기, 철기, 기타 일상생필품이 망라되고 있었다. 참여 인원의 국적을 보면 1910년을 기준으로 볼 때, 소수의 청국인을 제외하면 대부분 한국인이었고, 일본인은 이미 시가지의 요충지에 상설점포를 갖추고 있으면서 상권을 장악해 가고 있었다.49)

〈그림 3-12〉 1910년대의 강경시가지

당시 강경읍의 취락 구조를 보면 이 시기 강경지역의 역할을 잘 알 수 있다(〈그림 3-12〉 참조).[50] 즉 강경의 도시구역을 5가지로 나눌 수 있는데, 포구·생산·금융·행정·시장 기능이 바로 그것이다. 우선 금강

49) 강경이 농상의 중심지로 발달했던 요인에 대해 나도승은 '하류부 군산과 중류부 공주와는 수륙 양면으로 결합되어있고, 남의 전주와 동의 대전과도 육로로 결합되어있어 충청 전라 양도의 수도와 유역의 곡창을 장악하고 있으며, 해안지방과 내륙지방의 생산을 결합시켜주고 있다'는 점에서 찾고 있다. 나도승(1981), 102쪽.

50) 나도승(1981), 102쪽.

의 하안 옥녀봉 밑에 외항을 두고, 강경천 하안에 내항을 두어 수륙간 물품거래를 맡기고 있었다. 그리고 내항과 외항을 연결하는 강경천 양쪽에 소금을 비롯한 각종 창고, 정미소, 곡물상 건물이 들어서 있었고, 그에 인접한 동측에는 금융기관, 관아 등이 자리하고 있었다. 그 뒤 남과 북에 각각 상, 하시장이 있었다.

이 시기 강경시장에 사람들이 운집하는 범위가 60리(24km) 사방에 미쳤고, 그 경제권이 주변 16개군에 미쳤다고 하니 새삼 그 규모에 놀라지 않을 수 없다(〈그림 3-13〉 참조). 자료에 따르면[51] 1910년 시장객이 상, 하시장 각 7,000여명에 이르렀고, 추석이나 설명절이면 15,000여명에 달했다 한다. 거래액 또한 연간 200만圓 정도였다.

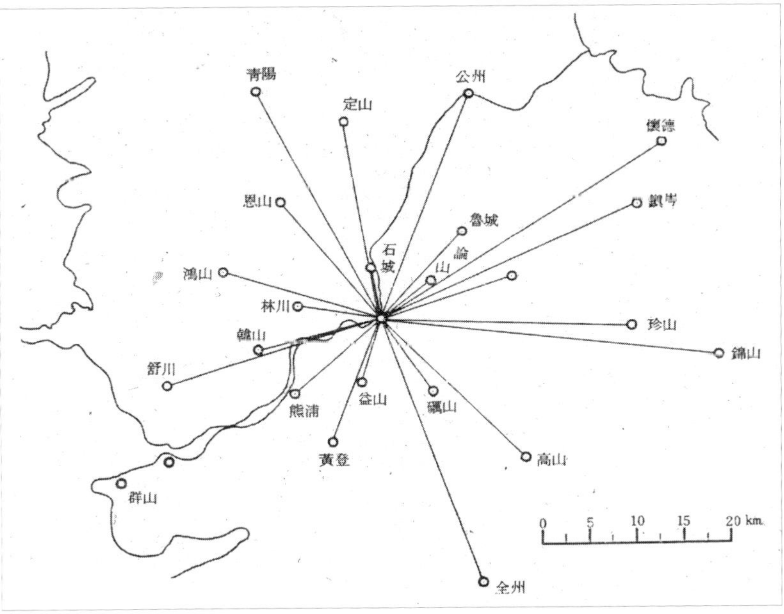

〈그림 3-13〉 강경시장의 상권도, 자료 : 나도승(1981).

51) 坂上富藏,『最近の江景事情』, 日韓印刷株式會社(1911), 108쪽.

논산은 강경에서 논산천을 따라 8km 거리에 있었는데 200석 규모의 범선이 항행할 수 있는 수로가 발달해 있었고, 일인들이 만든 시장으로 그 기능은 강경시장과 비슷했었다.[52] 요컨대 강경시장 주요 거래품은 미곡과 함께 대두, 들깨, 밀, 우피류 등을 들 수 있다. 그밖에 수입품으로는 생필품과 국내산 수산물도 주요 품목이었다. 특히 1910년경 조기는 생어 가운데 70%를 차지할 정도였는데, 5~6월에는 '조기의 강경'이라는 말이 있을 정도였다.[53] 따라서 어획기에 강경포구는 파시를 방불케 했다 한다. 당시 강경시장에 거래되던 품목을 국적별로 나누어 보면 다음과 같다.[54]

한국산 : 소금 및 각종 수산물, 마포 등인데, 특히 소금은 30여개 객주집에서 취급하던 것으로 연간 거래액만 하더라도 6~9만圓에 이르렀음

일본산 : 한국인을 대상으로 하던 품목은 금건류, 분적사, 석유, 토기, 철물, 사탕, 연초, 잡화류였으며, 일본인을 대상으로 하던 것은 주류, 의류 기타 일용품 등이었음. 도기는 일본 큐슈(九州)의 모지(門司)에서 직수입하고, 기타의 물품은 고베(神戶)에서 인천, 군산을 경유하여 강경에 입항한 것이었음

청국산 : 입포, 시포, 망, 잡화 등인데 상하이에서 인천 또는 군산을 거쳐 들어왔음

그러나 군산 개항이전부터 전국적인 시장세를 자랑하던 강경은 무엇보다 철도 개통이후 심각한 사회경제적 변용을 경험한다. 우선 경부철도가 개통됨으로써 부강에서 공주를 경유하여 강경으로 연결되던 경부철도 동부상권을 잃은 셈이고, 이어 호남철도, 군산선의 개통으로 역시 사

52) 나도승(1981), 102쪽.

53) 나도승(1983), 129쪽.

54) 나도승(1981), 102쪽.

회경제구조상 심한 지각변동을 경험한다. 즉 1899년 군산의 개항으로 군산과의 수운상의 결합관계가 밀접해지고, 1912년 군산선이 개통됨으로써 철도까지 가세되어 한동안 기존 시장세를 유지하지만, 호남철도 분기점 대전의 성장과 군산의 상권 확대로 점차 위축을 당하게 되었던 것이다. 이를 상징적으로 말해 주는 것은 1914년 행정구역 개편과 함께 은진군에 폐합되었던 점과, 동척 지점의 대전 이전 등을 들 수 있겠다. 또한 1920년대 그 명맥을 유지하던 정미업과 미곡집산 기능마저 이후 군산의 호남미와 인천의 경기미에 압도되고 마는 운명을 걷는다(〈그림 3-14〉 참조).[55]

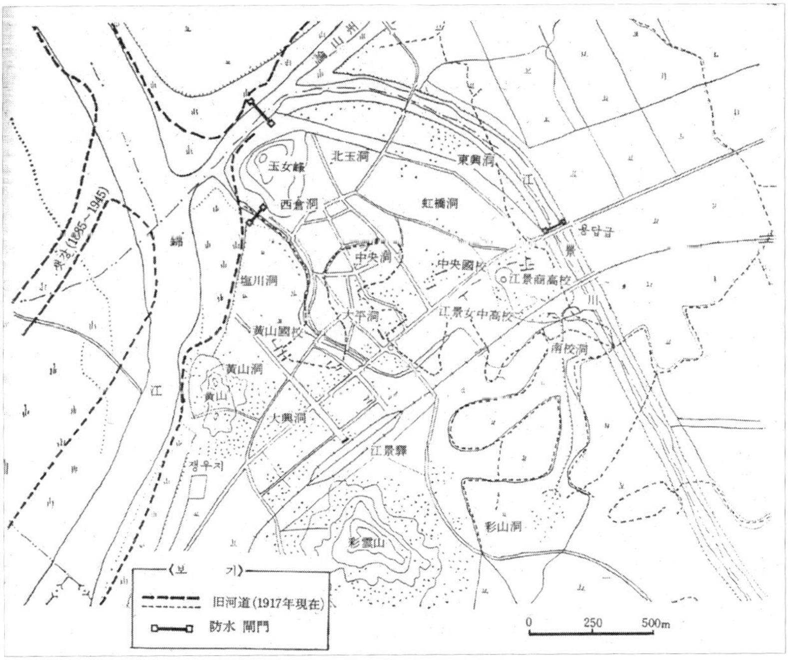

〈그림 3-14〉 강경부근의 하도변천(1917년경), 자료 : 나도승(1983).

55) 나도승(1981), 109쪽.

3. 국내외 해로의 결절지, 개항장 군산지역의 상업

1899년 구한국정부는 마산, 성진과 함께 군산을 개항한다. 개항 당시 군산은 초가 일색의 촌락으로 인구규모 역시 150여호, 700인 정도였다고 한다. 이후 일본인들의 토지 점탈과 함께 유입자가 늘어가고 군산항의 항세 역시 커지기 시작한다.

개항과 동시에 군산에는 통감부 이사청 분관이 설치되는데, 1906년 이사청으로 승격되어 공주, 전주지청을 관할한다. 충청, 전라지역의 수부로 사실상의 그 위치가 바뀐 것이다. 이는 금강 하구에 위치한 군산항을 중심으로 하는 지역사회경제구조의 개편을 상징적으로 나타내는 것이었다. 이는 낙동강구의 부산, 영산강구의 목포, 한강구의 인천, 대동강구의 진남포가 행했던 역할과 비슷한 것이었다.

시가지의 형성과정을 살펴보면, 처음 한국인의 거주지역은 군산항 서부 일대였는데 개항이후 일인들에 밀려 동부 전군가도로 이동한다. 이와 함께 감리서, 경찰서, 우편사, 전보사 등이 이곳에 만들어진다. 일인들은 북부 하안지구의 요지에 자리잡고 시가지를 형성해가는데, 특히 본정(本町), 전주통(全州通)은 인구가 밀집된 곳이었다. 그곳에 일본영사관분관, 해관을 비롯하여 우편국, 병원, 사찰 등 일인 관계기관이 모여 있었다.

이후 군산선이 개통된 뒤로는 역을 중심으로 한 부도심의 신시가지가 형성되고 역과 군산항이 연계되는 도시구조를 형성한다.

한마디로 군산지역은 농업과 군산항을 묶어 놓은 식민지도시였다. 철도 개통 이전에는 전군가도와 금강 수운, 군산항을 통해 그 역할을 수행했고, 호남선, 군산선, 장항선의 개통 뒤에는 철도까지 가세하여 식민지도시로서의 그 기능을 착실히 수행했던 것이다.

1910년 당시 군산을 중심으로 하는 해상항로는 우선 군산－인천 및 군산—목포간은 기선으로 10시간의 거리였으며, 신의주, 용암포, 안동, 진남포 등 국내선은 물론 일본의 오사카, 고베, 시모노세키(下關) 등과 각각 정기선으로 월 2~4회씩 운항되고 있었다.

개항이 된 1899년부터 강점 직전까지의 군산지역 무역관련 통계를 보면, 미곡유출이 가장 특징적이다. 금강 수운을 통해 부강 등 중류 연안지방은 물론 충남지역의 광천, 전라지역의 동진간유역 등지까지 망라되고 있었다.

개항이후 금강 수운을 활용하는 군산의 상권은 중계지 강경을 사이에 두고 활발히 전개되었으며, 특히 배후지 시장의 발달과 선박의 개선에 따라 수로 이용도가 제고되면서 그 결합도는 가히 절정에 달했다 해도 과언이 아닐 것이다(〈그림 3-15〉 참조).

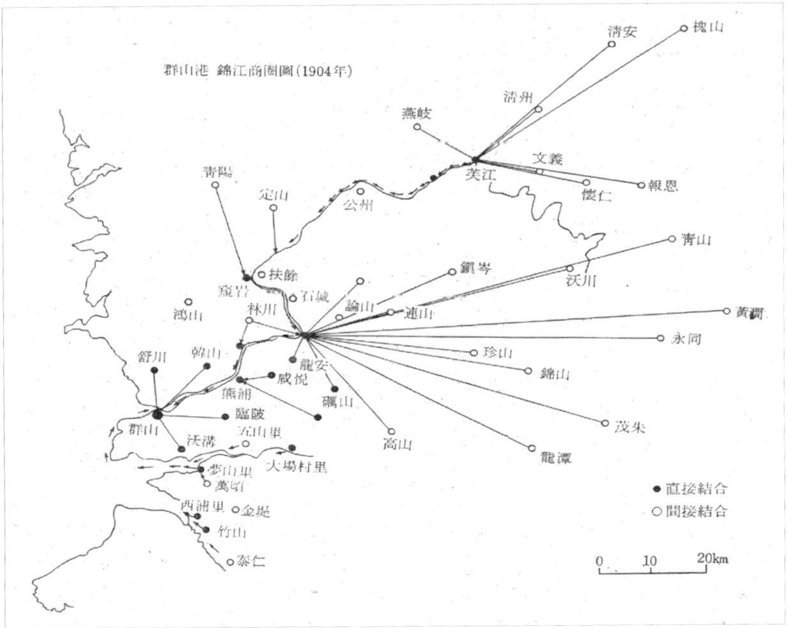

〈그림 3-15〉 1900년대 초기 군산항과 금강의 상권도(1904년), 자료 : 나도승(1984).

한편 이 시기 수운을 통해 군산과 결합되지 못한 곳은 육로로 연결되어 있었다. 그 가운데 주요한 것을 들자면 다음과 같다.[56]

제1노선 : 군산-전주(120리, 1일) - 전군도로의 전신, 우마차나 인력거 등에 의존했으며 장계까지 미치고 있었음

제2노선 : 군산-강경-공주(230리, 2일) - 금강 수운과 보완관계였음

제3노선 : 군산-만경-김제-고부-목포(390리) - 만경강[57]과 동진강[58] 하구를 지나는 지름길로 유역의 농수산물 수송에 활용됨

또한 앞에서 검토한 수로나 육로 등에 의해 군산에 집산된 물품들은 인접 개항장 등과 연계되어 국내외 해로를 통해 수송되었다. 국내에서는 지리적 여건상 목포와 인천과 밀접했고, 국외로는 일본의 주요 도시인 오사카를 비롯하여 중국의 텐진이나 만주지역까지도 연계되고 있었다(〈표 3-2〉 참조).

즉 당시 군산의 상권과 관련해 행상자의 구역은 전라북도 일원은 물론이고, 옥천, 부강, 청주 기타 충북선 연선 일부 지역과 목포, 나주, 영산포, 장성, 영광, 사거리, 송정리 등 전라남도 일부와 충청남도 일부까지 해당되었다.[59] 뿐만 아니라 국외 및 원거리 행상자를 보더라도, 서울, 인천, 부산은 물론 일본의 도쿄, 나고야, 고베, 모지, 시모노세키, 요코하마, 와카마쓰, 후쿠오카와 만주, 대련 등지까지 확산되고 있었다.[60]

---

56) 나도승(1984), 173쪽.

57) 만경강 하구 몽산포와 대장리 등이 거점으로서 월 2회 정도 범선의 운행이 있었음.

58) 동진강 역시 서호, 죽산포, 화호리 등의 하항을 통해 곡물을 수송했음.

59) 나도승(1981), 107쪽.

〈표 3-2〉 1909년경 군산 출항의 주요 선박 상황

행선지	선박수(척)	적재량(톤)
오사카	70	40,110
시모노세키	19	1,352
쓰시마	16	430
안동	1	470
텐진	1	755
인천	214	52,817
목포	2	25
부산	7	235
원산	3	1,518

자료 : 小松悅次(1909), 나도승(1984), 173쪽에서 재작성.

4. 개항 전후 강경, 군산지역 상업의 역학관계

그러면 군산의 개항 전후로 한 시기 수운의 활용과 이 지역의 사회경제상황을 지역간 역학관계를 통해 살펴보기로 하자.

앞에서 언급했듯이 강경 주변의 배후지는 우리나라에서도 이름 있는 곡창지대였다. 따라서 이 시기 생산품은 미곡이 대종을 이루었는데 현미는 연간 100만석 이상으로 미곡 전체의 9할을 상회하였고, 나머지가 정미였다. 그것들은 일인 상인들의 손을 거쳐 군산으로 집결되었다. 이를 반영하여 일본 오사카상선 강경 출장소, 동양척식주식회사 출장소와 각 정미소 등이 즐비해 있었다하니 그 모양을 상상하고도 남음이 있다.

한국인 상인들은 주로 벼와 소(生牛), 엽연초, 모시(生苧, 白苧) 등을 취급하였다. 벼는 군산에 운송되어 일본 정미업자에게 인계되었고, 한국인 상인들에 매수된 소 역시 군산의 일인 상인을 거쳐 일본으로 유출되었다. 엽연초는 금산과 청양, 모시는 서천, 한산 등지에서 산출된

60) 나도승(1981), 107쪽.

것인데 국내 여타 지역에 수송 판매되었다.

개항 당시 금강은 하구인 군산 부근에 이르면 강폭이 1,750m, 수심 역시 깊은 곳은 만조 때 12~15m, 간조 때 7~9m 정도였으며, 조차가 커서 늘 선박 운항에 지장이 되었다. 출입 선박의 규모에 대한 기록을 보면 1902년 500~600톤 정도로 파악되나,[61] 1909년의 자료에는 1,500톤 규모의 기선도 있었다고 알려지고 있다.[62] 당시 군산에서는 국내선으로 진남포, 인천, 목포, 부산, 마산, 원산, 성진 등지로의 선편이 있었으며, 국외선은 일본의 오사카(大阪)나 고베(神戶), 기타큐슈(北九州)와의 항로가 있었다.[63] 이를 정리하면 다음과 같다.[64]

인천 堀상회 소속선, 경보호(慶寶號), 100톤
인천-군산-목포 매월 5회 이상
일수 왕복 5일간

오사카상선주식회사, 백천환(白川丸), 556톤
오사카 인천간 왕복 16일
기항지 : 고베, 부산, 마산, 목포, 군산, 인천 등

대한협동우선회사, 현익호(顯益號), 144톤, 창룡호(蒼龍號), 403톤
매월 각 1회
기항지 : 인천 기점
군산, 해주, 마산, 포항, 원산, 서호전진(西湖前津), 신포, 신창, 서호, 성진, 명천, 경성(鏡城) 등

61) 香川源太郎, 韓國案內, 青木嵩山堂(1902).

62) 小林悅次, 新選韓國事情, 東亞硏究會(1909).

63) 하지만 국외선의 경우 직항로가 잘 되어있지 않아 인천, 목포를 우회하는 경우가 많았다.

64) 나도승(1979).

이처럼 이 시기 군산은 이미 전라와 충청 양도의 경계이자 서해의 접점에 있으면서 공주, 강경, 논산, 전주 등 내륙지방의 대시장을 장악하고 있는 '인후(咽喉)'와 같은 위치에 있었다 해도 과언이 아니다.[65] 그리고 이미 앞에서 살폈듯이 근대이전 이미 군산창, 호남창 등이 설치되어 있었고, 조창에 있어서도 주요한 거점 역할을 수행하였다.

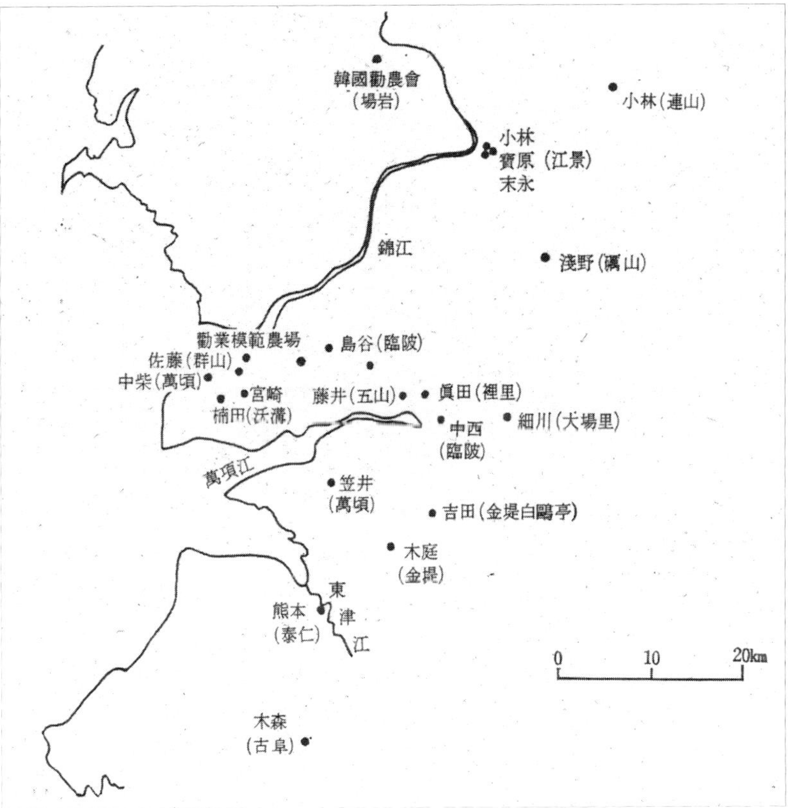

〈그림 3-16〉 일본인 농장경영의 개략도, 자료 : 나도승(1984).

---

65) 나도승(1979).

더욱이 개항이전부터 왜구와 청나라 밀무역 상인들이 들끓던 곳이어서, 어찌 보면 1899년 5월 1일 군산의 개항은 구한국 정부가 이 같은 상황을 양성화하는 의미를 갖기도 한다.[66)]

개항과 함께 군산에는 옥구 감리서, 인천 세관 관할의 군산 해관, 목포 영사 분관 등이 설치되기에 이른다. 이를 전후하여 일인들의 군산 이주가 시작되고, 특히 러일전쟁 전후인 1905년경부터 군산의 일본인 이주인구는 급증하기 시작한다.

즉 개항 초기 일인들은 토지 등을 중심으로 경쟁적인 농장 만들기에 나서고(〈그림 3-16〉 참조), 나아가 수출입 상권 장악이 목표였다. 일인 거류민이 늘면서 거류민단 조직이 만들어지고, 상업회의소, 향우회, 의회 등을 통해 그들의 지역 장악을 공고히 해 나간다.

특히 식량공급기지의 유출항이자 공산품의 유입항으로서의 기능을 부여받은 군산항은 이후 대대적인 축항공사를 단행하고, 나아가 농토매수, 배후의 저습지와 간척지 개발 등을 전개시킨다. 이러한 광대한 토지를 기초로 미곡의 집산에서 가공, 유출에 이르기까지 전 기능이 군산에서 이루어진다.

군산의 상권은 점차 확대되어 전라북도에서는 부안, 만경에서 동진강 유역까지 이르러 목포 상권을 견제하였고, 충청남도는 남포, 광천 등지의 인천 상권의 주목을 끌 정도였다 한다. 이는 1906년 통감부령에 의한 군산 이사청의 관할 구역이 전북의 고부, 정읍, 순창, 남원은 물론 전남의 구례까지 미치고, 충남 남부의 보령, 홍산, 정산, 공주 등 광역권이었음을 볼 때 그 사정을 잘 알 수 있다.

당시 군산–강경 구간의 주요 집산품은 강경부근에서 수운에 의해

66) 이와 관련해 竹中康雄 은 『群山開港前史』(1935)에서 군산개항이야말로 '근대적 수로 이용상의 신기원'이라 표현하고 있다.

군산으로 이송된 것과 전주 공주 부근 생산물이 금강을 따라 강경을 거쳐 군산으로 집산되는 것이 주종을 이루고 있었다(〈표 3-3〉 참조).

이에 대해 위로 올라가는 물품들은 무엇보다 5~6월 어획기에 갈치, 조기를 비롯한 수산물이 컸다.[67] 여기에서 군산 인근이란 연도, 개야도, 위도는 물론 북쪽의 안면도에서 남쪽으로는 칠산도, 사자도 등지까지 미치고 있었다. 한편 당시 운임에 대해서는 〈표 3-4〉에서 보는 바와 같다.

〈표 3-3〉 1910년경 강경시장 출시 상품 일람

상품명	수량	상품명	수량
미곡	700석(石)	저포	100필
두류	250석	도기류	5,000개
맥류	100석	방적사	500환(丸)
들깨	510석	석유	100상(箱)
생건어	500동(同)	성냥	30상
명태어	50 태(駄)	우육	500관(貫)
식염	300석	우피	900근(斤)
면포류	850필(疋)	곡자	500개
견포류	20필	엽연초	50척(隻)
저포류	50필	신탄	200관
돗자리	500매(枚)	철기류	1,000개
갓, 모자	60개	잡품	(가격) 약 1,500圓

주 : 생건어 1동은 100미(尾)이며, 명태어 1태(駄)는 100연(連), 연초 1척(斥)은 500파(把;줌)임.
자료 : 坂上富藏(1911), 나도승(1980).

또한 당시 금강 수운은 외항선편과 연계되어 있었는데, 그만큼 이 지역의 상업이 국제적 차원이었음을 반증해준다고 할 수 있겠다(〈표 3-5〉 참조).

67) 나도승(1980). 어획기에 이르면 40~50척의 운반선이 강경포구에 밀집했다고 한다.

〈표 3-4〉 1906년경 금강 내륙수로 구간 운임표

구분	부강 - 강경 (단위 : 한화, 文)	강경 - 군산(한선) (단위 : 한화, 文)	강경 - 군산(일선) (단위 : 일화, 錢)
미곡(대두 8두;斗)	78	25	5
식염(8두, 1석, 1표;俵)	70~80	50	-
명태(1태;駄)	150	100	30
면포(50필;疋)	220-230	150	30
면사(1곤;梱)	220-230	150	30
석유(1상;箱)	50-60	35	7
성냥(1톤)	220-230	510	30
도기(8관;貫)	510	100	20
철기(8관)	150	100	20

자료 : 德永勳美(1907), 1116쪽, 나도승(1980), 85쪽에서 인용.

〈표 3-5〉 1900년대 초 금강 내륙 수로 운항 상황(1900~1909년)

구분	강폭(m)	거리 (하구;km)	범선규모	기선		구간운임
				명칭, 규모, 소속	운항시간	
군산 연안	1,750	5.0	연안용	-	-	-
군산 - 강경	392	42.0	미곡 만조 400~500석 간조 300~400석	開運丸 25톤, 60인승 1910. 5. 개시 城崎丸(강경운수) 群江丸 (강경운수),19톤 1908. 11. 개시 第4進航丸 (삼남상회) 17톤, 1907. 11 개시	1일 2회 1회 3시간	기선 1인 50전 미곡 1표 20전 범선 1인 30전
강경 - 공주	350	90.2	40~50석	第5進航丸 (삼남상회) 第1公州丸 1910. 5. 개시 第2公州丸 1910. 9. 개시	군산 - 부강 상 8시간 하 5시간	1인 1圓 50錢 미곡 25錢
공주 - 부강	180	117.1	40~50석 가능			부강 - 군산 1인 11圓 50錢

자료 : 香川源太郎(1900), 田淵友彦(1903), 小松悅次(1907), 坂上富藏(1909), 나도승(1979).

요컨대 개항이후 금강유역의 상권의 주도권은 이미 군산으로 넘겨가고 만다. 이는 강경지역이 관주도적인 개항장 군산지역에 비해 그만큼 민간주도적이었던 데에 기인한다고 보는 견해가 중론인 것 같다.[68] 요컨대 조선시대 이래 전국적인 규모의 시장으로 성장해 있던 강경포구가 일제 강점기에도 주요 터전으로 존재할 수 있었던 것은 미곡 유출항 군산과의 결절적 관계에 있었기 때문이며, 그만큼 상호간에는 깊은 함수관계가 있었다고 볼 수 있을 것이다.[69]

제3장 철도의 개통과 수운상권의 구조변동

수운과 육로 및 해로의 결절지에 위치하면서 개항이후 지역상권은 물론 국제적 항구로 자리잡아가던 금강유역의 사회경제사에 있어서 철도의 개통은 또 하나의 커다란 변화를 가져다주었다. 즉 호남철도가 1911년 대전－강경간 노선이 개통되고 이어서 1912년 이리 경유 군산까지 군산선으로 연결된 것이다. 이로써 군산은 군산선－호남선을 통해 경부선과도 결합되어 항만 중심의 수운 및 해운 기능에 추가적으로 근대 철도가 더해지게 된 셈이다.

무엇보다 철도 개통으로 강경 능지는 수운을 통한 군산과의 결합에서 철도와의 경합관계가 나타나게 되었고, 철도를 중심으로 새롭게 지역 상권이 재편되었다.[70] 우선 1912년 호남철도와 그 지선인 군산선이

68) 나도승(1983), 130쪽.

69) 나도승(1983), 133쪽.

70) 강경은 호남철도가 개통되면서 군산 등지와의 미곡 거래에서 철도 이용률이 증가했으며, 군산 이외 부산이나 서울까지 미곡 수송망이 생겨 다원화되었다. 이리의 목천포나 대장촌은 과거 만경강을 통해 우회하여 군산으로 수송해 오던 것이 철도편으로 바뀌었다. 공주는 경부철도 개통이후 일차적으로 철도를 통해 부강역에

동시에 개통되면서 군산은 수륙교통의 결절점으로서 점차 유역의 상권을 수렴해 나간다(〈그림 3-17〉 참조).[71] 일본인 인구의 유입 및 미곡을 위시한 교역량의 증가와 함께 1929년 군산개항 30년을 맞이하게 되면서 전국 유수의 도시로 발전하고 군산역 역시 남북한 288여개 가운데 7위를 기록할 정도였다니 그 실상을 알고도 남음이 있다. 결국 1930년에 이르러 금강 건너 장항을 종점으로 하는 경남철도(장항선)이 개통을 봄으로써 충남 내륙 오지의 물자까지 수렴하게 된다.

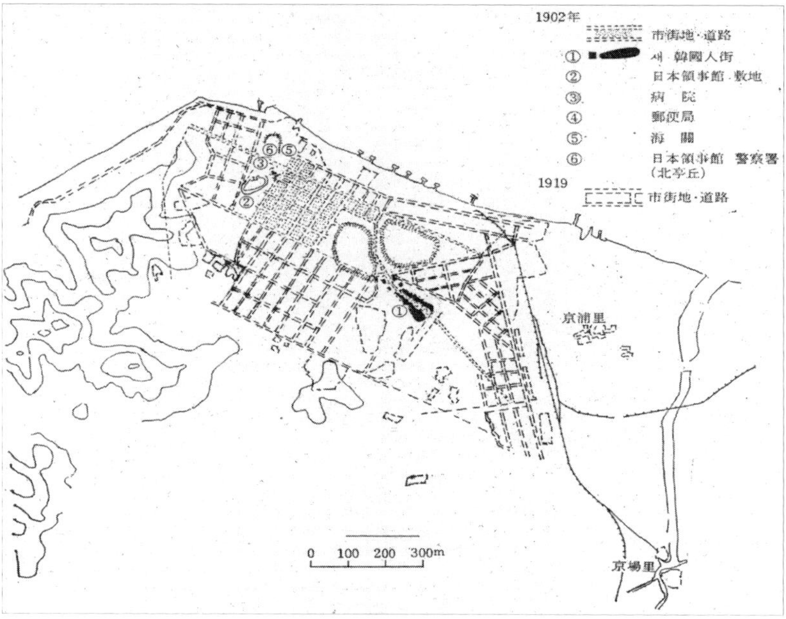

〈그림 3-17〉 군산의 시가지(1916년)

도착한 물품을 수송해 오는 식으로 변하고, 전주도 호남철도 개통 이후 이리역 도착 화물의 70% 이상이 전주행으로 나타나게 된다. 김제 역시 죽산을 통해 동진강을 활용하던 것에서 철도 이용으로 변화하였다. 나도승(1984), 175~176쪽 및 김민영(2005) 참조.

71) 나도승(1981), 107 및 112쪽.

그러나 다른 한편에서 경부, 호남, 군산, 장항선 등 철도 개설로 인한 금강의 역할에 대해 언급하지 않을 수 없다. 즉 금강이 경부철도 잔여공구 준공까지 부설 재료의 공급을 위해 지대한 역할을 한 것이다. 강경까지 운반된 시설 재료를 다시 소형선에 환적시켜 부강까지 운반해 철도와 연계시켰기 때문이다. 하지만 경부철도와 호남철도가 개통된 뒤 금강 수운은 현저하게 쇠락하게 되니 새삼 역사의 냉혹함을 느끼지 않을 수 없다.

또한 군산－강경 경유 부강까지 공급되던 수산물이나 일용 잡화도 부산 인천 경유 철도편으로 그 수송수단이 대체되어(〈표 3-6〉), 그간 진행되었던 금강의 수운 역할은 현저히 퇴조할 수밖에 없었다.[72] 그러나 무엇보다도 더 큰 의미는 그간 부강을 중심으로 금강 수운과 내륙수로가 교차하던 'T자형' 동서교역 관계에서 부산과 서울－인천을 잇는 남북간 결합관계로의 변화를 의미하는 실로 근대 한국 물류체계의 대변환이었다.[73]

더욱이 1911년 호남철도의 대전－강경간, 다음해인 1912년의 강경－이리 경유 군산간의 개통을 봄으로써 호남철도 역시 금강 수운의 운명에 타격을 가한다. 즉 부강－공주간 수운이용의 현저한 퇴조 속에서 공주를 중심으로 하던 집산기능은 철도 연선의 주요 역인 대전, 강경, 논산 등을 중심으로 분산 재편성되기에 이른다. 예컨대 1914년경에 이르면, 공주 입하 상품 가운데 조치원역 등에서의 우마차에 의한 것과 군산 경유 수운에 의한 것의 비율은 85 : 15로 전자가 압도적으로 우세하게 된다.[74]

---

72) 한편 경부선 철도개통에 따라 이 지역의 화물수송체계에도 큰 변화가 야기된다. 즉 이전에는 부강 또는 공주에서 접안되어 강경수로를 이용했던 체계로부터 이후 대전역이나 조치원역에서의 철도 발송 화물로 바뀌게 된다.

73) 나도승(1980).

〈표 3-6〉 1910년대 부강역 주요 발착화물(1913년) (단위 : 톤)

품명	발송	도착	품명	발송	도착
쌀	232	19	잡곡		121
보리	11		맥분		17
대두	14	12	선어		36
염건어		128	장류		15
명태어		87	식료품		15
해초		30	화양주		23
소금	10	862	연초	331	
사탕		71	금건		15
야채	17	80	연와		51
생과	13		석회		31
석유		29	못, 아연판		10
목탄		67	대나무		1
도자기		15	석탄		156
가구류		10	목재		384
우피	13				

자료 : 조선총독부 철도국(1914), 나도승(1980).

〈표 3-7〉 군산, 강경역의 발착 화물 (단위 : 톤)

구분	군산		강경	
	발송	도착	발송	도착
미곡	1,019	1,658	809	148
선어	504	16	112	270
염건어	64	45	433	461
명태어	9	62	19	412
해조	–	–	71	77
식염	167	–	560	151
식료품	54	28	58	106
금속기	217	115	34	36
목재	1,144	1,391	217	1,001

자료 : 仙波正太郎(1913), 나도승(1980).

74) 仙波正太郎(1913).

한편 미곡의 수송에 있어서도 커다란 변화가 나타난다. 즉 과거 이 지역의 미곡은 군산항으로 집결되었는데(〈그림 3-18〉 참조), 철도가 개통되면서 역을 중심으로 각지로 분산되고 있다(〈표 3-7〉 참조).

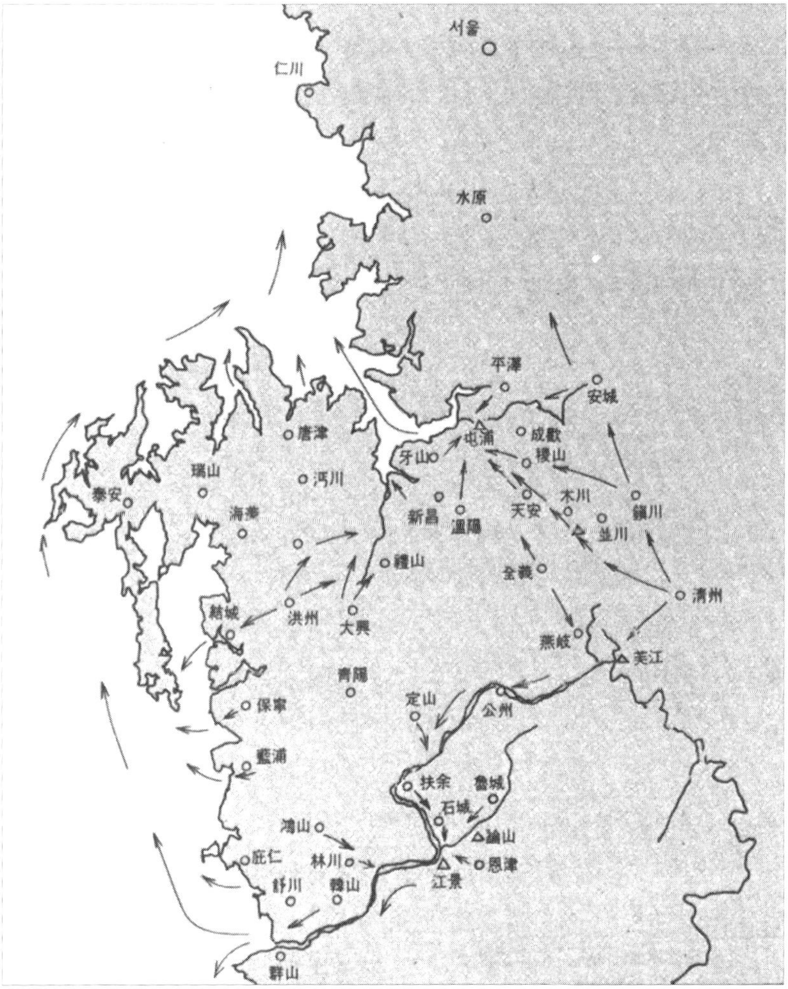

〈그림 3-18〉 개항기 미곡유출의 주요 경로. 자료 : 안병직(1989).

그럼에도 당시 논산이나 강경에서 군산까지 운행하던 기차와 기선의 운임을 비교하면 알 수 있듯이(〈표 3-8〉 참조), 대형선 운항이 가능했던 금강 하류의 미곡 수송은 상당기간 수운에 의존했을 것으로 생각된다.

〈표 3-8〉 기차와 기선임의 비교

군산 - 논산(미곡 100석)		군산 - 강경(미곡 100석)	
기차 선적비	기차 운임	기선 선적비	기선 운임
30圓 4錢	21圓	27圓 24錢	17圓

자료 : 나도승(1980), 91쪽에서 재작성.

그렇다면 미곡 이외 예컨대 식염이나 건어물, 수산물 등의 경우에는 어떠했을까. 이 역시 점차 철도의존도가 증가해 가고 있었던 것으로 나타난다. 이는 곡물과는 달리 하중이 적기 때문에 상대적으로 기선과 기차이용 사이의 운임 차이가 나지 않아 결국 철도 이용쪽으로 바뀌었을 것으로 생각된다.

또한 금강 하류부의 강경－군산간 여객수송의 변화를 보면, 당시 강경－군산간 여객수송은 기선과 발동기선 3척이 주를 이루고 있었는데, 호남철도가 개통되면서 점차 기차 의존도가 높아져 1912년경에 이르면 그 노선이 대부분 폐지되기에 이른다.[75]

아무튼 1920년대 후반에 이르면 금강 하구의 군산은 1899년 개항으로부터 30여년을 맞이하여 명실 공히 식민지도시의 면모를 갖추게 된다. 산업은 물론 유통과 도시 서비스 등이 갖추게 되고, 일인들의 거주인구 또한 급증하게 이른다. 이를 반영하여 금강 수운의 퇴조와는 달리 군산을 거점으로 한 국내외선은 그 회선이 대폭 증가되고(〈표 3-9〉

75) 나도승(1980) 및 仙波正太郎(1913).

참조), 특히 군산－강경선이 다시 취항하게 되어 대조적인 역사의 일면을 느끼게 된다.

〈표 3-9〉 1920년대 후반 군산항의 정기선 상황(1928년 7월 1일 현재)

항로명	기선수	항해회수	경영자	비고
조선 상하이선 (인천 기점)	1	년 18	조선우선주식회사	
신의주 - 오사카선	3	월 4	〃	
조선 나가사키 - 대련선(인천기점)	1	월 2	〃	나가사키, 구마모토, 가고시마현 명령병용
〃	1	월 2	大阪상선주식회사	
조선 - 북해도 - 대련선(인천기점)	1	년 20	嶋谷기선주식회사	
인천 목포선	1	월 3	조선우선주식회사	
조선서안선 (동경 - 인천선)	2	년 24	〃	체신성 명령
군산 - 광천선	발동기선 1	월 6	下平福太郎	전라북도 명령
군산 - 법성포선	〃	월 6	山田太作	군산부 명령
오사카 - 인천선	발동기선 5	월 10	大阪상선주식회사	
군산 - 줄포선	발동기선 2	월 16	줄포해우조합	
군산 - 대천선	발동기선 1	월 8	阿方宇之次郎	
군산 - 강경선	〃	일항	영암운수창고주식회사	

자료 : 조선총독부 내무국(1929), 나도승(1980)에서 재작성.

이상에서 살펴보았듯이 전근대적 육상교통시대 우마·짐꾼들이 주요 기능을 수행하고, 특히 내륙수로에 의한 수운이 지대한 역할을 담당하던 시기, 우리나라의 수운은 한강, 낙동강, 금강수계가 대표적이었다. 특히 금강 수운은 부강이북, 부강－공주, 공주－강경, 강경－군산 등 구역으로 나뉘어 독특한 역할을 수행한다. 하지만 경부선(1909), 호남선(1911), 군산선(1912), 장항선(1931)의 개통 등 철도, 육상도로가 발전을 보게 됨으로써 금강 수운의 주요 도시인 부강, 공주, 강경이 급격히 쇠퇴하고 반면 대전, 군산이 급부상하는 시기를 맞는다. 개항 이후 금강유역의 수운은 재편성을 갖지만 또 다시 철도의 개통 속에서 심한 구조변동을 경험했던 것이다(〈그림 3-19〉 참조). 이에 맞물려 금강 연안 주요 도시의 상업 역시 심한 부침을 경험한다.

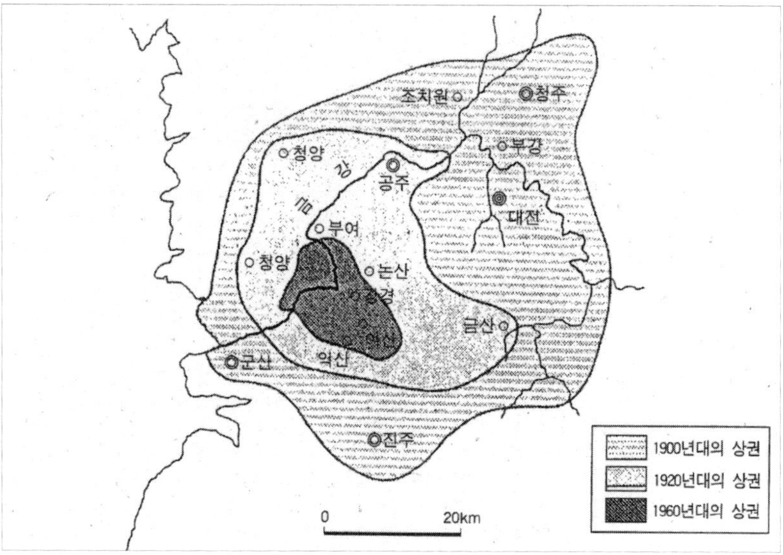

〈그림 3-19〉 강경상권의 변화(1900~1960년). 자료 : 윤여항(1985).

제4부
금강(錦江) 수운(水運)의 사회경제사, 그 현대적 의미

김민영

제1장 연구결과의 요약

1.

근대교통이 발달하기 이전 지역간 물자의 교역은 육로보다는 수로에 의한 것이 더 컸다. 더욱이 금강유역에는 비옥하고 넓은 평야가 발달하여 일찍부터 많은 인구가 거주하였으며 물동량도 많았다. 이에 따라 육상교통이 발달하기 전까지 금강의 내륙 수운은 매우 활발하였다.

특히 조선후기 이후 농업생산력이 풍부해지고 교통이 발전하여 물자가 집결하기에 용이하게 된 금강유역은 그 변화가 매우 활발했던 지역이었다. 이처럼 우리나라 최대 곡창의 세곡이 금강하류에 집결되어 운송됨으로 인하여 금강은 충청, 전라도 일대의 산물이 집결하는 유통로가 되었던 것이다. 즉 금강유역은 일찍부터 상업이 발달하여 조선후기 매우 괄목할만한 경제발달지역의 하나가 될 수 있었다.

2.

특히 강경 포구는 지역 상업의 중심지로 발전하였고, 나아가 전국에서 모인 선상들에 의해 하역된 교역물품은 다시 공주·전주, 기타 인근 각지의 대장시로 분산되었다. 강경포를 중심으로 한 상품유통권은 북으로 논산·노성을 거쳐 공주에 이르고, 남으로는 여산·삼례를 거쳐 전주에 이르고 있어서 가히 전라북도와 충청남도의 주위 200리에 걸쳐 있는 상인들이 빈번히 내왕하였다고 한다. 뿐만 아니라 경강을 비롯한 영산강·낙동강 유역의 시장, 그리고 제주도와의 교역도 모두 강경포를 통하여 이루어졌다. 바로 그 중심에서 금강 수운이 기능하고 있었다.

금강 수운의 경과를 권역별로 나누어 보는 과정에서 부강, 공주, 강경, 군산, 대전 등 주요 도시의 부침도 함께 생각할 수 있다. 그런데 이와 관련해 금강 수운에 대해 장기간 현지조사와 문헌 등을 토대로 연구를 수행한 나도승은 유역의 주요 도시에 대해 부강은 '상륙몰락형(上陸沒落型)', 공주는 '중심기능분산형(中心機能分散型)', 강경은 '점이형(漸移型)', 군산과 대전은 '수렴형(收斂型)'으로 각각 명명하고 있다.

군산 개항 전후 금강 유역에서 거래되던 주요 품목들은 소금을 위시한 수산물이 대종을 이루고 있었는데, 서해 군산이나 강경 등지에서 직간접적으로 운송된 것들이었다. 또한 산간 내륙의 주산물인 의료, 신탄 등도 무시할 수 없는 거래품목들이었다.

조선시대 강경지역은 봉화의 중계지이자 교통의 요지였다. 즉 금강과 지류가 합류하던 곳에 위치하면서 수륙간 중계의 요지였던 것이다. 하지만 16세기만 하더라도 그 중심은 시진포(市津浦)였다고 한다. 당시 은진현 치소로부터 10리, 강경까지는 26리였다고 한다. 그러나 범람이 빈번하여 이후 강경포가 수륙간 중계지로 급부상하게 된다.

그러나 군산 개항이전부터 전국적인 시장세를 자랑하던 강경은 무엇보다 철도 개통이후 심각한 사회경제적 변용을 경험한다. 우선 경부철도가 개통됨으로써 부강에서 공주를 경유하여 강경으로 연결되던 경부철도 동부상권을 잃은 셈이고, 이어 호남철도, 군산선의 개통으로 역시 사회경제구조상 심한 지각변동을 경험한다.

즉 1899년 군산의 개항으로 군산과의 수운상의 결합관계가 밀접해지고, 1912년 군산선이 개통됨으로써 철도까지 가세되어 한동안 기존 시장세를 유지하지만, 호남철도 분기점 대전의 성장과 군산의 상권 확대로 점차 위축을 당하게 되었던 것이다. 이를 상징적으로 말해 주는 것은 1914년 행정구역 개편과 함께 은진군에 폐합되었던 점과, 동척 지점의 대전 이전 등을 들 수 있겠다. 또한 1920년대 그 명맥을 유지하던 정미업과 미곡집산 기능마저 이후 군산의 호남미와 인천의 경기미에 압도되고 마는 운명을 걷는다.

3.

개항이후 금강 수운을 활용하는 군산의 상권은 중계지 강경을 사이에 두고 활발히 전개되었으며, 특히 배후지 시장의 발달과 선박의 개선에 따라 수로 이용도가 제고되면서 그 결합도는 가히 절정에 달했다 해도 과언이 아닐 것이다.

즉 개항이후 금강유역의 상권의 주도권은 이미 군산으로 넘겨가고 만다. 이는 강경지역이 관주도적인 개항장 군산지역에 비해 그만큼 민간주도적이었던 데에 기인한다고 보는 견해가 중론인 것 같다. 요컨대 조선시대 이래 전국적인 규모의 시장으로 성장해 있던 강경포구가 일제 강점기에도 주요 터전으로 존재할 수 있었던 것은 미곡 유출항 군산과의 결절적 관계에 있었기 때문이며, 그만큼 상호간에는 깊은 함수관계에 있었다고 볼 수 있을 것이다.

4.

수운과 육로 및 해로의 결절지에 위치하면서 개항이후 지역상권은 물론 국제적 항구로 자리잡아가던 금강유역의 사회경제사에 있어서 철도의 개통은 또 하나의 커다란 변화를 가져다주었다. 즉 호남철도가 1911년 대전－강경간 노선이 개통되고 이어서 1912년 이리 경유 군산까지 군산선으로 연결된 것이다. 이로써 군산은 군산선－호남선을 통해 경부선과도 결합되어 항만 중심의 수운 및 해운 기능에 추가적으로 근대 철도가 더해지게 된 것이다.

5.

현재 금강 하구둑이 놓여 강의 흐름이 막히었고 이외에도 금강대교, 웅포대교 등의 다리들이 놓여 있어 왕래가 자유롭지만 1980년대 이전까지만 해도 전북 군산과 충남 서천은 군산 도선장에서 출발하는 여객선을 이용해야만 건너다닐 수 있는 곳이었다.

과거 금강호는 강경에서 출발하여 금강의 양쪽 기슭에 있는 전라도와 충청도의 포구를 지그재그로 운항하였다는데, 그 노선을 보면 충남 강경 → 전북 성당 → 충남 입포(갓개) → 충남 칠은리 → 전북 웅포(곰개) → 전북 나리포(원나포) → 전북 월포(달개) → 충남 걸음개 → 충남 지새울(지포) → 충남 망월리 → 군산 째보선창 등이었다.

그 흔적에 대해서는 앞으로 더 구체적인 조사작업이 이루어져야 하겠지만, 적어도 조선시대 이래 금강변의 포구와 나루터가 있던 곳은 군산쪽만 하더라도 9곳 정도 되는데 조운 포구였던 군산진(군산포)과 죽성포(째보선창), 경포(서래포구), 궁포(궁멀), 사옥포(사옥개), 석포, 월포(달개나루), 서시포(서포조창), 나리포(원나포) 등이 당시 강가에 있던 포구와 나루터들이다. 한편 충남 쪽에도 포구와 나루터가 있어 대체로 입포(갓개), 칠은리, 걸음개, 지새울(지포), 망월리 등으로 파악되고 있다.

6.

이상에서 살펴보았듯이 전근대적 육상교통시대 우마와 짐꾼들이 주요 기능을 수행하고 특히 내륙수로에 의한 수운이 지대한 역할을 담당하던 시기, 우리나라의 수운은 한강, 낙동강, 금강수계가 대표적이었다. 특히 금강 수운은 부강이북, 부강－공주, 공주－강경, 강경－군산 등 구역으로 나뉘어 독특한 역할을 수행한다.

하지만 경부선(1909), 호남선(1911), 군산선(1912), 장항선(1931)의 개통 등 철도, 육상도로가 발전을 보게 됨으로써 금강 수운의 주요 도시인 부강, 공주, 강경이 급격히 쇠퇴하고 반면 대전, 군산이 급부상하는 시기를 맞는다. 개항 이후 금강유역의 수운은 재편성을 갖지만 또 다시 철도 개통 속에서 심한 구조변동을 경험했던 것이다. 이에 맞물려 금강 연안 주요 도시의 상업 역시 심한 부침을 경험한다.

제2장 금강 하구 나루터·포구의 현대적 의미
: 문화관광자원으로서의 활용

1.

강은 일반적으로 이수(利水), 치수(治水 : 灌漑), 조운(漕運)의 편익을 제공해 준다.[1] 금강 역시 지난 기간 동안 그 주요한 기능을 수행해 왔다. 그렇다면 금강 하구의 나루터 포구와 과거 수운의 현재적 의미는 무엇일까. 바로 그것은 문화관광자원으로서의 활용이며, 그것을 위해서는 우선적으로 선박 통항이 검토되어야 한다. 즉 뱃길 복원의 의의를 검토하고 그 가능성을 검토한 전제위에서 문화관광자원으로서의 역할을 찾아야 할 것이다.

무엇보다 먼저 금강에 선박이 통항하게 되면 다음과 같은 파급효과가 기대된다.[2] 첫째 선박통항으로 정체된 금강호 물의 유동화작용이 활발해져 수질효과를 기대할 수 있을 것이다. 특히 항로 확보를 위해 퇴적물을 준설함으로써 수질을 개선할 수 있을 것이다. 또한 유역의 생태계 변화를 개선할 수 있을 것이다.

둘째 금강유역의 친수공간, 문화생태관광, 레크레이션 자원으로 활용할 수 있을 것이다. 즉 위로는 공주 인근에 들어설 행정복합도시의 관문 역할과 함께 부여 공주의 백제문화권, 금강 하구의 철새생태관광 및 레크레이션, 군산 내항의 친수공간, 고군산군도의 국제해양관광단지와 연계시킬 수 있을 것이다.

셋째 공주 연기 인근에 들어 설 행정복합도시의 관문역할은 물론이며 하구의 국제항인 군산항과 연계하여 동북아 대중국 생산 및 물류전

1) 박광순, 「영산강 뱃길 복원의 의의와 기본 구상」, 나주시, 영산강 뱃길 복원과 개발방향(1998).

2) 김형근, 「영산강의 뱃길복원과 선박운항 및 재원조달방안」, 나주시(1998).

진기지라는 지역적 과제를 실현시킬 수 있을 것이다.

이를 위해 금강의 뱃길 복원 가능성에 대해 심도 깊은 조사연구가 선행되어야 할 것이며, 아울러 금강 유역 역사문화 및 생태관광자원의 소재도 종합적으로 조사 파악되어야 할 것이다.

2.

금강은 많은 유형 문형의 자산을 무진장 간직하고 있다. 따라서 이는 지역발전의 제3의 프런티어로서 그 활용에 있어 잠재력이 무궁한 미래의 보고이자 유산이다. 우리는 이제 육지의 협소함을 탓할 것이 아니라 강과 하천에도 관심을 기울여 할 때라 생각된다.

이제 자연 환경과 전통 문화를 간직하고 있는 지역이야말로 새로운 자원의 보고이다. 유무형의 문화유산에서부터 깨끗한 자연을 떠올리게 하는 지명(地名)에 이르기까지 지역에서 자원화할만한 것들은 무궁무진하다. 성당포, 입포(갓개), 칠은리, 웅포(곰개), 나리포(원나포), 월포(달개), 걸음개, 지새울(지포), 망월리, 째보선창 등의 수운루트와 지명이 바로 그렇다. 이 같은 맥락에서 지역성과 역사성, 특이성 등 향토의 유무형의 지적재산과 문화유산을 새로운 지역활성화의 자원으로 인식하여야 할 것이다.

요컨대 지방분권과 균형으로 대표되는 이른바 새지방화시대를 맞이하여, 금강유역 특히 하구지역의 포구와 나루터 등을 중심으로 하는 지역사회의 구조 변동의 인식 속에서 지역의 자연·문화유산 등을 체계적으로 조사·연구하여 미래지향적으로 활용할 방책을 강구해야 할 것이다. 그리고 그것은 무엇보다 기존의 생태환경을 지키는 지속가능한 지역발전의 관점에서 수행되어야 할 것이다.

참고문헌

자료

『신증동국여지승람』, (재)민족문화추진위원회, 1978.

『여지도서』, 영조 36 1760.

『대동지지』, 김정호.

『옥구군지』, 대정 13년 1924.

『세종실록지리지』, 단종 2 454.

群山南韓鐵道期成同盟會, 『湖南鐵道と群山』, 1910.

群山府, 『群山開港前史』, 1935.

群山府, 『群山府史』, 1935.

群山府, 『群山府勢要覽』, 1917.

香川源太郎, 『韓國案內』, 靑木嵩山堂, 1902.

논저

강현모, 「금강유역 민담의 특성」, 『比較民俗學』 제15집, 1998.

고동환, 「18~19세기 외방포구의 상품유통 발달」, 『한국사론』 13, 서울대학교 국사학과, 1985.

_____, 「18세기 서울에서의 魚物流通構造」, 『한국사론』 28집, 1992.12.

_____, 「조선후기 교통발달과 전국적 시장권의 형성」, 『문화역사지리』 8호, 한국문화역사지리학회, 1996.

_____, 「조선후기 선상활동과 포구문 상품유통의 양상」, 『한국문화』 14, 서울대학교 한국문화연구소, 1993.

_____, 「포구상업의 발달」, 『한국사시민강좌』 9, 1991.

高秉雲, 「조선에 있어서의 자본주의의 발전과 일본제국주의-교통운수부문을 중심으로-」(일문), 『역사학연구』 431호, 역사학연구회, 1976.

고석규, 「지방사 연구의 새로운 모색」, 『지방사와 지방문화』 1(특집 ; 지방사연구, 어떻게 할 것인가?), 역사문화학회, 1998.
고창석 외, 「옛 제주권문인 화북포구 일대 학술조사」, 『탐라문화』 8, 제주대학교 탐라문화연구소, 1989.
공주군지편찬위원회 편, 『공주군지』, 공주군지편찬위원회, 1988.
공주사범대학 백제문화연구소, 『공산성』, 공주사범대학 백제문화연구소, 충청북도, 1982.
광주대학박물관, 『공산성성지발굴 조사보고서』, 충청남도, 1990.
교통부 편간, 『한국교통육십년약사』, 교통부, 1960.
교통부, 『한국교통 십년략사』, 교통교양조성회, 1960.
구중회, 「백제인의 토착 신앙 연구」, 『백제문화』 27, 공주대학교 백제문화연구소, 1998.
군산시, 『군산시사』, 군산시, 2001.
______, 『錦江의 물메아리』, 군산시, 1983.
군산시사편찬위원회 편간, 『군산시사』, 1975.
권병웅, 「조선후기 금강문화권과 내포문화권의 음악문화 매카니즘 고찰」, 목원대 대학원, 1999.
권설원, 「부여사회와 문화권」, 『도산학보』 7집, 도산학술연구원, 1999.
김경수, 「영산호 주변의 간석지 개간과정과 경관변화」 문화역사지리 11, 1999.
김경옥, 「조선후기 서남해 도서의 사회경제적 변화와 도서정책 연구」, 전남대 박사학위논문, 2000.
김균태, 「부여지역의 설화 연구－백제 멸망의 역사전설을 중심으로－」, 『역사민속학』 3, 1993.
김동수, 「전남 지방사연구의 현황과 과제」, 『지방사와 지방문화』 1(특집 ; 지방사연구, 어떻게 할 것인가?), 역사문화학회, 1998.
김민영 외, 『철도, 지역의 근대성 수용과 사회경제적 변용－군산선과 장항선』, 도서출판 선인, 2005.
김민영, 「개항 이후 군산지역의 도시성장 과정과 전망」, 군산시, 『군산개항 100주년 기념 학술세미나 논문집』, 1999.

김병인, 「고려시대 사원의 교통기능」, 『전남사학』 13, 전남사학회, 1999.
김상기, 「나말 지방군웅의 대중교통－특히 왕봉규를 주로－」, 『황의돈 고희기념 사학논총』, 동국대학교 사학회, 1960.
김양규, 「군산개항과 항일운동사」, 『군산문화』 8, 1994.
김영근, 「일제하 서울의 근대적 대중교통수단」, 『한국학보』 98, 일지사, 2000.
김영희, 『섬으로 흐르는 역사』, 동문선, 1999.
김점용, 「조선시대 전라도 조창의 운영과 그 실태」, 전북대학교대학원, 2001.
김중규, 『잊혀진 백제 사라진 강』, 신아출판사, 1998.
_____, 『군산역사이야기』, 2001.
_____, 『군산답사여행의 길잡이』, 2003.
김진규, 「개화기 공주지방의 기독교 문화 서설」, 『웅진문화』 5, 1992.
김진식, 「1894～1897년 인천항 민족상인들의 활동」, 『기전문화연구』 7집, 인천교육대학 기전문화연구소, 1976.
김창수, 「교통, 통신, 봉수」, 『한국사론』 4(조선후기편), 국사편찬위원회, 1976.
_____, 「교통과 운수」, 『한국사 10(조선)－양반관료국가의 사회구조－』, 국사편찬위원회, 1974.
김현길 외, 『錦江流域史 硏究』, 韓國鄕土史硏究全國協議會, 1998.
나도승, 「개항기 금강 내륙수로 하안취락의 지리적 연구(1899～1910)」, 공주교대 논문집 제15집, 1979.
_____, 「금강 수운 중계하항의 변천에 관한 연구－강경을 중심으로－」, 공주교대논문집 제19집, 1983.
_____, 「금강 수운 하항시장권의 변천에 관한 연구」, 공주교대 논문집 제17집, 1981.
_____, 「금강 수운의 변천에 관한 지리학적 연구」, 건국대 석사학위논문, 1979.
_____, 「금강유역의 역사 지리적 고찰」, 『열린충남』 2권 1호, 1996.
_____ 「지형변화와 교통변천에 따른 부강리 하항취락의 성쇠과정에 대한 연구」, 공주교대논문집 5집, 1968.

_____, 「개항 전후기 금강 수운 탄토항 군산과 그 배후지 형성에 관한 연구」, 『논문집』 20, 공주교육대학, 1984.

남궁봉, 「한국의 농지 개간 과정에 관한 연구: 金萬頃 평야를 중심으로」, 문화역사지리 13(2), 2001.

남도영, 「육상교통」, 『서울육백년사』 1, 서울시사편찬위원회, 1977.

盧美善, 「錦江流域 粘土帶土器의 硏究」, 全北大 大學院, 1998.

논산문화원, 『논산의 민속』, 논산문화원, 1992.

________, 『논산지역의 독립운동사』, 논산문화원, 1991.

________, 『논산지역의 지명유래』, 논산문화원, 1994.

대전대학교, 『錦江流域의 傳統文化』, 大田大學校 文科大學 國語國文學科 大田大學校 文科大學, 1996.

문화체육부, 『한국의 강 탐사활동』, 문화체육부, 1996.

미 상, 『개항장 부근시장의 경제 및 교통관계 제1권』(일문), 경성, 1909.

박만길, 「영등포구의 집성촌과 세거지」, 『서울문화』 6, 서울문화사학회, 2001.

박방룡, 「신라 도성의 교통로」, 『경주사학』 16, 경주사학회, 1997.

_____, 「신라 도성의 교통로에 대한 연구－왕경지역을 중심으로－」, 『국립박물관 동원학술논문집』 1, 한국고고미술연구소, 2000.

_____, 「신라왕도의 교통로」, 『신라왕경연구』, 경주: 신라문화선양회, 1995.

박성호, 「한국의 개항장에 관한 회귀분석적 연구－무역액과 무역량을 중심으로－」, 『논문집』 7집 1호, 인천교육대학, 1973.

박수경, 「개항후 인천항 객주에 관한 연구 1883~1894」, 『대한제국연구』 5, 이화여자대학교 한국문화연구원, 1986.

박용진, 「계룡산 지역의 학술조사보고－불교유적조사연구를 중심으로－」, 『논문집』 6, 공주교육대학 교육연구소, 1969.

朴仁榮, 「李朝魚物廛硏究(一)－內·外 魚物廛을 中心으로－」, 淑明女子大學校 論文集 第15輯, 1975.12.

박찬식, 「한말 강경포 지역의 천주교회와 교안」, 『한국학보』 94, 일지사, 1999.

서영일, 「신라 육상통로 연구」, 단국대학교 대학원 사학과 박사학위논문, 1999.

서오선, 「천도이전의 웅진지역 문화」, 『백제문화』 26, 공주대학교 백제문화연구소, 1997.
서울특별시 마포구, 『마포구지』, 마포구, 1992.
仙波正太郎, 『群山と交通機關の變遷』, 1913.
小林悅次, 『新選韓國事情』, 東亞研究會, 1909.
손정목, 「일제강점기 도로와 자동차에 관한 연구」, 『도시행정연구』 4, 1989.
손태현, 「고대에 있어서의 해상교통」, 『논문집』 15, 한국해양대학, 1980.
송병재, 「두 차례의 공주의병」, 『향토사학회』 8집, 한국향토사연구전국협의회, 1996.
신정일 저, 『우리 강 따라 걷는 금강 401Km』, 가람기획, 2001.
안병직 외 편, 『近代朝鮮의 經濟構造』, 비봉출판사, 1989.
안승주, 「공주 남산리 지역의 고대문화」, 『백제문화』 13, 공주사범대학 부설 백제문화연구소, 1980.
양교석, 「편하고 빠른 생활－교통 운수－」, 『한국현대사』 7권, 신구문화사, 1971.
여호규, 「3C후반－4C전반 고구려의 교통로와 지방통치조직－」, 『한국사연구』 91, 한국사연구회, 1995.
오두환, 「개항기의 상품생산과 경제구조의 변모」, 『경제사학』 9, 경제사학회, 1985.
원영환, 「조선시대 교통로와 역, 원제의 고찰－서북로와 동북로를 중심으로－」, 『향통사연구』 7집, 한국향토사전국연구협의회, 1996.
원제무, 「서울시 교통체계 형성에 관한 연구」, 『서울학연구』 2, 서울시립대학교 부설 서울학연구소, 1994.
유봉영, 「한, 중간의 고대 육상교통」, 『백산학보』 20, 백산학회, 1976.
유선호, 「고려시대 역도 분석」, 『중재 장충식박사 화갑기념논총』, 1992.
유승광, 「서천 지역 향토사 교육의 제문제－교사의 입장에서－」, 『역사와 역사교육』 3·4호 합집(우제안승주박사추모 역사학논총), 웅진사학회, 1999.
윤여향, 「강경의 성쇠와 세력권에 관한 지리학적 연구」, 고려대 교육대학원 석사학위논문, 1985.

윤용혁, 「고려·조선시대의 금강 하운과 공주산」, 『웅진문화』 10호, 1997.12.
_____, 「공주지방 곰 신앙자료의 일정리－백제시대의 웅신숭배－」, 『호서사학』 7, 호서대학회, 1979.
_____, 「백제문화제의 현황과 개선방안」, 『백제문화』 25, 공주대학교 부설 백제문화연구소, 1996.
이기동, 『마한사 서장－서해안 항로와 마한사회의 여명－』, 『마한, 백제문화』 12, 1990.
이남석, 「웅진지역 백제유적의 존재의미－백제의 웅진천도와 관련하여－」, 『백제문화』 26, 공주대학교 백제문화연구소, 1997.
이문종, 「전통지역에 있어서 촌락의 형성－서산군 대산면 화곡리를 중심으로－」, 『공주사범대학 논문집』 27, 1989.
이병천, 「개항기 외국상인의 내지상권 침입－청상, 일상을 중심으로－」, 『경제사학』 10, 경제사학회, 1985.
이성국, 『백제대관－전투편』, 부여사적현장회, 1953.
이성학, 「한국역사지리연구－육상교통에 관한 고찰－」, 『논문집』 12, 경북대학교, 1968.
이연복, 「대한민국임시정부의 교통국과 연통제」, 『한국사론』 10 (대한민국임시정부), 국사편찬위원회, 1981.
이영호, 「19세기 은진 강경포의 상품유통구조」, 『한국사론』 15, 서울대학교 국사학과, 1986.
_____, 「19세기 포구수세의 유형과 포구유통의 성격」, 『한국학보』 41, 일지사, 1985.
이영훈, 「18세기전반 농장 경영의 양상－황씨가 부여 농장의 사례분석」, 『조선시대사학보』, 조선시대사학회, 1997.
이은숙, 「20세기 서울의 교통 발달과 지리적 변화」, 『향토서울』 60호, 서울 : 서울특별시사편찬위원회, 2000.
이정우, 「19~20세기초 공주지방 유림의 동향과 향촌활동의 성격변화－서원, 향교의 운영과 고문서류의 작성을 중심으로－」, 『충북사학』 11·12합집(학산김진봉교수정년기념특집호), 충북대학교 사학회, 2000.

______, 「19세기 논산지방 유림의 서원활동과 학계설치」, 『사학연구』 58·59합집(내운최근영박사정년기념논문집), 한국사학회, 1999.
이제실, 「국사수업에서의 향토사자료 활용방안－수원의 정조관련 유적을 중심으로－」, 『역사와 역사교육』 2, 웅진사학회, 1997.
이하나, 「일제강점기의 '모범부락' 정책과 조선농어촌의 재편」, 『학림』 19, 연세대학교 사학연구회, 1998.
이해숙, 「한국의 향토사 교육의 현황과 과제」, 『역사와 역사교육』 3·4호집(우제안승주박사추모 역사학논총), 웅진사학회, 1999.
이해준, 「지역축제와 문화관광자원의 연계 방안－은산별신제와 부여지역을 중심으로－」, 『백제문화』 27, 공주대학교 백제문화연구소, 1998.
李憲杜, 「群山開港과 錦江地域 市場構造의 植民地的 再編」, 高麗大 大學院, 1992.
______, 「군산개항과 금강지역 시장구조의 식민지적 재편」, 고려대학교 대학원, 1991.
______, 「개항기 군산항의 유통권 변동과 무역구조」, 『사학연구』 55·56합집(죽전신재홍박사 정년퇴임기념논문집), 한국사학회, 1998.
이헌창, 「한국 개항기의 상품유통과 시장권－한국개항기에서의 시장구조의 변동을 초래한 일차적 요인－」, 『경제사학』 9, 경제사학회, 1985.
이현종, 「경강진도선에 대하여－도성출입의 교통망을 중심으로－」, 『향토서울』, 서울시사편찬위원회, 1966.
______, 「수상교통」, 『서울육백년사』 1, 서울 : 서울시사편찬위원회, 1977.
이형석 저, 『한국의 강 : 강줄 찾아 답사 삼천리』, 홍익재, 1997.
이혜은, 「조선시대의 교통로에 대한 역사지리적 연구」, 이화여자대학교 대학원 석사학위논문, 서울, 1976.
______, 「조선초기 교통망과 교통수단에 관한 연구」, 『국사관논총』 80, 국사편찬위원회, 1998.
임병택, 「한국시장발달사에 있어서 재래시장에 관한 연구」, 『논문집』 12집, 목포교육대학, 1974.
임선빈, 「조선후기 내포지방의 역사지리적 성격」, 『백제문화』 29, 공주 : 공주대학교 백제문화연구소, 2000.

임승표, 「개항장 거주 일본인의 직업과 영업활동－1876년～1895년 부산, 원산, 인천을 중심으로－」, 『홍익사학』 4, 1990.

장경훈, 『서울특별시 운송행정 약사』, 서울 : 교통공론사, 1978.

전영래, 『주류성 백강 위치비정에 관한 신연구－전북부여지방 백제항전의 역사지리적 고찰』, 한국문화재보호협회전라북도지부, 1976.

전종한, 「종족집단의 지역화과정에 관한 연구(Ⅰ) : 생태적 정착단계」, 사학연구(한국사학회지) 67, 2002.

______, 「역사지리학 연구의 고전적 전통과 새로운 노정－문화적 전환에서 사회적 전환으로－」, 지방사와 지방문화(역사문화학회지) 5(2), 2002.

전중호 엮음, 『부여군향토사자료』 1집, 1997.

정영로, 「상주방면 및 추풍령 북방의 고대교통로연구－산성의 조사를 중심으로－」, 『국사관논총』 16, 1990.

정재정, 「일제하 경성부의 교통사고와 일제 당국의 대책」, 『전농사론－송남이존희교수정년기념호』 7, 서울시립대학교, 2001.

______, 「철도의 발달과 교통운수의 국가별 특성, 1830～1945－제10회 국제경제사회의(1990년)를 중심으로－」, 『전농사론』 1, 1995.

정진명, 『금강유역의 세형동검문화』, 충북대 대학원, 2000.

정치영, 「지리산지의 농경지 개간」, 문화역사지리 12(1), 2000.

조기준, 「한말의 민족상인단체의 성격고－인천신상협회를 중심으로－」, 『학술원논문집』 13집(인문사회과학편), 학술원, 1974.

조병로, 「조선후기 교통발달에 관한 연구－교통수단으로서의 역마 확보를 중심으로－」, 『국사관논총』 57, 1994.

조승연, 「일제하 식민지형 소도시의 형성과 도시 공간의 변화」, 『민속학연구』 7, 국립민속박물관, 2000.

조영규, 「금강 유역의 중고제 판소리 : 송흥록을 중심으로」, 연세대 대학원, 2000.

지수걸, 「일제하 공주지역 유지집단 연구－사례1 : 서덕순(1892～1969)의 '유지 기반'과 '유지 정치'－」, 『역사와 역사교육』 창간호, 웅진사학회,

1996.
______, 「일제하 충남 조치원 유지, 맹의섭(1980~?)의 '유지기반'과 '유지정책'」, 『역사와 역사교육』 3·4호합집(-우제안승주박사추모역사논총-), 웅진사학회, 1999.
______, 「일제하의 공주지역 유지집단 연구-사례2 : 김갑순(1872~1960)의 '유지기반'과 '유지정치'-」, 『한국민족운동사연구』, 간송 조동걸선생 정년기념논총간행위원회, 1997.
차용걸, 「죽령로와 그 부근 영로연변의 고성지조사연구」, 『국사관논총』 16, 1990.
차용목, 「조형관방시설에 대한 연구(Ⅰ)-교통로로서의 조형과 관방시설로서의 조형관에 대한 기초적 정리-」, 『사학연구』 32, 한국사학회, 1981.
최낙필, 「군산항 개항과 지역사회경제의 구조적 관계에 대한 연구-전북 농촌의 사회경제구조의 변화를 중심으로-」, 『전라문화연구』 3, 전북향토문화연구회, 1988.
최상수, 『부여의 고적과 전설』, 대재각, 1955.
최석영, 「조선박람회와 일제의 문화적 지배」, 『역사와 역사교육』 3·4호합집(-우제안승주박사추모역사논총-), 웅진사학회, 1999.
최석원·이철원, 「공주지명고(Ⅰ)」, 『웅진문화』 5, 1992.
崔完奎, 「錦江流域 百濟古墳의 硏究」, 崇實大 大學院, 1998.
최완기, 「수상교통과 조운」, 『한국사 24-조선 초기의 경제구조』, 국사편찬위원회, 1994.
______, 「조선후기 강경 포구에서의 선상활동-그 입지를 중심으로-」, 『역사교육』 79, 역사교육연구회, 2001.
______, 「朝鮮後期의 都賈商業과 物價變動」, 『國史館論叢』 第65輯 1995.12.
충청남도·한남대학교충청문화연구소, 『島嶼誌 上·中·下』, 1997.
하문식, 「우리나라 고인돌 문화의 연구 : 금강과 남한강 유역을 중심으로」, 연세대 대학원, 1986.
하상양, 「발해의 교통로와 오경」, 『국학연구』 3, 1990.
하성래, 「충청도지역의 천주교회 사적지와 그 의미」, 『백제문화』 29, 공주대학교 백제문화연구소, 2000.
한국수자원공사, 『천방유적』, 공주대학교박물관, 1996.
행정자치부 정부기록보존소, 『정부기록보존소 일제문서해제－경무편－』, 행정자치부 정부기록보존소, 2000.
홍금수, 「18~19세기 交河地域의 토지이용」, 문화역사지리 13(1), 2001.
홍사준, 「부여 부소산 출토의 백제유물」, 『고고미술』 77, 서울, 1966.
Darby, H.C. and I.B. Terrett(eds.), *The Domesday Geography of Midland England,* Cambridge University Press, 1954.
Darby, H.C., *The Domesday Geography of Eastern England,* Cambridge University Press, 1957.
Esherick, J.W. and M.B. Rankin, *Chinese Local Elite and Patterns of Dominance,* University of California Press, 1990.
Pierre Goubert, 「지방사란 무엇인가」, 『지방사와 지방문화』 1(특집 ; 지방사 연구, 어떻게 할 것인가?), 역사문화학회, 1998.
Shannon McCune(윤안백), 「한국지도제작의 전통 : 문화교통적 관계」, 『제1회 한국학 국제학술회의 논문집』, 한국정신문화연구원, 1980.
Skinner, C.W., "Marketing and Social Structure in Rural China", *Journal of Asian Studies,* vol. 24, No. 1, 1964.

부록

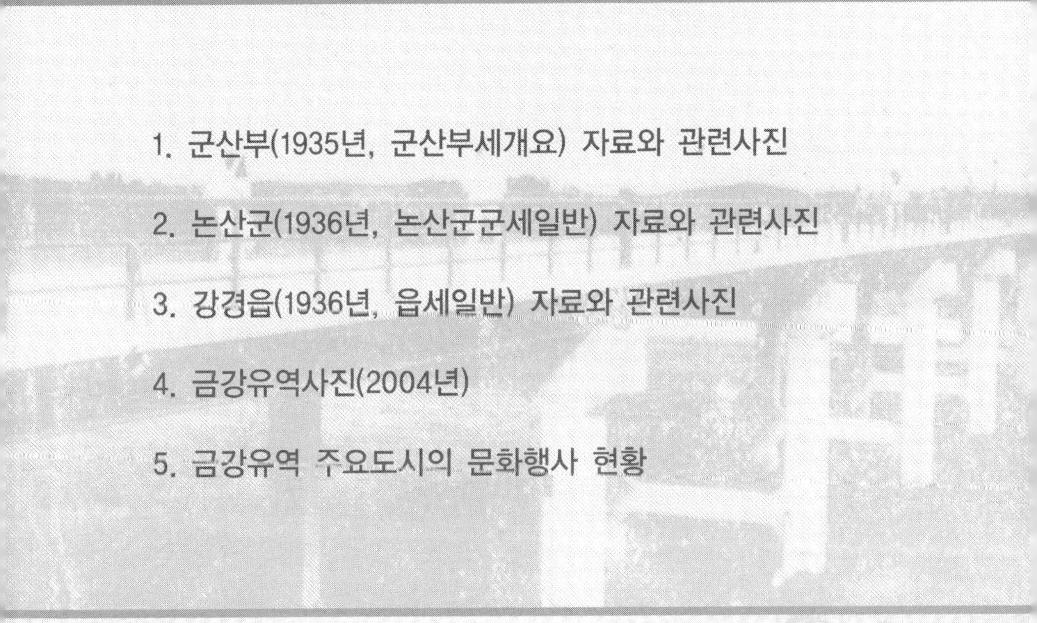

1. 군산부(1935년, 군산부세개요) 자료와 관련사진
2. 논산군(1936년, 논산군군세일반) 자료와 관련사진
3. 강경읍(1936년, 읍세일반) 자료와 관련사진
4. 금강유역사진(2004년)
5. 금강유역 주요도시의 문화행사 현황

군산부

(1935년. 군산부세개요)

자료와 관련사진

群山府勢概要

目次

附　錄

群山及近郊案內

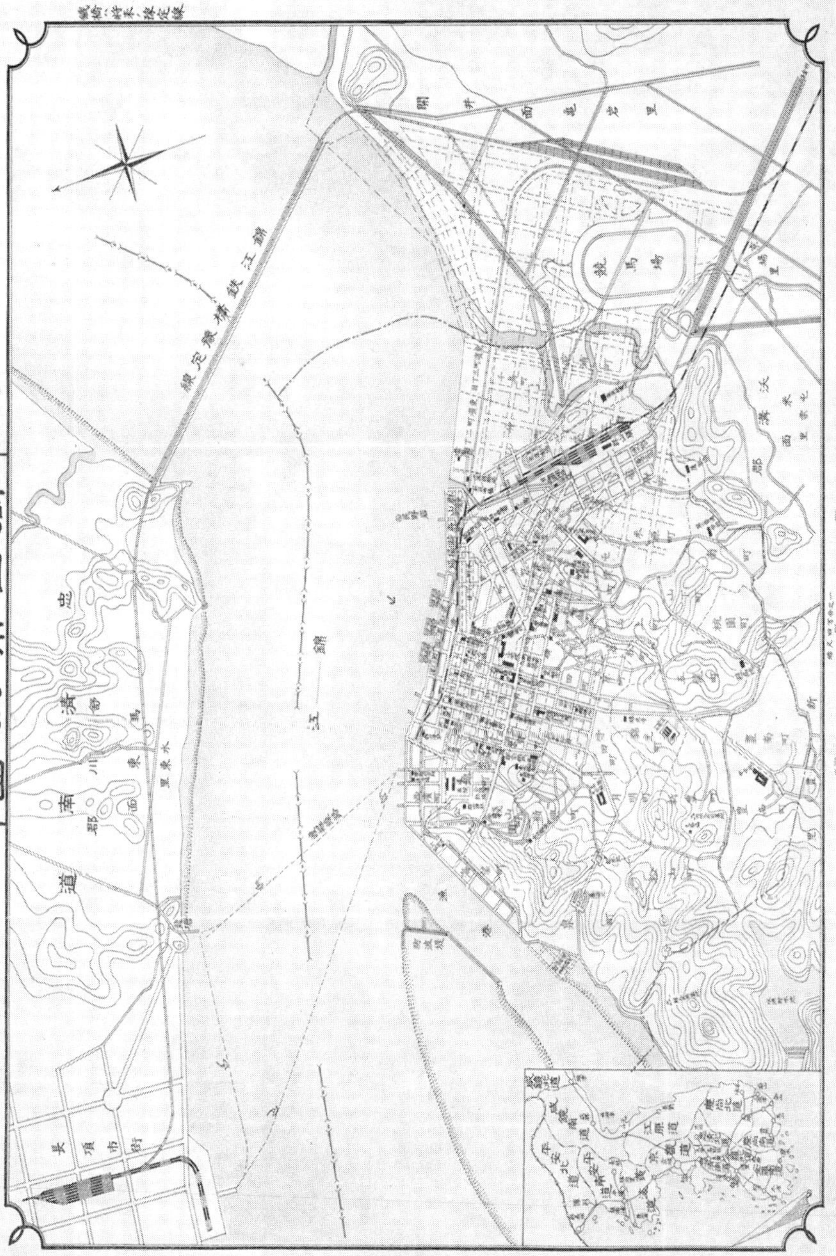
群山市街圖

群山全景

公會堂

群山府廳

築港全景

米穀堆積の狀況

群山公園及群山神社

群山府勢概要

一、位置及地勢

當群山府は全羅北道の西北隅に位し、錦江河口の南岸に臨み忠淸南道の舒川郡と相對し、東經百二十六度四十二分、北緯三十五度五十九分、恰も內地の福井市、八王子市、支那の膠州灣、靑島と其の緯度を同うし市は西南に烽火、月明の連峰を負ひ東は古來朝鮮寶庫の稱ある廣漠たる湖南平野に接し、面積陸地百三十八萬一千四百十四坪八合、海面九十四萬八千六十坪八合、合計二百三十二萬九千四百七十五坪六合あり。尙東南方接續地には數百萬坪の平坦地在り港は錦江の流域一百里に達する河港にして干滿の差六米突內外に及ぶも、最干潮時水深五米突乃至九米突あり。

氣候は溫和にして昭和九年の最高三十二度、最低零下九度六なり。

二、沿革

當港は明治三十二年五月一日開港と同時に木浦領事分館を置き各國居留地會を併せて設置せり、越えて明治三十四年三月內地人の數增加するに至り、自治機關として日本人會を組織す、其の後日韓國交の進展に伴れ同三十九年二月領事分館を廢し一府四十郡の外交を司るべき理事廳を置き、支廳を全州、公州に開設せらるゝに至れり。

同年十月日本人會は居留民團と改め、四十年十月警察權の委託に依り警務廳を廢し群山警察署を置く。

二

明治四十三年八月、日韓併合となり各制度の改革と共に、各國居留地會、居留民團を撤廢し府制の施行となれり。其の後幾多の變遷を經て昭和六年現制度の自治制を施行せらるゝに至れり。

三、戸口の消長

（毎年十二月末日現在）

年次	內地人	朝鮮人	支那人	計	十年間の人口增減
明治三十二年	二五六人	七七〇人	一人	一、〇二六人	增 三、六五九人
明治四十一年	三、〇六〇	一、四九四	一三一	四、六八五	
明治四十二年	三、二二〇	五、四六六	六九	八、七九二	增 三、三四四
大正七年	五、九八五	五、九九〇	一六一	一二、一三六	
大正八年	六、八〇九	六、五八一	二一四	一三、六〇四	增 一一、二五四
昭和三年	八、二四五	一六、〇七五	五三八	二四、八五八	
昭和四年	八、五三四	一六、六三六	五四九	二五、七一九	（六箇年）增 一一、二四〇
昭和九年	九、四〇八	二七、一四四	四〇七	三六、九五九	

府內の人口は前表示の通にして開港當時には蘆荻の間に漁家の點在する一寒村に過ぎざりしが僅か卅七年にして斯かる著しき人口の增加を見たるものなり、而して現在府外接續地を合算するときは既に六萬人を

超へ既往の増加率七%四なるも之を内輪に見て、六%として積算するときは十年後には府行政區域の擴張と共に少くとも府内十一萬人又對岸長項二萬人と見て兩地を合すれば十三萬人に達すべく、殊に懸案中の群山、長項間の鐵橋架設を見るに於ては一大躍進を見、西海岸唯一の大都市を形成すること蓋し想像に難からざるべし。

四、府の財政

當府は港灣貿易都市として財政は極めて堅實なるものあり近年府政の進展に伴ひ歲計豫算の如きも著しく增加せり、今過去五個年目毎の状況を見るに

年度	豫算額 一般經濟	豫算額 第一部特別經濟（學校組合費共）	豫算額 第二部特別經濟（學校費共）	豫算額 計	摘要
明治四十三年	三九、二〇四円	—円	—円	三九、二〇四円	
大正四年	五四、二〇三	二三、六四五	四、五六六	八二、四一四	五年目
同 九年	一〇八、九〇三	六〇、二九九	四五、九六三	二一五、一六五	同
同 十四年	三〇二、八〇六	一六〇、五三三	三一、七二二	四九五、〇六一	同
昭和五年	二七七、七一三	一三一、七二九	三五、三五六	四四四、七九八	同
昭和十年	三六〇、四二〇	一三二、三九四	七三、七四一	五六六、五五五	同

三

昭和十年度歳入歳出豫算

四

區別	歳入 經常部	歳入 臨時部	歳入 計	歳出 經常部	歳出 臨時部	歳出 計	備考
一般經濟	二一九、九九七円	一六〇、四二三円	三八〇、四二〇円	一七九、〇五四円	二〇一、三六六円	三八〇、四二〇円	
第一部特別經濟	四七、四〇七	八四、九八七	一三二、三九四	八八、三一〇	四四、〇八四	一三二、三九四	
第二部特別經濟	二三、四二四	五〇、三一七	七三、七四一	三六、九三五	三六、八〇六	七三、七四一	
計	二九〇、八二八	二九五、七二七	五八六、五五五	三〇四、二九九	二八二、二五六	五八六、五五五	

國稅、道稅及府稅負擔額表

昭和九年度

區分	年稅額	負擔額 一戶當	負擔額 一人當	負擔額 納稅者一人當	備考
國稅	九五、五四九円	一一、〇八円	二、五八円	三一、六二円	
道稅	三四、六二九	四、〇一	、九三	六、七四	
府稅(一般經濟)	一〇二、〇〇四	一一、八二	二、七五	九、五九	

同（第一部）特別經濟	二九、五二五	四、一五八	一、〇六	一七、〇七	內地人教育費
同（第二部）特別經濟	一三、七三三	一、一五九	三七	四、四七	朝鮮人教育費
計	二八五、四四〇	三三、一三	七、七二一	二一、八二一	

五、教育機關（昭和十年四月末現在）

（イ）幼稚園

名稱	位置	開設年月	修業年限	園兒數	學級數	職員數	備考
財團法人 群山幼稚園	錦町	明治四二、四	―	一四八人	四	四人	職員兼務一
私立永信幼稚園	開福町一丁目	昭和六、七	―	七三	二	二	

（ロ）初等學校

名稱	位置	開設年月	修業年限	兒童數	學級數	職員數	備考
群山公立尋常高等小學校	明治町二丁目	明治三二、九	尋常科六箇年 高等科二箇年	一、五二八人	二八	三〇人	職員兼務一 講師囑託一 看護婦一
群山公立普通學校	昭和通三丁目	明治四〇、五	六箇年	一、六八三	二六	二八	看護婦一
私立群山養英學校	開福町二丁目	大正六、八	四箇年	二九九	五	四	

五

（八）中等學校

名稱	位置	開設年月	修業年限	生徒數	學級數	職員數	備考
群山公立中學校	新豊町	大正一二、五	五箇年	四九二人	一〇	二一人	講師囑託四
群山公立高等女學校	月明町	大正五、四	四箇年	二三二	四	一〇	講師一
群山公立商業補習學校	明治町二丁目	大正七、四	二箇年	八〇	二	五	兼務二、講師二
私立群山家政學校	淺山町	昭和五、四	普通科二箇年 研究科一箇年	四〇	三	二	

（ニ）青年訓練所

名稱	位置	開設年月	訓練年限	生徒數	學級數	職員數	備考
群山公立青年訓練所	明治町二丁目	昭和三、八	四箇年	六二人	一	九人	講師又は囑託

六、上水道

當府の水道は居留民團時代の計畫に係り工費三十萬圓を投じ、大正四年五月竣功せるものにして當時內地人のみに給水する計畫を以て給水人口一萬人一日一人當五十五リットル（約三斗）を豫定したるに其の後府制の實施等に依り著しく人口增加し給水能力の不足を見るに至り應急策として水源池堰堤の嵩上を施し揚水喞筒を新設し給水能力の補足を圖り辛ふじて給水を持續せしも、給水需要は年と共に増加せるを以て昭和三年度に補足工事を行ふ外更に昭和四年度より四ヶ年繼續事業として三十三萬圓を以て貯水池の嵩上濾過池配水池の新設市內配水管の擴充を圖り昭和八年三月を以て竣功せるものなるが、給水能力は給水人口三萬人に達するも豪も支障なし。

七、道路及下水

府當の道路は元居留民團に於て明治三十九年同四十年の二箇年に於て約十三萬圓を投じて築造し大正三年府制實施前に於て下水費を加へ一萬六千三百九十四圓を、其の後府に於て十八萬三千餘圓及第一期大正十二年より昭和元年に至る四ヶ年繼續にて工費二十九萬六千圓、又第二期を昭和二年より昭和七年迄六ヶ年に於て工費四十二萬二千圓、合計壹百四萬七千餘圓を投じたる結果新市街の道路、下水は大体完了したるも今後府の發展と行政區域の擴張とにより更に道路、下水等都市計畫を樹立し之を實施せんとす。

八、府の重なる施設事業

(一)公 園

錦町及淺山町に跨り面積一萬三千八百九坪北西は海に面し遠く海洋を望みて風景絶佳山中數百年に達する大松樹の中に櫻樹多きを以て櫻の名所として著名なり、花時には井邑、金堤、扶安、全州、裡里、大田、其の他忠南方面よりも臨時列車を運轉し觀櫻客夥しきものあり。

(二) 圖書館

圖書館廳舍は舊韓國時代に於ける理事廳舍として建築に係り日韓併合なるに及び新に府廳舍として之に充て昭和三年十月新廳舍成るに及び由緒ある舊廳舍は之れを記念保存し有効適切なる社會的施設に充てんとし昭和六年九月一萬圓を投じ明治町二丁目三番地に移築し府經營に係る圖書館に充つることゝしたり、本館は財團法人たる群山教育會の經營に係る群山圖書館廢止に依る從來備付の書籍を引受け又大倉米吉氏寄贈に係る圖書購入資金並に府費を以て圖書を購入し昭和七年八月一日を以て開館するに至れり。

尙備付圖書左の如し

總記	一、〇三三冊
宗教、教育、哲學	一、一〇七
文學、語學	二、三〇六
科學	五二四
藝術	三七八
政治、法制、兵事	七一三
社會、風俗、家政	七九三
經濟	三九一
產業	二六六
地理、歷史其の他	一、四七二
合計	八、九八三

入館者及閲覧者

年別	入館者	閲覧図書
昭和七年	四、三一四人	九、二六三冊
同八年	一一、七四七人	二七、二一五冊
同九年	一四、二九六人	三三、二八五冊

(三) 群山府公會堂

群山公會堂は元明治町にあり商工會議所の管理に屬したるが昭和五年火災の厄に遇ひ之れが復興に關し各方面の意見もあり昭和八年度に於て群山府に於て之れが規模を擴張し建設する事となり總工事費十萬圓の中、四萬圓は商工會議所の寄附、六萬圓は府費を以て錦町に陸屋根鐵筋コンクリート造三階建延六百六十四坪にて本館別館合せて二十有餘の和洋室を設け殊に大ホールの如きは極めて最新式の防音裝置を施し一千五百人餘を收容する事を得べし。

(四) 公設運動場

當府の運動場は錦町公園下に三千三百坪を以て之に充てたるも國民の体育向上を奬勵し眞に府民の明朗なる心身を育成する目的を以て、昭和七年日出町に七千餘坪の公設グラウンドを設け設備費に約八千圓を投じ、其の後各種運動競技を初め全府民の體育運動を激勵し來たりたる結果毎年十月一日府主催の運動會の如き、各町、各官廳、公職者、銀行、會社、婦人會、店員、女事務員等老幼男女の別なく數ヶ月前より猛訓練を爲し眞に全府民の運動場となり著しく體育の向上を見つゝあり。

九

(五) 職業奬勵館

昭和九年十一月府內明治町二丁目二番地にスレート葺木造平家建百四十六坪を設置し、又昭和十年には共同作業所附屬建物等七十坪を新築し總經費一萬一千圓、又毎年五千圓內外の經費を投じて府內に居住する小額所得者の子弟にして未就職者に對し、實業に從事するに必要なる知識技能を授くるを目的とし、講習生は年齡十五年以上二十五年以下にして初等教育を受け身体强健、思想堅實なる者に就き嚴選し、其の第一回は同年十二月籐及竹細工講習を開設したり本年二月修了し其の第二回は昭和十年七月杞柳細工講習を開設したり、本講習は講師及講習生共に極めて眞摯なる態度を堅持し、遲參欠席する者全く皆無なるの實況にして成績頗る良好なり。

修了生は各業態別に依る生産組合を組織し奬勵館共同作業所に於て府の產業奬勵資金の貸付を受け經營し各組合共に優秀なる成績を得つゝあり、本館講習は以上の外洋裁、眞綿絹毛糸細工及木工細工等の講習を爲さしむるものとす。

(六) 職業紹介所

都市の發展に比例し人口の增加は免れざるところ剩へ地方農村の青年子弟にして都會に憧がれ漫然流入する者亦尠なからず、殊に港灣を控へる群山は勞働階級の需給關係尠なからざるに依り勞働者雇傭其の他の需給を圓滑ならしむるを以て目的とし、昭和十年六月當府職業奬勵館に隣接し木造スレート葺平家建四十四坪の事務所を建設し、同年八月一日より事務を開始したるが開業創早より之れを利用する者多く八月中の實例を見るに、求職者二百十三人にして求人者百七人に達し主として工業用の勞働者、商業、戶內使用人、雜業者の順位なり。

(七) 公益質屋

當府は海陸勞働者等下層細民の金融を圓滑ならしむる爲昭和八年度に於て九千餘圓を投じ開福町一丁目に新築し融通資金一萬圓を以て昭和八年十二月十五日業務を開始せり、開業以來の貸付總額二萬六千八百餘圓にして之れが回收金二萬三百七十五圓、利子收入八百六十圓に達せる状況にして開業後日尚淺きに業績順調にして庶民金融の機能を發揮しつゝあり。

(八) 公設浴場及理髮場

勞働者階級の利用に供する社會施設として大正十二年度に於て府内東榮町一三八番地の一地内に創設し料金は私設經營に比し殆んど半額に等しく昭和九年中に於ける成績左の如し。

(イ) 公設浴場

種別	入浴者數	平均一日間入浴者數
內地人	三、四五二人	九、四人
朝鮮人	四五、八四七	一二五、六
外國人	一、〇八四	三、〇
合計	五〇、三八三	一三八、〇

(ロ)公設理髪場

種別	理髪者數	平均一日間理髪者數
内地人	二、七六七人	七、六人
朝鮮人	七、二二一	一九、八
外國人	一	一
合計	九、九八八	二七、四

(九)回生院及行旅病人救護所

元府内五龍町に隔離病舎及行旅病人救護所を設置したるも交通、設備等不便を極め且つ建物の腐朽甚しきを以て府内錦町全羅北道立群山醫院構内に隔離病舎回生院を建築したり、本院は煉瓦造平家建にして病室百坪三合附屬室二十六坪餘にして總工費一萬圓を要したり、患者數二十五名を收容することを得又道立醫院構内なるが爲患者に對する治療も亦極めて便利にして之れが經營は道立醫院に委託治療せり、行旅病舎救護所は昭和八年十二月沃溝郡米面屯栗里に工費一千圓を投じ温突式木造丸茸平家建二十坪五合を新築し收容患者に對し施療しつゝありて收容患者數九年度の總數二十五人延人數二千二百七十六人に達せり。

(十)公設洗濯場

清流に乏しき當府は衛生上最も必要なる衣服洗濯に苦惱を極め來りしを以て之が施設緩和を圖らんが爲、

先づ昭和九年度に於て工事費四百圓を以て其の最も急施を要する京町及南町の二ヶ所に公設洗濯場を設置したるに、之が爲附近は勿論遠隔の地より蝟集して之を利用する者夥しく常時雜沓を極むる狀況に在り、尙昭和十年度に於ても新に二ヶ所を建設し將來に於ても引續き設置すべき豫定なり。

(十一) 群山市場

群山市場は大正七年三月榮町、藏財洞に設置せるものなるが其後市街の發展に伴ひ整理を必要とするに至り、昭和六年九月榮町百三十八番地に移轉し二千九百五十四坪に擴張し工費一萬六千圓を以て諸設備を完全にし、從來の定期開市を毎日開市とせり昭和十年山上町附近に新市場を設置の豫定にして一ヶ年の取引高五十萬圓に達する見込なり。

(十二) 食料品市場

食料品市場は大正七年十月芦町二十八番地に設置し指定營業人をして經營せしむ、昭和三年現位置江戸町十五番地に四千八百圓を以て新築移轉す、取扱品は主として野菜果物類にして一ヶ年の取引高十萬圓に達す

(十三) 魚市場

魚市場は大正六年七月西濱町二番地に設置し現在は群山漁業組合に經營を委託せり、昭和三年四千九百圓を以て現在の西濱町一番地に新築移轉す、一ヶ年取引高二十五萬圓に達す。

又東濱海岸に鮮人向の水產物集散取引せらるるを以て、府の埋立地に昭和八年五千六百三十圓を投じて市場の設置を爲し群山漁業組合に經營委託を爲し居れり、一ヶ年取引額約二十萬圓に達す。

(十四)商品陳列所

昭和九年六月經費四千圓を投じ公會堂一階玄關入口に設置し、群山府内及附近の物產其の他商品を陳列展覽を爲し又商品の試賣、試作、委託販賣、宣傳及紹介等の事業を目的として開設したり、爾來商品の製產販賣業者は鮮内は勿論遠く内地方面より出陳するもの多く且つ一般觀覽者賣捌げ數量も逐日增加しつゝあり

(十五)東濱海面埋立

群山港修築工事施行に伴ひ一般荷揚場及倉庫敷等の必要を感し、東濱町地先三千三百五十坪を工費四萬六千圓を投して昭和四年三月埋立を竣功し其目的に使用しつゝあり。

(十六)西濱海面埋立

市街地造成の目的を以て工費七萬七千五百圓を投じ、西濱町地先海面七千百九十一坪の埋立て又十四萬八千圓を以て海望町地先一萬七千百九坪の埋立に着手し前者は昭和八年三月竣功し、後者は昭和十一年三月に竣功の豫定なり。

(十七)海望町海面埋立

昭和七年より六萬七千五百圓を以て泉町地先八千三百九十坪の埋立に着手し、昭和十四年三月竣功の豫定なり。

(十八)漁港築造

漁港築造の目的を以て當港西端に延長五百五十米の防波堤を築造し、水面十六萬平方米の船溜を設け漁船

の碇舶並漁獲物の陸揚に便する計畫を以て、（工費十二萬圓内國庫補助六萬圓道費補助二萬圓）を以て昭和六年着手、昭和九年三月竣功せるも、現在の設備にては約三百隻を收容するに過ぎざるも毎年最盛漁期其他暴風雨に際しては約六百隻内外の小型船舶停留する事となり、港内甚狹溢を感し居り更に此後現在の設備二倍以上の擴張の要あるものなり。

（十九）東濱共同荷揚場上屋倉庫

近年群山港の整備と奧地產業經濟の發展に伴ひ沿岸貿易の著しき激增を見るに至り、之れが助長の爲昭和九年度總經費五萬九千餘圓を投じ、スレート葺平家建八棟九百三十坪を新築し、更に民有倉庫五棟二百五十四坪を買收し之れが經營は府の直營となし以て一般當業者の利便を圖れり。

（二十）府營西海岸鐵道

當府の埋立に係はる西濱及海望町方面一帶は近年の入貨物の激增に依り此等沿岸集散貨物の運輸を圓滑ならしむる爲、昭和九年度に於て總經費四萬一千圓を投じ、群山港驛を起点とし、西濱町を經て海望町九百九十九番地の四を終点として、延長一粁四軌間一米四三五の廣軌複線として昭和十年二月二十八日より向ふ五十箇年間私設鐵道として免許を受けたるも、之れが經營は鐵道局に於て借上け同年五月十一日より一般運輸を開始せり。

（二十一）火　葬　場

新豐町に在り昭和二年十月一萬一千圓を以て、新築したるものにして火葬爐三基を有す

(二十二) 墓　地

内地人共同墓地は新豊町に在り一萬一千九百四十四坪、鮮人共同墓地は府外米面沙場里に在るもの二萬四千九百九十坪烽台山に在るもの二萬二千五百坪、計四萬七千四百九十坪あり。

(二十三) 屠　場

民團當時に設置に係る屠場は交通不便にして設備完からず、且つ府内外の人口增加に伴ひ屠殺數增加し狹隘を告ぐるに至り、昭和七年度に於て之を廢し、新に沃溝郡米面屯栗里に六千四百三十四坪の土地を選定し、八千餘圓を投じ百四十八坪餘の木造煉瓦塀平家建の屠場を新築し、卷揚器、馬衡器、牛皮乾燥場其の他の衛生的設備を施し完全なる屠場とせり、一ヶ年の屠殺數三千餘頭に及ぶ。

(二十四) 孟宗竹林ノ造成

基本財產造成の目的を以て竹林經營を計畫し、昭和七年より孟宗竹林用地每年五反步を三千五百餘圓を以て買入れ現在一町五反步の竹林を有し既成竹林用地五畝一步と共に昭和八年八十圓、同九年には百圓、昭和十年には百二十圓收入せり殖竹後七年を經過するに於ては一反步七、八十圓の收入を得らるへし。

九、築　港

當港の修築は大正十五年以降六箇年（國費の關係上一年延期昭和八年三月竣工）の繼續事業として、總工費二百八十五萬圓を以て海岸面積四萬六千百餘平方米突を埋立、浮棧橋三基此の總延長二百十七米突にて三千噸級の船舶三隻橫着け得る設備なり。

然るに近年輸移出貨物の激增に伴ひ現在の設備にては僅かに全貨物の四割を横着け荷役を爲すに過ぎず、從て殘り六割は沖懸りとなり高率の附帶費を負擔するのみならず能率にも關係を及ぼすを以て、更に第二期工事として、總經費百卅二萬圓にて浮棧橋一基と從來の棧橋間を連絡して更に三隻合計六隻を横着け得る設備を爲さんとし當局へ要望中なるが、之れが實現を見るに於ては荷役費は約半額に減ずる事を得べし
今第一期と第二期工事の成績を表示すれば

第一期工事	二八五萬圓	完成後の荷役費低減額、	三七一、一五七圓	利廻一割三分
第二期工事	一三二萬圓	右　同　上　更　に	一四四、一二〇圓	利廻一割一分

十、錦江鐵橋架設

當府は近年著しき膨脹發展を見、現在人口は約四萬人（內地人一萬人）なるも、接續郡部を合するときは既に六萬人を超へ既往の增加率七、四%を內輪に見て六、%と計算するも十年後には府の行政區域の擴張と共に十一萬人又、對岸長項二萬人近くに達すべく、而して昭和六年八月京南鐵道、長項迄開通後群山國鐵との連絡を初め對岸兩地の交通は著しく頻繁を加へ交通量の如き京南鐵道經營の渡舟外二ケ所に於ける人員は一日三四千人に達し今後十年後には一日一萬人以上の交通量を見ることは蓋し想像に難からざるべし然るに錦江は滿干の差六、七米突に及び船車の連絡十分ならざるのみならず今後都市計畫の根幹たるべき鐵橋、停車場の如き固より豫め決定し置くにあらざれば後日幾多の障害を生ずべく故に朝鮮總督府に於ては昭和八年地質調査を終へたるものなり工費概算三百七十萬圓なるも本鐵橋は交通料收入貨物收入等にて三十箇年賦にて總工費の元利償還を爲す事を得べく極めて經濟線なるのみならず是により麗水より慶全北部線及京南線を結び天安に貫通するときは京釜本線を併せ朝鮮二大縱貫線となり軍事上經濟上極めて有利

なる事業なり

財源調書（一箇年分）

收入の部

種目	金額	摘要
交通料收入	一三一、四〇〇円	大人一日四千人 一人八錢 一日三百二十圓 一年分一一六、八〇〇圓 小人一日一千人 一人四錢 一日四十圓 一年分 一四、六〇〇圓
貨物收入	一一〇、〇〇〇	穀物其他二十万噸 一噸三十五錢 一ケ年 七〇、〇〇〇圓 雜貨 十万噸 一噸四十錢 一ケ年 四〇、〇〇〇圓
計	二四一、四〇〇	

支出の部

種目	金額	摘要
工事費償還年割額	二三九、四一六円	總工事費三百七十萬圓の年五分利公債三十箇年元利均等償還額
計	二三九、四一六	

差引殘金 一千九百八十四圓

若し本工事を公共團体たる府に於て施行する場合に於ては前記收入の外左の財源を得らるゝ見込

地税收入 一、六〇〇、〇〇〇圓 八十萬坪に一坪二圓を十ヶ年賦

道費 六〇〇、〇〇〇圓 全羅北道、忠清南道の兩道に於て 道費補助各三十萬圓十ヶ年割

計 二百二十萬圓

十一、交　通

當府は一等道路群山全州線、二等道路群山瑞山線、三等道路群山江景線の起点にして全州、裡里、金堤、江景等の方面に自動車の定期線あり、府内道路は等外道路を合せ延長三二粁六一一に達す
國鐵慶全北部線は群山港驛を起点とし裡里、全州、南原を經て現在谷城に達す、此距離一三〇粁八なり尙殘工事は目下施工中なるを以て全南順天を經て麗水港に聯結するの日も遠からさるへし、又京釜線大田には裡里を經て百十三粁三、私鐵京南鐵道は群山港驛を起点とし、渡船にて對岸長項を經忠南の腹部を貫通し天安に到り京釜線に聯絡す其距離百四十三粁あり、水路に於ては朝鮮郵船、大阪商船、尼ケ崎汽船、辰馬其他各社船は朝鮮沿岸の各港は固より内地阪神、北海道、台灣、中華民國、青島、芝罘、滿洲國、大連等の間に定期航路ありて海陸共に四通八達の樞地に當り將來益々其の發達を見るに至るべし。

十二、米の輪移出と米穀取引所

米は群山港貿易品の大宗にして輪移出貿易額の九割强を占む此れ群山が背後に廣茫たる全羅、忠淸の大沃野を控へ所謂地の利を占むる爲めにして『米の群山』たる名聲を博する所以なり。
群山港の盛衰は奥地米作の豊凶並に取引の消長に依りて左右せられ開港以來不斷の努力に依りて漸次商圏を擴大し逐年回着を增加し、其の輪移出額は昭和九年に於て二二八萬石を超ゆるに至れり、今後水利灌漑の普及産米の改良價額の維持等各般の施設の完備に伴ひ三百萬石を超ゆるは玆數年を出でさるへし。最近米輪移出狀況を示せは左の如し。

群山港輸移出米貿易額表

年次	輸移出數量	價額
昭和二年	一、四七二、九四一石	四四、七四八、〇二八圓
昭和三年	一、六八七、六四三	四四、三四七、三七二
昭和四年	一、三五五、五八六	三三、八八〇、〇八一
昭和五年	一、〇五五、一四四	二三、六二一、七八八
昭和六年	一、八五六、五九九	三〇、二三五、七二四
昭和七年	一、六二七、四二八	三一、九九四、四一三
昭和八年	一、七八五、五三九	三六、九七七、〇〇一
昭和九年	二、二八五、一一四	五五、〇一八、五四九

右の如く當港は米穀集散地とし其取引盛なるを以て、明治四十三年米穀商組合の設立を見市場を經營し、越へて大正十一年市場規則改正に依り認可を得て經營を續け爾來取引數量に於て異狀なる發達を遂げ輸移出量も亦急激なる增加を見るに至れり、昭和七年一月取引所令實施に伴ひ會員組織に依る群山米穀取引所の設立を見るに至れり。

十三、貿易

當港は開港以來僅に三十六年を閱したるに過ぎさるも、其の間朝鮮沿岸は固より內地各港及台灣支那方面との輸移出入著しく增加し、昭和二年に於て六千六百萬圓に達せり、其の後財界不振の影響、米穀の減收又は之れが價格暴落等に因り、其の貿易額に消長を來し、昭和六年に於て三千九百八十九萬五千圓に低下せしも、昭和九年に於ては一躍七千五百萬圓に達せんとし今後年々增加の趨勢にあり。

而して本港の特色は輸移入額よりも輸移出額の遙に多きことにして、輸移出の大部分は米穀にして前述の如く年二百二十餘萬石に達す、又輸移入品の主なるものは肥料、生金巾、綿、織物、小麥粉諸雜貨なり、今左に最近數年間の貿易額を示せは左の如し。

群山港貿易輸移出入額表

年次	輸移出額	輸移入額	合計
昭和二年	四五、一四二、三六一円	二〇、七四三、八二六	六五、八八六、一八七
昭和三年	四四、五一七、七三六	一八、〇六四、九六八	六二、五八二、七〇四
昭和四年	三四、二二三、二八九	一八、二〇七、一七六	五二、四三〇、四六五
昭和五年	二四、三三〇、四四四	一五、一六七、六一三	三九、四九八、〇五七
昭和六年	三〇、四九六、九九一	九、三九七、二八四	三九、八九四、二七五
昭和七年	三三、八五三、九二七	一一、四九一、三六四	四五、三四五、二九一
昭和八年	三七、五九四、九一八	一三、八〇四、七一三	五一、三五九、六三一
昭和九年	五五、九五〇、九〇四	一八、四四二、九九三	七四、三九三、八九七

十四、船舶出入

群山港は朝鮮有數の米穀集散地なる關係上、大阪―仁川、大阪―新義州、小樽―仁川―大連、大連―北海

二一

道及朝鮮沿岸等の各定期航路に聯絡し各就航船の寄港を見る外大阪との直通船・其他不定期船の入港頻繁にして一ヶ年千隻を下らす。

十五、工　業

府内工業は加藤、花岡、長田、朝鮮各精米所、林兼冷藏庫、醤油、釀造、水産加工、農具、鐵工、造船、印刷、石鹼、煉瓦等の工場あり、近く肥料製造及製紙の大工場の設置を見んとする狀況にあり。

十六、主なる會社及工場

（一）會　社

名稱	位置
南朝鮮電氣株式會社	湊山町
群山米穀取引所	本町
朝鮮米穀倉庫株式會社群山支店	同
朝鮮運送株式會社群山支店	同
不二興業株式會社群山地所部	同
湖南農具株式會社	江戸町

名稱	位置
大阪商船株式會社群山代理店	本町
尼崎汽船株式會社群山代理店	同
群山協同海運株式會社	同
群山海運株式會社	同
三井物産株式會社群山派出所	大和町
三菱商事株式會社群山派出所	本町

（二）工場

（イ）精米工場

名稱	位置
朝鮮精米株式會社群山支店	本町二丁目
加藤精米所	日出町
花岡精米所	幸町
長田精米所	同

（ロ）鐵工場

名稱	位置
大澤造船鐵工所	東濱町
正木造船鐵工所	西濱町
全北造船鐵工所	江戸町
渥美鐵工所	東榮町

（ハ）製材工場

名稱	位置
津毛製材工場	海望町

（ニ）印刷工場

名稱	位置
内田印刷所	開福町一丁目
群山印刷合資會社	元町
南鮮印刷所	榮町二丁目
町井印刷所	元町
保坂印刷所	榮町二丁目

（ホ）製氷工場

名稱	位置
林兼製氷工場	東濱町

（ヘ）ゴム工場

名稱	位置
京城ゴム工業所群山工場	藏財町

(ト)酒造場

名稱	位置
(日本酒)	
香原造酒場	淺山町
上野酒造場	錦町
朝の花分工場	竹田町
群山酒造會社	横田町
小池酒造場	開福町
(朝鮮酒)	
新興酒造場	新興町
鷄林酒造場	昭和通二丁目
富永酒造場	榮町三丁目
安東酒造場	東榮町
光宣酒造場	山上町
大昌酒造場	昭和通二丁目

(チ)製塩所

名稱	位置
渡邊製塩所	東榮町
田中製塩所	東濱町

十七、主なる官公署

名稱	位置
群山府廳	明治町二丁目
群山警察署	同
沃溝郡廳	昭和通二丁目
全州地方法院群山支廳	横田町
全羅北道立群山醫院	錦町
群山郵便局	同
群山稅務署	明治町二丁目
全州刑務所群山支所	錦光町

朝鮮總督府穀物檢查所群山支所	本町一丁目
農林省米穀京城事務所群山出張所	全州通
仁川稅關群山支署	本町二丁目
朝鮮總督府內務局土木裡里出張所群山工營所	濱町
全州專賣支局群山出張所	本町一丁目
全州專賣支局群山販賣所	明治町二丁目
全羅北道水產試驗場	東濱町
群山驛	榮町三丁目
群山港驛	濱町
憲兵分駐所	田町
群山商工會議所	錦町
全羅北道水產會	西濱町
群山榮町郵便所	榮町一丁目
群山千代田町郵便所	千代田町
群山漁業組合	西濱町

十八、醫療機關

衛生機關として道立群山醫院あり、府內は元より本道及忠淸南道より患者の來るもの多し入院設備として普通患者七十七人傳染病患者四十四人を收容し得べく、道立醫院としての成績は平壤、大邱に次ぐ其他府內に醫學博士、醫學士等十七の開業醫ありて衛生機關としては極めて完備せり。

府內の重なる醫院

院名	位置	院名	位置
全羅北道道立群山醫院	錦町	群山病院	明治町一丁目

澁谷病院	千代田町二丁目
中島病院	明治町二丁目
高橋病院	昭和通一丁目
谷本病院	横田町
池田病院	明治町一丁目
鎌田醫院	浪花町
安東病院	江戸町
世昌病院	昭和通二丁目
東華病院	東榮町
檀野眼科病院	明治町二丁目
渡邊齒科醫院	同
大和田齒科醫院	同
倉橋齒科醫院	横田町
河上齒科醫院	明治町一丁目
岡村齒科醫院	曙町
四恩堂齒科醫院	昭和通一丁目

十九、金融機關

名稱	位置
朝鮮銀行群山支店	本町一丁目
殖産銀行群山支店	元町
十八銀行群山支店	本町一丁目
商業銀行群山支店	元町
東一銀行群山支店	昭和通一丁目
群山金融組合	明治町二丁目
東部金融組合	江戸町
沃溝金融組合	榮町二丁目
朝鮮信託株式會社群山支店	本町一丁目
群山無盡株式會社	大和町

二十、新聞、雜誌、通信機關

群山日報社
東亞日報支局
全北日報支社
實業之朝鮮社
朝鮮新聞支局
京城日報支局
朝鮮民報支局
釜山日報支局
朝鮮每日新聞支局
中鮮日報支局
大邱日報支局
朝鮮日日新聞支局
朝鮮時報支局
朝鮮商工新聞支局
西鮮日報支局
木浦新報支局
每日申報支局
朝鮮日報支局
朝鮮中央日報支局
日刊大陸支局
大阪每日新聞通信部
米肥日報支局
大阪朝日新聞通信部
福岡日日新聞支局

二十一、地方制度改正後の府の幹部竝府會議員

(一)府幹部

府尹

前田善次	自昭和六年四月一日（以前） 至同年四月三十日
佐藤德重	自同年四月三十日 至

二七

内務課長

諸田萬壽男	自昭和六年四月一日（以前）至同年十二月二十八日
吉津五郎	自昭和七年一月十一日至同年六月七日
藤田菊次	自同年七月二日至昭和八年五月十五日
丘一之	自同年六月十五日至昭和十年四月九日
上條新一郎	自同年四月九日至

庶務課長

兼 諸田萬壽男	自昭和六年四月一日（以前）至同年十二月二十八日
河野綱	自昭和七年一月十一日至同九年六月二十一日
兼 馬場崎實穗	自同年六月二十二日至同年八月二十三日
上條新一郎	自同年八月二十三日至同十年四月九日
長沼貞治郎	自同年四月九日至

財務課長

菅原敏次郎	自昭和六年四月一日（以前）至同年九月十七日

二八

藤田菊次　自同七年九月拾七日 至同七年七月二十日
溝口清二　自同七年七月二十日 至同九年五月一日
馬場崎實穗　自同　年五月一日 至同

府會議員

第一回　任期　自昭和六年五月貳拾壹日 至同拾年五月貳拾日

副議長　牛尾正一	町井重太郎	泉作二
第一教育部會副議長　伊藤光三郎	光富嘉八	徐鴻善
第二教育部會副議長　徐鴻善	李用雨	向井松次郎
內田留吉	上田朴	清水喜作
樋口虎三	森本岩之助	山本一男
前田孫平	檜垣孫三郎	茶野粂次郎
全義鎔	牛尾正一	氏家重吉
李兢鉉	權泰亨	戶塚總太郎
伊藤光三郎	李曉秀	香原助太郎
河上藤太郎	久保宮太	金永熙

二九

第二回　任期　自昭和拾年五月貳拾壹日 至同拾四年五月貳拾日

副議長	樋口虎三	金炯基	清水喜作
第一教育部會副議長	伊藤光三郎	金永熙	徐鴻善
第二教育部會副議長	徐鴻善	權泰亨	向井松次郎
	伊藤光三郎	泉作二	中山辰彌
	久保宮太	趙南冕	金白龍
	樋口虎三	牛尾正一	光富嘉八
	山本虎次郎	山本一男	檜垣孫三郎
	全義鎔	町井重太郎	平春富藏
	赤松繁夫	松本次八	戸塚總太郎
	氏家重吉	佐川孚一	上田朴

二十二、府制施行後重なる事業調

歴代府尹氏名	年度別	事業の概要	經費
天野喜之助	大正三年度	水道擴張	一〇一、三五〇円
	同　四年度	隔離病舍設備	五〇〇
	同　五年度	屠場移築其の他	二、一一四
	同　六年度	市場買收其の他	二、一八〇
	同　七年度	魚市場改築、道路改修其の他	五、五二五
	同　八年度	道路改修、食料品市場増築及墓地整理	九、二九六
	計		一二〇、九六五
宮館貞一	大正九年度	事務所増築、水道ポンプ設備、魚市場増築汚物溜設置	七、七二八
	同　十年度	公設市場建築、下水設置、水道配水管布設行旅病舍建築	一二、二四二
	大正十一年度	防波堤築造、共同井戸設置、水源堰堤増築公設浴場新築、市場増築、渡船新造並買收消防器具設備並器具庫新築、土地埋立費	六〇、一三〇
	計		八〇、一〇〇
	大正十二年度	下水工事、土地埋立、市場建築、消防貯水池築造、火葬場待合所新築、共同井戸設置其他	八九、〇七六

三一

國宗鹿太郎	大正十三年度	下水設置、共同井戸設置、水道揚水設備、自動車ポンプ設備、同車庫新築、消防貯水池築造、魚市場及群山市場建築其他	一四六、七七八
	計		二三五、八五四
澤村荒次郎	大正十四年度	下水工事、道路改修、墜道堀鑿、渡船棧橋築造、水道配水管布設、望樓設置、墓地火葬場擴張、其他	六二、七一八
	大正十五年度 昭和元年度	道路改修、墜道堀鑿、水道配水管布設、汚物溜設置、墓地火葬場擴張、水面埋立、下水工事費其の他	八七、七四七
	昭和二年度	道路改修費、水道配水管布設及ポンプ設備水面埋立、第二期下水工事、運動場擴張、墓地用地買收、火葬場設備、渡船新造及仝棧橋設備	一三三、五〇五
	昭和三年度	道路改修、水道擴張、消防ポンプ設備、水面埋立、第二期下水工事、運動場擴張、魚市場及食料品市場移轉、渡船棧橋增築、同待合所新築、事務所新築、時報機新設其の他	三二九、九六八
	計		六一三、九三八
前田善次	昭和四年度	道路改修、棧橋設置、消防ポンプ購入、水面埋立、第二期下水工事、水道擴張工事	一四八、四九七
	昭和五年度	水面埋立、第二期下水工事、水道擴張工事	一九三、五五四
	計		三四二、〇五一

佐藤德重

昭和六年度	圖書館移築、水面埋立工事、第二期下水工事、漁港築造工事、群山市場移轉其の他	二七九、五五七
昭和七年度	道路改修、棧橋築造、同生院新築、汚物溜築造、居場新築、鮮人墓地整理、公園擴張基本財產竹林造成、圖書館設備、公設運動場設置、水面埋立工事、第二期下水工事、水道擴張工事、漁港築造工事其の他	二五四、六二三
昭和八年度	道路改修、居場增築、公會堂新築、東濱魚市場新築、行旅病舍新築、商品陳列所設置、公益質屋設置、消防ポンプ設備、汚物掃除直營設備、基本財產竹林造成、水面埋立工事、漁港築造工事其の他	一八〇、一八三
昭和九年度	道路鋪裝工事、下水溝設置、府史編纂、屠場卷揚機設備、公會堂設備、行旅病舍再築職業獎勵館新築、東濱共同荷揚場上屋倉庫新築、西海岸鐵道敷設、消防器具庫改築、公設洗濯場築造、職業紹介所新築、水面埋立工事、開港三十五週年記念設營、新豐町共同墓地擴張其の他	一九三、三七七
昭和十年度	道路鋪裝工事、下水溝設置、棧橋築造、國旗揭揚台建設、公會堂映寫機及擴聲機設備、山上町市場新設、職業獎勵館增築、西濱共同荷揚場擴張、水面埋立工事其の他	一一八、七〇四
計		一、〇二六、四四四

三三

群山及近郊案內

一、群山土産物販賣店

販賣店名	位置	電話	土産品名	包裝形狀	價額
藤田和市商店	明治町一丁目	八六一	華魚	罐入	五十錢より三圓まで
松江堂菓子店	明治町一丁目	二三二	稻穗(干菓子)	同	一圓より一圓五十錢まで
田中夢月堂	大和町	二三六	黄金饅頭	箱詰	五十五錢より二圓まで
石原蒲鉾店	本町一丁目	五三五	魚の精	罐入	一圓より二圓まで
石見屋商店	大和町	二一二	ショット干菓子	同	一圓より二圓まで
福山慶男商店	江戸町	二六〇	阿じ魚	罐入	一圓より一圓五十錢まで
加藤兄弟商店	旭町	五五六	味魚	罐入	一圓より三圓まで
出雲屋本店	明治町二丁目	五〇六	海老あられ 白魚罐詰	同 同	一圓より二圓まで 十五錢、二十錢

二、群山市内の自動車賃及人力車賃

自動車賃		人力車賃		
タクシー	バス貸切	市内片道	貸切	雨天の場合
七〇銭	一〇銭 (一時間)二、円五〇	三〇銭	(一日間)二、円八〇	各賃金の二割増

三、群山より近郊に至る汽車、自動車乗車賃及里程

近郊地名	汽車賃 二等	汽車賃 三等	自動車賃	里程
裡里	円六五銭	円三六銭	五〇銭	六里、一七町
全州	一、三八	七六	九〇	一三、〇九
南原	三、〇六	一、六九	二、〇〇	二三、〇四
江景	一、四三	八〇	ー	一一、一三
論山	一、七一	九五	ー	一四、二八
大田	三、一四	一、七四	ー	二三、二九
金堤	一、一五	六四	八〇	八、二四
井州	一、八八	一、〇四	ー	一七、〇三
光州	三、九二	二、一七	ー	三〇、一〇
木浦	五、四六	三、〇三	ー	四九、〇三

三五

舒川	五七	三九		三〇	三、〇〇
大川	二、四九	一、六〇	水東より	一、三〇	一三、二〇
温陽	六、四一	三、三二	水東より	三、四〇	二五、〇四
扶餘 江景經由	一、四三	八〇	江景より	一、二〇	一三、〇七

四、群山府內の旅館宿泊料

內鮮人旅館別	等別 一等	二等	三等	備考
內地人旅館	五、〇〇円	三、〇〇円	二、〇〇円	團體宿泊の場合は二割乃至三割の割引をなす
朝鮮人旅館	一、五〇	一、〇〇	八〇	同

五、旅館一覧

內地人側旅館

旅館名	位置	電話
谷口旅館	明治町一丁目	四六
若富旅館	大和町	二四四
松本旅館	横田町	二六四

朝鮮人側旅館

旅館名	位置	電話
日新旅館	開福町一丁目	七〇二
東亞旅館	榮町三丁目	
昭和旅館	東榮町	

村上旅館	昭和通四丁目	
有明旅館	榮町三丁目	七〇六
つたや旅館	江戸町	五二六
大正旅館	榮町三丁目	一五五
東興旅館	東榮町	
大同旅館	榮町三丁目	

六、料理屋及飲食店

内地料理

屋號	位置	電話
新月	横田町	二六二
花月	明治町一丁目	一五〇
大よし	千代田町一丁目	八四三
鎌倉家	旭町	六三〇
みどり	淺山町	四〇九
富士亭	明治町一丁目	二五
瓢亭	田町	八二四
ひさご	昭和通二丁目	一三五
やつこ	大和町	六三九
更科	元町	二四二
浪花家	大和町	五五三
魚駒	淺山町	四一六

朝鮮料理

屋號	位置	電話
明月館	東榮町	一〇四五
平壌館	昭和通一丁目	七二六
江景屋	榮町	六六〇
東亞酒店	昭和通一丁目	六六

三七

支那料理

屋號	位置	電話
東海樓	元町	二五七 八五三
福昇園	旭町	九三一
鴻順樓	榮町一丁目	七三二

特別料理

名稱	位置	電話
松の家	京町	四〇七
松月	同	三二七
敷島	同	一三三
常盤	同	三一九
芳本樓	同	三四三
山月	同	
七福	同	二三一

玉乃家	同	二三三
平南樓	同	
新興樓	同	

カフヱー

店名	位置	電話
あしべ	京町	八二一
みゆき	京町	六二四
オデオン	明治町二丁目	二〇七
パラダイス	榮町	八四五
高砂食堂	開福町一丁目	四三四
ライオン	開福町一丁目	三二八
OK（オーケー）	江戸町	九五八
チヤイナ	江戸町	九三七
美人座	同	

七、近郊の名所古蹟

全州南門

全州府

本道中央に位し道廳所在地なり、西は多佳川の清流に臨み、東南方は、高德山、南固山等所謂完山七峰屏立す。

鐵道は慶全北部線十五哩にして湖南線裡里に連絡せり。

道路亦四通し交通便利なり此地百濟時代以來の史實を有する古府にして久しく湖南の雄鎭たりし地なり、尙李朝發祥の地として其名著しく山紫水明にして風光佳、名所舊蹟尠からず、全羅北道廳、全州府廳、完州郡廳、警察署、地方法院、專賣支局、道立醫病院、刑務所、高等女學校、高等普通學校、女子高等普通學校、農業學校、商品陳列所、測候所、銀行會社等あり。

南原市街

南原郡南原邑

戯曲春香傳と共に半島に其名高き廣寒樓は李朝の初期宰相黄喜（長水縣出身）の經始に係り爾來府使、郡守等の遊燕場に供せられ西は蛟龍山東は智異山を控へ構造壯麗景致淸幽にして殊に境内の三島は仙境の名高し。

蛟龍山城址

南原郡王峙面、大川面

密徳、福徳の二峰に跨り石築周圍五千七百十七尺、百濟滅亡の後唐將劉仁軌（帶方州刺史兼都督）の築くところなりと傳ふ湖南有數の要害と稱せられたるものなり。

四一

大雅里貯水池

完州郡上東面大雅里

益沃水利組合の貯水池なり、この貯溜の水を以て組合區域の畓面積約九千六百町歩を灌漑す。

この池の滿水面積百四十餘町歩、貯水量七億二千四百萬立方尺、堰堤の高さ百二尺、延長百三十七間工費約二百萬圓なり、貯水の堰堤を越え溢流するの狀は將に百尺の懸瀑となり、四圍の山容と相和し頗る壯觀を極め北米ナイヤガラ瀑布もかくやと想はる。

碧骨堤

金堤郡扶梁面

碧骨堤は新羅訖解王二十一年（今を去る約千六百年前）の創設に係ると稱せらるゝ本道最古の貯水池にして新羅、高麗李朝の各時代に亘り屢之が修築を爲したり往古の築造に係る水門の殘址たる石柱を存し往時の水利事業を偲ぶを得べし、傍にこの堤を重修したる事蹟（永樂十三年我が應永二十二年建立）の碑あり

雲岩貯水池

井邑郡山內面
任實郡江津面

蟾津江上流を利用したるものにして東津水利組合、水源貯水池にして上下六里半、周廻十八里餘、貯水池面積七百二十一町歩、最大有効貯水量二十一億八千二百萬餘立方尺にして實に半島最大の貯水池なり、其堰堤は長さ百六十五間コンクリート築造にして頂部に『テンターゲート』を取付く滿水溢流するときは將に巨大の瀑布を形成し壯觀を極む、尙其の流水を利用し南朝鮮水力電氣株式會社の發電所を設置せり。

彌勒塔

益山郡金馬面箕陽里

彌勒寺址は彌勒山の麓にあり、今は全く廢頽し、寺刹の礎石刹竿支柱、石造六層塔等を殘存するのみなるも、其の遺物の分布は約三丁に亙り往時その規模の雄大なりしを想像せしむ殊に石造六層塔（俗に彌勒塔と稱す）は花崗岩を以て築造し其の高さ四十七尺、基徑二十八尺實に半島第一の巨塔にして後世に誇示すべき一大遺物たるを失はす。

此の寺及塔の創建の時代は詳かならざるも約一千二百年前のものに屬すと認めらる。

塔は近年總督府に於て修理を施したり。

四五

內藏山

井邑郡內藏面

奇巖より成れる峰巒重疊し全山殆んど濶葉樹林なり、尙山中には本邦には極めて珍稀とする榧（樹齢約四百年）の巨樹の天然生林あり、この山は世に南金剛山の稱ありて新綠の季、盛夏の節共に佳し、殊に秋紅葉のときを最も賞すべし。中央山腹に內藏寺あり、今を距る約一千二百九十年前の創建に係る其外山麓谿谷に寺刹多し。

金山寺

金堤郡水流面金山里

金山寺は百濟法王の元年（推古天皇七年、今を距る約千三百三十年前）の創建に係る古刹なり、寺內の舍利塔及び十三重石塔等は新羅善德王二年の建設にして彌勒殿、大藏殿、大寂光殿等は兵燹後再建に屬し李朝中期の建築にかゝる就中彌勒殿は三層にして最も珍稀なる構造なりとす、其の殿內に安置せる彌勒佛は高さ三十三尺、その左右なる妙香法輪の兩菩薩は倶に高さ二十九尺なり。

寺內多くの遺物多く半島屈指の名刹にして近年國帑を以て屢殿堂の修理を行ひたり。

百濟王甄萱は當寺を尊信すること厚かりしが內訌により長子神劍の爲めに此の寺に幽閉せられ、延ひて高麗太祖の攻滅する因となりし地なり。

境內は母岳山の麓に據り幽寂を極む。

四七

平濟塔

扶餘

扶餘は百濟の舊都にして錦江の沿岸に在り江水碧を湛え鏡の如く怪岩奇石之に臨み白帆點々江に浮ぶ、朝鮮に於ける屈指の勝地なり、平濟塔は扶餘八景の一にして邑內にあり、唐將蘇定方の頌德塔なりと云ふ。

古色蒼然として聳えたる、その勇姿頗る異彩を放てり。

論山彌勒

論山驛を東南に約三十二町灌燭寺の境內に在り、今を去る九百六十年前高麗光宗王十九年に工程三十有七年を費し成ると云ふ。

全體石造にして高さ八十八尺、周圍四十尺の巨大なるものなり。內地に於ける奈良の大佛に比すべく朝鮮中古美術の典型なり、近來其の名漸く高まり參詣者の杖を引く者頗る多し。

大川海水浴場

京南線大川驛を距る三里大川面軍入里にあり、白砂長汀水清くして遠淺、潮流温く半島に於ける好適なる海水浴場にして背面は鬱蒼たる松林を負ひ、前面遙かに多數の島嶼を展望し風光明媚、設備又完備し各地よりの避暑客多し。

溫陽溫泉

京南線終點長項驛より四時間京釜本線天安驛より三十分足らずして下車す京南鐵道會社の經營にして山紫水明、風光明媚の地なるを以て四季を通じて休養、入浴、遊覽に雲集する者十一萬を超ゆると云ふ。

溫泉は攝氏五十度其の湧出量一萬數千石に達し全鮮に其比なく今や內鮮を通じて著名の溫泉となるに至れり。

群山小唄

櫻さくらと　浮れてのぼる
山の公園　胡蝶もおどる
霞すかして　見下す江に
浮ぶかもめや　白魚ふねよ
　アラ、群山　よい港

煙火はなびと　眞夏のよるは
人もざわめく　錦江河畔
ドンと揚つた　花火の照りに
白く浮んだ　アノ妓の顔よ
　アラ、群山　よい都

祭りまつりと　賑ふところは
湖南平野は　黄金の波よ
◇お米は　百船千船
積んで大阪　東京までも
　アラ、群山　よい港

師走しはすと　小雪が降れば
全市聯合　大賣出しよ
風にはた〱　幟のなれば
町の景氣は　上々景氣
　アラ、群山　よい都

群山俗謡

○

潮來出島(イタコデジマ)はあやめの花よ
　ここは群山米の花

○

風になびくは黄金の海よ
　俺がほこりの全北平野
稔る高千穂玉錦
　集ふ群山米の山

五三

昭和拾年拾月五日 印刷
昭和拾年拾月拾日 發行

編輯兼發行者 群山府

全羅北道群山府開福町一丁目四四番地
印刷者 內田岩男

全羅北道群山府開福町一丁目四四番地
印刷所 內田印刷所

금강 하구 나루터

개항 직후 시가지

군산이사청

축항기공식

불이농촌

1912년 만들어진 군산역

군산 자혜의원

군산세관 앞 도로

상업회의소

쌀탑

미곡반출

정미소

미곡검사소

조선은행 앞 도로

군산좌

1920년대 군산시가

1930년대 군산

군산시장

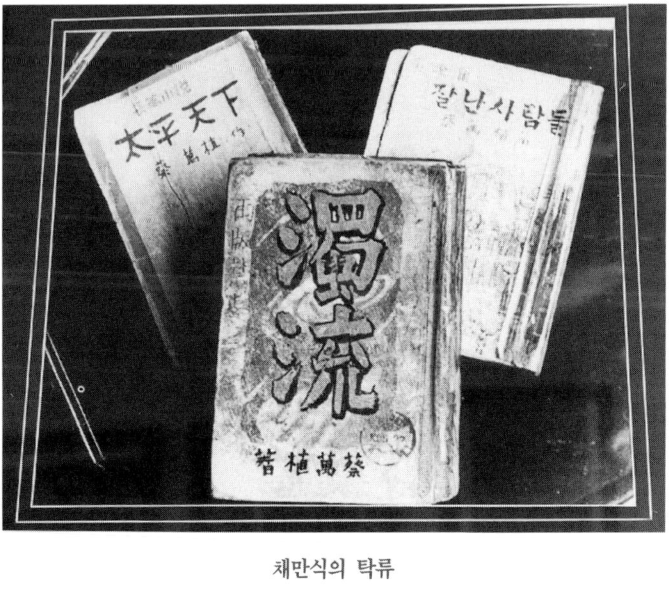

채만식의 탁류

개항 35주년기념비

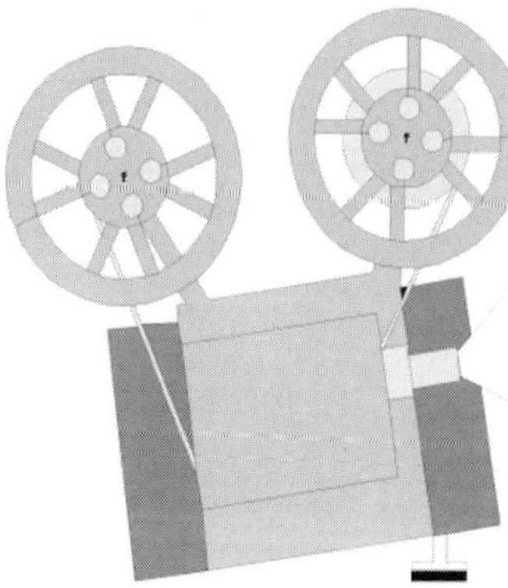

논산군

(1936년. 논산군군세일반)

자료와 관련사진

論山郡郡勢一班

一、地勢

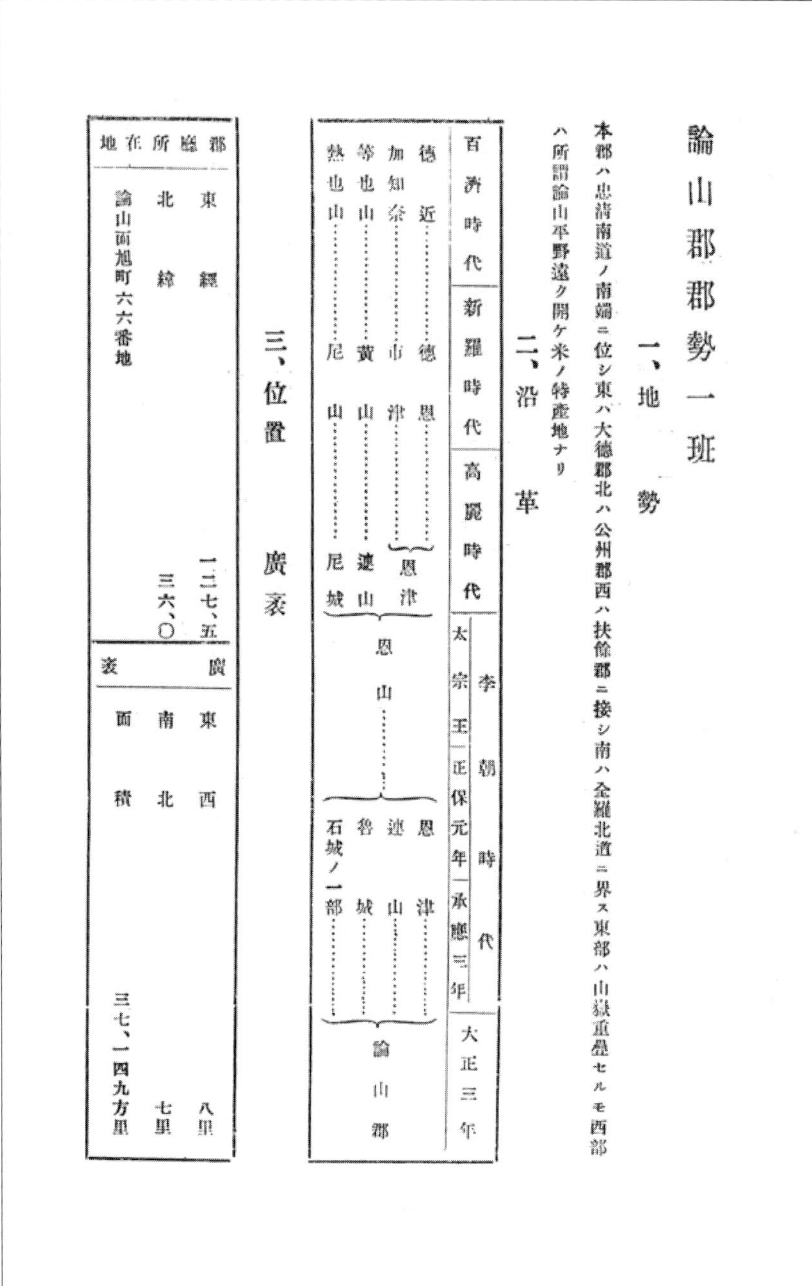

本郡ハ忠淸南道ノ南端ニ位シ東ハ大德郡北ハ公州郡西ハ扶餘郡ニ接シ南ハ全羅北道ニ界ス東部ハ山嶽重疊セルモ西部ハ所謂論山平野遠ク開ケ米ノ特產地ナリ

二、沿革

百濟時代	新羅時代	高麗時代	李朝時代 太宗王	李朝時代 正保元年 承應三年	大正三年
德近	德恩	恩津	恩山	恩津	論山郡
加知奈	市津			連山	
等也山	黃山	連山		魯城	
熱也山	尼山	尼城		石城ノ一部	

三、位置 廣袤

郡廳所在地	
東經	一二七、五
北緯	三六、〇
	論山面旭町六六番地

廣袤	
東西	八里
南北	七里
面積	三七、一四九方里

四、氣象

別	一月	二月	三月	四月	五月	六月	七月	八月	九月	十月	十一月	十二月
平均氣溫	(−)三、三	(−)二、九	四、八	一一、〇	一六、七	二四、三	二七、二	二九、七	二四、六	一六、九	八、九	一、五
最高氣溫	三、一	九、九	一二、四	二四、三	二九、四	三三、四	三四、五	三五、五	三三、八	二七、〇	二三、五	一一、七
最低氣溫	(−)一〇、六	(−)一〇、一	(−)九、一	〇、六	四、〇	一四、〇	一四、五	二〇、〇	八、〇	〇、九	一、〇	〇、四
降雨日數	二	一	四	五	四	八	一一	一一	六	六	三	四
降雨量	一六、八	一五、三	一九、三	一〇一、八	六五、八	七四、〇	二七二、九	一三七、〇	四六・〇	二八、三	二、八	二、三

平年	
初霜	十一月十日
初氷	十二月一日
初雪	十二月十七日
終霜	四月十日
終氷	四月一日
終雪	二月二十七日

五、行政區劃

(1) 郡

郡名	郡廳在地	邑	面	里町數	管內一巡里程	道廳トノ距離 陸路	道廳トノ距離 鐵路	備考
論山郡	論山面旭町六六	一	一四	一六三	二六里三町	一、六五粁	五二、四粁	陸路ハ郡廳ヨリ論山驛マデ及大田驛ヨリ道廳マデノ距離ナリ

(2) 邑面

邑面名	邑面事務所所在地	豫算額	郡廳トノ距離	面積	里町數	區長設置數	町里名
江景	西町	円 九六、〇三五	陸 九、四粁 汽 一〇、〇	方粁 九、三九	一三	一〇	大正町・西町・南町・北町・大和町・本町・黃金町・中町・塩町・錦町・榮町・東町・旭町
論山	本町	三三、六六〇	一	六、五二	六	六	鐵岩・湍燭・注川・本町・旭町・榮町
城東	三山里	二五、〇八九	陸 五、四	三四、三六	一二	一七	院北・院南・蓋尺・瓶村・月城・牛昆・三山・三湖・花亭・鳳峰・定止
光石	新堂里	一八、五三三	〃 五、六	三五、四〇	一三	一四	山東・葛山・光里・梨寺・泉洞・旺田・新堂・中里・得尹・沙月・恒月・五岡・栗里
魯城	邑內里	九、三八六	〃 九、五	三五、四〇	一四	一四	豆寺・松堂・邑內・校村・下道・丙舍・佳谷・長久・孝竹・竹林・虎岩・蓋峙・龜岩・禾谷
上月	新忠里	一〇、四九九	〃 一三、〇	四四、五三	一三	一五	月午・新忠・山城・鶴塘・淑眞・寒泉・酒谷・地境・石宗、上道、大明、大村、大牛
夫赤	馬九坪	一九、八九〇	〃 四、四	三三、六八	一五	一八	盤松、阿湖、旺德、夫人、馬九坪、德坪、甘谷、忠谷、新豊、顔川、塔亭、新橋、城德、外城、夫皇
連山	連山里	一六、一九六	〃 一三、〇 汽 二一、六	五〇、四八	一九	一九	華岩・連山・官洞・松亭・天護・花岳・高陽・靑銅・閑田・高井・濱隱・白石・德岩・沙浦・松山・梧山・長田・表井・林里
豆磨	豆溪里	一三、一二八	陸 一三、三 汽 一五、三	五四、〇七	一四	一六	立岩、旺垈、豆溪、農所、金岩、庵寺、丁壯、夫南、石溪、龍洞、光石、柳洞、香汗、道谷
伐谷	汗三川里	六、三四九	陸 二一、二	六九、一六	一四	一四	汗三川、德木、沙亭、大德、檢川、德谷、水落、道山、晩木、於谷、鳥洞、新陽、鳥嶺、陽山
陽村	仁川里	一五、一六三	〃 二一、五	六八、四三	一六	一六	牛岩、南山、仁川、釆光、梧山、新基、陽村、新良、鳴岩、盤谷、居士、新興、茅村、山直、道坪、林花
可也谷	六谷里	一〇、四八五	〃 一四、一	四七、四九	一四	一四	釣亭、鍾淵、斗月、登里、城德、屛岩、山老、咸積、石西、陽村、中山、江淸、六谷
九子谷	竹本里	九、三三九	〃 七、九	四〇、七五	一二	一四	巣龍、陽地、馬山、竹坪、金谷、東山・竹本、待甍、野村、旺岩、麥田
恩津	蓮西里	一三、〇六二	〃 四、九	二四、六六	一二	一三	龍山・蓮西、防築、校村、瓦也、葉洞・海倉、登里、蓋山、南山、土良
彩雲	中里	二六、七六四	〃 四、〇	一八、五七	八	八	深岩・禹基・花亭、三巨、上里、中里、下里・新村
計		三二三、四九五		五七三、八七	一九三	二〇七	

六、官公署其ノ他

名稱	個所	名稱	個所	名稱	個所	名稱	個所
郡廳	一	地方法院支廳	一	學校組合	四	金融組合	五
邑事務所	一	公立小學校	四	群山穀物檢査所出張所	二	金融組合支所	三
面事務所	一四	公立商業學校	一	土木管區事務所	一	煙草販賣所	二
警察署	一	公立普通學校	一五	水利組合	一	停車場	四
警察官駐在所	一五	公立簡易學校	三	郵便局	一	郡農會	一
警察官派出所	一	公立農業實修學校	一	郵便所	五	私立學校	二
稅務署	一	公立實科女學校	一	銀行支店	二		

七、土地

(1) 耕地及林野其他

邑面名	田	畓	垈	池沼	雜種地	林野	計
江景	一五町	六三町	五七町	町	町	一六町	一五一町
論山	六九	三五三	三二		二	九六	五五二
城東	三九二	一,七三五	六二		八八	六八〇	二,九五七
光石	四七三	一,六五四	七六			一,一〇五	三,三〇八
魯城	三七四	一,〇〇一	六二			二,〇一三	三,四四八
上月	四二八	一,三四四	五九			二,五四八	四,三七九
夫赤	四〇八	一,四八八	七三			一,〇五七	三,〇二六
連山	四三四	一,二七二	八七			二,九六六	四,七五九

豆磨	三七四	七三三	八五			三,九八八	五,一七八
伐谷	三八九	四三〇	五一			五,八六七	六,七三七
陽村	六八五	一,〇五九	八四			四,七八七	六,六二五
可也谷	四〇四	一,〇八〇	六三			二,九三一	四,四七七
九子谷	三三八	一,〇四六	六二			二,三六四	三,八〇九
恩津	四一七	九七三	六四		四六	九〇八	二,四〇八
彩雲	二一七	一,五九七	四九		一〇六	一四五	二,一一四
計	五,四一七	一五,七一七	九六三		二四三	二一,四七〇	五三,八〇八

(2) 山嶽

山名	海拔	所在地
大屯山	八七七米	論山郡伐谷面水落里
鷄龍山	八二七	〃 豆磨面夫南里
長才峯	四八七	〃 陽村面林花里
彩雲山	五七	〃 江景邑錦町
魯城山	三四三	〃 魯城面松堂里
盤藥山(彌勒山)	九五	〃 論山面灌燭里
熊峙(肚洞城)	二七三	〃 陽村面山直里
成朴峯	四〇四	〃 連山面莘岩里
天護峰	三五二	〃 連山面天護里
香積山	五七四	〃 豆磨面香汗里

(3) 河川

名稱		區間 起點	終點
本流	錦江		
第一支流	石城川	扶餘郡草村面 論山郡魯城面 光石面 三面界	錦江
	論山川	論山郡陽村面 全北全州郡雲仙面道界	錦江
第二支流	魯城川	論山郡光石面連山川合流點	論山川
	江景川	論山郡彩雲面 全北益山郡礪城面道界	論山川

(4) 不動産登記事件 昭和十年度

種別	土地	建物	計
相續ニヨル所有權ノ取得	一六三	一	一六四
贈與其他無償取得	四	ー	四
賣買	二,九七四	四五	三,〇一九
抵當權ノ取得	九八二	四七	一,〇二九
強制競賣ノ申立	一三	一	一四
假差押假處分	二四	二	二六
滯納處分ニ因ル差押	五八	ー	五八
所有權保存	七一三	一〇四	八一七
附記登記	五六六	一〇	五七六
變更登記	三一二	三三	三四五
抹消登記	一,五一三	五一	一,五六四
閲覽謄本抄本	一,四四四	二〇	一,四六四
其ノ他	八三	二	八五
計	八,八五九	三一六	九,一七五

八、戸口

(1) 邑面別現住戸口 昭和十年十二月末現在

(2) 職業別戶口數

昭和十年十二月末現在

邑面名	內地人 戶數	內地人 人口	朝鮮人 戶數	朝鮮人 人口	外國人 戶數	外國人 人口	合計 戶數	合計 人口
江景	四〇七	一,七九六	二,九五九	一四,九三〇	三八	一四四	三,四〇四	一六,八七〇
論山	一七三	七五四	一,四五五	七,〇四九	一三	五九	一,六四〇	七,八六三
城東	一六	九五	一,九七三	九,九六四			一,九八九	一〇,〇五九
光石	四〇	一七三	一,七四〇	九,四三九			一,七八〇	九,六〇一
魯城	一〇	四〇	一,三三八	七,三四三			一,三四八	七,三八三
上月	三	一三	一,四三六	七,六八〇			一,四三九	七,六九三
夫赤	六〇	三五七	一,七一三	八,九五三	一	一	一,七七三	九,三一一
連山	一二	七七	二,二二六	一一,八九三	一	三	二,二三九	一一,九七三
豆磨	一三	五〇	一,八四六	九,五七〇			一,八五九	九,六二〇
伐谷	二	四	一,一九九	六,三二八			一,二〇一	六,三三二
陽村	六	三一	二,〇四八	一一,三一三	二	五	二,〇五六	一一,三三八
可也谷	二	五	一,四九〇	八,〇七七			一,四九二	八,〇八二
九子谷	四	一三	一,五五三	八,四三四			一,五五六	八,四四七
恩津	一九	八六	一,七四八	九,〇九〇	三	一三	一,七七〇	九,一八八
彩雲	五	三一	一,〇八〇	五,九八一			一,〇八五	六,〇〇三
計	七八一	三,四〇三	二五,七七三	一三五,九三三	五八	二三四	二六,六一二	一三九,五五〇

種別	內地人 戶數	內地人 人口	朝鮮人 戶數	朝鮮人 人口	外國人 戶數	外國人 人口	合計 戶數	合計 人口
農林及牧畜業	一六六	七九五	二〇,〇四〇	一〇九,三一〇	一三	三四	二〇,二一八	一一〇,一三九
漁業及製塩業	一	七	一〇	八三	—	—	一一	九〇
工業	五四	二三四	四〇八	一,九九〇	三	一三	四六五	二,二三七
商業及交通業	二〇三	八七七	一,五五三	七,八一〇	四一	一七六	一,七九七	八,八六三
公務及自由業	二四四	九七七	一,〇三八	四,五七四	一	一	一,二八三	五,五五三
其他ノ有業者	九三	四五三	二,三七一	一一,〇〇四	—	—	二,四六四	一一,四五六
無業者	二二	六一	三五三	一,一五三	—	—	三七五	一,二一四
計	七八二	三,四〇三	二五,七七三	一三五,九二四	五八	二二四	二六,六一二	一三九,五五〇

(3) 現住內地人本籍別戶口

縣名	戶數 住居	戶數 世帶	人口 男	人口 女	人口 計
岩手縣	三	三	九	五	一四
宮城縣	三	三	八	六	一四
秋田縣	三	三	九	六	一五
山形縣	四	四	五	五	一〇
福島縣	九	九	一〇	一三	二三
茨城縣	六	六	一三	九	二二
栃木縣	三	三	六	七	一三
滋賀縣	六	六	一二	一三	二五
京都府	三	三	四	五	九
大阪府	九	九	一四	一三	二七
兵庫縣	一五	一七	四三	四〇	八三
奈良縣	七	七	二五	一八	四三
和歌山縣	一四	一六	三八	三一	六九
鳥取縣	五	五	二〇	九	二九

群馬縣	二五	二五	五	七	三
埼玉縣	二一	二一	二五	二五	六
千葉縣	四	四	二一	一五	二七
東京府	六	七	二三	一七	四〇
神奈川縣	二	二	四	四	八
新潟縣	五	五	二二	一〇	三三
富山縣	五	五	一〇	二三	三三
石川縣	六	六	一四	二〇	二四
福井縣	二六	一八	五五	六四	二九
山梨縣	二五	一五	二〇	二二	八〇
長野縣	三	二三	二五	二四	六九
岐阜縣	八	八	四四	五	二九
静岡縣	五	五	一四	三	二六
愛知縣	九	九	一七	二〇	二七
三重縣	一〇	一〇	二六	二〇	四六
島根縣	一〇	一六	二〇	一八	三八
岡山縣	五三	五三	一三二	一〇三	二三三
廣島縣	三三	三三	六四	四五	一〇九
山口縣	一三〇	一三七	二六四	二八三	五四六
徳島縣	九	九	八	三	二九
香川縣	一四	一四	五三	二九	六三
愛媛縣	二〇	二〇	四二	四五	八六
高知縣	二四	二四	三二	四九	一〇二
福岡縣	二七	七九	一九〇	一八〇	三一〇
佐賀縣	四〇	四二	九五	八四	一七九
長崎縣	二八	三二	五七	六二	二九
熊本縣	四二	四二	八五	八七	一七三
大分縣	四六	四七	一〇五	一二六	二三三
宮崎縣	七	八	一五	一五	六六
鹿兒島縣	二四	五四	六九	五九	一二八

(4) 人口動態 昭和十年十二月末日現在

區別	出生 男	出生 女	出生 計	死亡 男	死亡 女	死亡 計	結婚	離婚	配偶數
內地人	四七	三五	七二	三五	二八	六三	一	一	七四

朝鮮人	一,八〇三	一,五八四	三,三八七	一,〇七四	九六八	二,〇四一	六二九	二九	三〇,六五一
外國人	—	—	—	二	—	三	—	—	一五
計	一,八〇四	一,六〇九	三,四五九	一,一〇〇	九九七	二,〇九七	六四三	三〇	三一,三八〇

九、敎育

(1) 公立商業學校 昭和十一年度

學校名	開校年月	學級數	敎員數	生徒 男	生徒 女	生徒 計	經常經費
江景公立商業學校	大正九年五月	五	三	二五四	—	二五四	三三,一六四円

(2) 公立小學校 昭和十一年度

學校名	開校年月	學級數	敎員數	生徒 男	生徒 女	生徒 計	經常經費
論山(尋常高等)	明治四十一年七月	六	六	一四三	九四	二三七	一一,九一九円
江景(尋常高等)	明治二十八年四月	七	九	一六九	一三八	三〇七	一八,五八一
馬九坪(尋常高等)	明治四十一年七月	二	三	三三	二九	六二	五,四二一
連山(尋常)	大正四年十二月	一	三	一一	六	一七	一,九九二
計		一六	二一	三五六	二六七	六二三	三七,九一三

(3) 公立普通學校 昭和十一年度

(4) 簡易學校 昭和十一年度

學校名	開校年月	學級數	教員數	生徒 男	生徒 女	生徒 計	經常經費
							円
江景	明治四十年四月	一八	一九	八六七	三九二	一、二五九	二三、三八〇
論山	大正二年六月	一三	一四	六五五	二〇九	八六四	一六、一七〇
城東	昭和十年五月	二	二	九三	二七	一二〇	二、三四四
光石	昭和四年四月	四	四	二一七	五〇	二六七	四、〇七一
魯城	大正六年三月	六	七	三四八	七二	四二〇	七、一六八
上月	昭和十年五月	二	二	一二九	三一	一六〇	二、三三三
夫赤	昭和八年五月	二	二	一二八	二九	一五七	二、八八四
連山	明治四十五年六月	六	六	三三六	九〇	四二六	七、一七五
豆磨	大正十年六月	六	六	三四〇	七五	四一五	六、九一〇
伐谷	昭和九年六月	二	二	一三三	二二	一五四	二、八四四
陽村	大正八年四月	六	六	二九九	八六	三八二	七、〇四六
可也谷	昭和九年五月	二	二	一三九	二一	一六〇	二、五七九
九子谷	昭和六年十月	四	四	二一八	四〇	二五八	四、四七七
恩津	大正九年四月	六	七	三八三	七〇	四五三	七、四二八
彩雲	昭和十一年六月	二	一	五六	二四	八〇	一、一〇九
計		八一	八四	四、三四一	一、二三七	五、五七八	九六、八一九

(5) 實業補習學校 昭和十一年度

學校名	開校年月	學級數	敎員數	生徒 男	生徒 女	生徒 計	經常經費
白石	昭和九年四月	一	一	六三	一五	七八	一,一四四円
道山	昭和九年四月	一	一	五七	一二	六九	一,〇六八
道谷	昭和十年五月	一	一	六〇	一二	七二	七五一
計		三	三	一八〇	三九	二一九	二,九六三

(6) 私立學校 昭和十一年度

學校名	開校年月	學級數	敎員數	生徒 男	生徒 女	生徒 計	經常經費
江景公立實科女學校	昭和十一年四月	二	六	—	四九	四九	五,六二三円
論山公立農業實修學校	昭和十一年五月	一	二	一九	—	一九	三,九七九
計		三	八	一九	四九	六八	九,六〇二

(7) 書堂及幼稚園 昭和十一年度

學校名	開校年月	學級數	敎員數	生徒 男	生徒 女	生徒 計	經常經費
新都	昭和二年十月	五	五	一三〇	五八	一八八	五,三四八円
新成	昭和四年一月	四	五	一〇六	四三	一四九	三,二一〇
計		九	一〇	二三六	一〇一	三三七	八,五五八

種別	個所	教員數	兒童數 男	兒童數 女	兒童數 計	一個年經費
書堂	九	一〇	一八八	二九	二一七	一,六九一円
幼稚園	三		五八	三九	九七	一,三九六

(8) 文庫

名稱	位置	創立年月	圖書冊子	開館日數	閱覽人員	一個年經費
私立江景圖書館	江景南町	大正四年九月	九三三	三六五	二六九	一八〇円
私立論山文庫	論山旭町	大正八年二月	三五〇	三〇〇	八〇	一五〇

一〇、財政

(1) 國稅　昭和十年度

科目	金額
地稅	一五一,五三四円六〇
第一種所得稅	五,三〇六 五一
第二種所得稅	九四〇 三四
第三種所得稅	四三,三八三 七九
營業稅	七,七〇四円 〇〇
相續稅	四一,二三八 三一
鑛稅	四,九四七 五二
朝鮮酒々稅	七三,三〇九 一二
淸酒々稅	五六,三一〇円 三〇
臨時利得稅	八四九 九〇
粗稅計	三八三,四〇四 三九

(2) 道稅歲入　昭和十年度

(3) 邑面歳入出豫算　昭和十一年度

(イ) 歳入ノ部

科目	金額
地税附加税	一〇三,九一八円 六四
所得税附加税	一,一八七 七二
戸税	二七,二六四 二九
家屋税	四,九八七 九〇
特別所得税	六六円 六七
居畜税	四,五二一 〇〇
車輌税	九,〇二〇 五五
不動産取得税	一五,八八三 五三
林野税	六,五〇三円 七九
計	一七三,八五三 〇九

邑面別＼科目	財産收入	使用料及手數料	交付金	繰越金	補助金	寄附金	財産賣却代	雜收入	繰入金	邑面債	邑面税	歳入合計
江景	三三五円	二四,七四三円	一,三三八円	四,八三六円	三三〇円	一,七六〇円	五三円	二,七一四円	二〇五円	三〇,〇〇〇円	二九,八〇〇円	九六,〇七五円
論山	八〇五	一三,〇五一	七二一	四〇〇	三,六三七	一〇	五	一,三〇五			一三,七五六	三三,六六〇
城東	五六五	一〇〇	八九四	六〇〇	七五		七	一一七			二二,七五一	二五,〇八九
光石	九九六	一一九	九〇九	一五〇	九六		七	四一			一六,二二四	一八,五五三
魯城	五五一	四五三	五八六	五〇	一九四	一五〇	二四	七六			七,五〇三	九,三八六
上月	四九五	一〇一	七一三	五六〇	一三九		三〇	八三			八,三八九	一〇,四九九
夫赤	一,一二六	八四	一,〇四九	一,五〇〇	一三六		一三	七九			一五,九一四	一九,八九〇
連山	一,一二八	九一三	八八一	六〇〇	二四〇	一四八	三三〇	六七			一一,九九九	一六,一九六
豆磨	五九三	六九四	五七五	四〇〇	一七〇		三六四	四三〇	二,五七八		七,四一五	一三,一一八

伐谷	二六九	二一六	三七九	五〇	二九〇		二二四	七五			四,九三五	六,三四九
陽村	七六三	八七八	七七〇	五〇	二六三	三八〇	一〇〇	二四一	一,九三三		九,七八九	一五,一六三
可也谷	五六六	一四五	六二六	五〇〇	一九七		一〇三	四四			八,三〇五	一〇,四八五
九子谷	五二四	一一〇	五九三	二〇〇	二七五		二一一	三一			七,二八六	九,二二九
恩津	四六五	一二八	六六三	三〇〇	一四九		三〇	三七			一〇,二八三	一三,〇六三
彩雲	一,二三六	八〇	八六九	四〇〇	五二		二四	四〇			二四,一六五	二六,七六四
計	一〇,三一三	四〇,七二三	一一,五四五	一〇,五九六	六,二三三	二,四四八	一,二〇三	五,三七〇	四,一七五	三〇,〇〇〇	一九八,二六一	三三一,四九五

(ロ) 歳出ノ部

面別＼科目	神社費	事務費	會議費	土木費	衛生費	水道費	勸業費	都邑農村振興施設費	警備費	社會事業費	基本財産造成費	積立金
江景	四六円	三,四二四円	二〇五円	五,五六八円	三,〇二四円	七,九六七円	一,四九五円	一六八円	一,四五八円	二八円	二二五円	円
論山	三〇	六,八七八	一一〇	一,九八一	一,四九九	四,六〇六	五八二	八〇六	九〇九	六〇	一,二〇八	五〇〇
城東		六,七七九	四〇	一,三三三	五五三		五〇一	八〇四		六〇	八七八	
光石		八,一二六	三〇	五〇	一四一		三九四	九四七	一一四	二九	一,三八四	
魯城		五,四五八	三〇	一二〇	二九一		三五七	八一八	三八五	五三	一五〇	一,〇〇〇
上月		六,六〇三	三〇	三四〇	五五一		三八五	七七〇		六五	一,〇〇三	
夫赤		七,八二四	三〇	八〇五	九八八		八五三	一,一三七		七五	一,八八三	
連山		八,九六五	四八	六六八	四〇三		一,〇八〇	一,〇五〇	三一〇	七九	一,四五一	
豆磨		一〇,六九五	四〇	四〇	一七九		六五一	六五三	九三	三六		

	代谷	陽村	可也谷	九子谷	恩津	彩雲	計
							七六
	四、〇三三	七、八九七	六、七八七	五、三六九	五、三二三	六、八七三	三〇、九九三
	三〇	三六	四〇	三〇	三〇	六〇	七八九
	三〇	一五	一〇	二五三	四七四	五九四	一、三五九
	七〇	四六三	一一八	一六二	一九〇	二八三	八、九一三
							一三、五七三
	五八三	三、一六一	六三〇	七七三	六二七	五四四	一三、六〇一
	七〇六	八〇七	七三一	七六一	七六〇	八三一	一一、七〇九
		五八三			一六五		四、〇一七
	三三	五〇	二八	一三五	三九	六五	八〇一
	五	一、〇一四	九一八	一二四三	二〇三	一五一八	一一、九七一
	四四一			一、〇〇七	六七四		三、六三三

科目＼邑面別	江景	論山	城東	光石	魯城	上月	夫赤	連山	豆磨	代谷	陽村
財産費	二三一円	一、〇九四	三九	五一	四五	七〇	四六	一三三	三一〇	四九	三二三
寄附及補助	一〇〇円	二三五	三三五	二八三	二三九	二六五	四五三	三〇〇	二〇五	七五	二七九
邑面債費	三三、一七七円	七、一〇八									
其ノ他支出	三七、六八八円	四、一五〇	一三、三三八	六、六九九	一六三	八六	五、五一七	一、四一六	一三〇	六五	一四七
豫備費	一、一九九円	九〇五	四四〇	三八五	三〇八	三三四	三〇〇	三〇四	二〇六	二五一	四〇〇
歳出合計	九六、〇七三円	三三、六六〇	二五、〇八九	一八、五三三	九、三八六	一〇、四九九	一九、八九〇	一六、一九六	一三、一一八	六、三四九	一五、一六三

可也谷	五九	三三九		六四四	三〇一	一〇、四八五
九子谷	一四	三三四		六〇	二九三	九、三三九
恩津	二七	二六五		二、九三三	三六三	一三、〇六三
彩雲	二九	一、一二〇		一四、三五六	四〇一	二六、二六〇
計	二、四〇九	四、六九五	三〇、二八五	八七、三九三	六、三九〇	三二一、四九五

(4) 學校費及學校組合費豫算　昭和十一年度

(イ) 歲入ノ部

科目	學校費	學校組合費 江景	論山	馬九坪	連山	合計
賦課金	二八、三四九円〇〇	九、四〇〇円	四、六三六	一、五〇〇円	一八八円	一五、七二四円
使用料及手數料	二〇、八〇五〇〇	三、四五三	六九〇	三三九	三四	四、四三六
財產收入	二、七六三〇〇	一、〇三五	四二八	六七	二七一	一、七九一
補助金	七六、一四三〇〇	九、四七六	五、三九九	二、四八七	一、三三七	一八、六八九
其ノ他	二三、六一七〇〇	三七、八〇三	七六六	一、一二八	一八二	三九、八七九
計	一五〇、七五七〇〇	六一、一六七	一一、九一九	五、五二一	二、〇〇二	八〇、五〇九

(ロ) 歲出ノ部

科目	學校費	學校組合費 江景	論山	馬九坪	連山	合計
事務費	三、〇〇〇円〇〇	一、八九八円	一、三二四円	五二六円	一九〇円	三、九二八円

會議費	二三九	〇〇	一三五	四五	二九	—	一九九
敎育費	二一、〇五五	〇〇	二〇、六二六	九、三六二	三、三七七	一、六四五	三四、九〇〇
其ノ他	五、九九七	〇〇	一、五六四	一、三九八	一、四九九	一五七	四、五一八
臨時支出	三〇、四六六	〇〇	三六、九六四	—	—	一〇	三六、九七四
計	五〇、七五七	〇〇	六一、一六七	一一、九一九	五、四三三	二、〇〇二	八〇、五〇九

(5) 鄕校財産豫算　昭和十一年度

歲入						
財産收入	雜收入	繰越高	補助金	寄附金	合計	
一、四二九円	五五円	五〇〇円	四六四円	五四〇円	二、九三八円	

歲出							
文廟費	財産管理費	寄附金	地方敎化費	事務費	積立金	豫備費	合計
九〇二円	四〇四円	三円	一、三四〇	三九円	三二円	一〇七円	二、九三八円

(6) 部費會豫算　昭和十一年度

歲入		
經常部豫算	會費	一六、六〇〇円
	使用料及手數料	三、一六六
	財産收入	一五四円
	雜收入	一〇、四三八円
	計	二九、三六八円
臨時部豫算	繰越金	一、五〇〇
	補助金	八、四四五円
	雜收入	三、六二四円
	繰入金	一円
	借入金	三、八〇〇円
	計	一七、三五九円
歲入合計		四六、七二七円

歲出		
經常部豫算	事務費	三、五七八円
	會議費	三六二円
	事業費	二四、三〇二円
	基本財産造成及積立金	四三六円
	財産管理費	八三円
	道農會費	二、九八六円
	會費取扱費	一四六円
	雜支出	三二〇円
	豫備費	一、六〇〇円
	計	四一、七〇二円
臨時部豫算	營繕費	一円
	借入金雜支出	四、一六五円
	雜支出	八六〇円
	計	五、〇二五円
歲出合計		四六、七二七円

(7) 負擔額

昭和十年度

區別	國稅	道稅	邑面稅	學校費賦課金	學校組合費	合計
一戸當	九、五七四厘	五、一九二厘	五、八一八厘	、五六三厘	二〇、三三三厘	三一、七二四厘
一人當	一、八三五	、九八九	一、一〇九	、一〇六	四、六六一	四、一四三

二、宗教

(1) 布教

昭和十年十二月末日現在

名稱	布教所數	布教者數	信徒數 內地人	信徒數 朝鮮人	信徒數 外國人	信徒數 計
天理教	二	一	一五五	三三	ー	一八八
佛教	五	七	二、〇四八	八四	ー	二、一三二
基督教	三	二	ー	一、六五三	ー	一、五六三

(2) 寺刹

昭和十年十二月末日現在

名稱	所在地	僧	尼	計
灌燭寺	論山面 灌燭里	一		一
月隱寺	連山面 松亭里	一		一
靈隱寺	伐谷面 德谷里	一		一
孤雲寺	伐谷面 德谷里	一		一
石泉庵	伐谷面 水落里	一		一
雙溪寺	可也谷面中山里	一		一
蕐岩寺	江景錦町	一		一
計		七		七

三、農業

(1) 耕地　昭和十年十二月末日現在

畓 一毛作	畓 二毛作	畓 計	田	合計	自作 畓	自作 田	小作 畓	小作 田
10、二三二、九丁反	五、五〇二、〇丁反	一五、七三四、九丁反	五、四四五、四丁反	二一、一八〇、三丁反	二、三四〇、五丁反	一、三五六、七丁反	一三、三九四、四丁反	四、〇八八、七丁反

(2) 戸數　昭和十年十二月末日現在

農家戸數 專業	農家戸數 兼業	農家戸數 計	自作小作別戸數 自作	自作小作別戸數 自作兼小作	自作小作別戸數 小作	自作小作別戸數 被傭者	一戸當耕地面積 畓	一戸當耕地面積 田
一八、九〇二戸	一、〇七二戸	一九、九七四戸	八九七戸	二、七四三戸	一五、〇〇二戸	一、三三二戸	七、九反	二、七反

(3) 農產物　昭和十年十二月末日現在

種別	作付反別	收穫高	反當收穫高
粳米	一五、二八九、〇丁反	一四五、七六四石	九五三合
大麥	六、八六二、七	六五、〇三四	九四八
大豆	三、二六三、一	一七、三三六	五四五
粟	一六四、三	一、三三〇	八〇九
玉蜀黍	二六、一	一七七	六七八
甘藷	一〇一、五	三〇四、三二五貫	三〇貫
白菜	一六六、三	七五八、五四五	四五六
糯米	一五、六六、一丁反	一三、二六六石	八六六合
小麥	一、〇三〇、八	七、三三三	七一二
小豆	三四四、八	一、五一八	四四〇
黍	一五、二	九六	六三一
燕麥	二、六	二二	八四六
馬鈴薯	八六、〇	二四〇、五八七貫	二七七貫
陸稻	一三七、八丁反	九三四石	六七八合
裸麥	五三九、八	三、九三三	七四三
綠豆	八七、六	二三七	二七〇
蜀黍	五五、三	三八六	六九九
蕎麥	一八二、六	一、四五四	七九六
蘿蔔	一六九、一	八五〇、七五六貫	五〇三貫

(4) 果實　昭和十年十二月末日現在

種別	苹果	梨	桃	柿	葡萄
收穫高	二〇〇貫	八、九二〇貫	三、三二〇貫	六四、六二七貫	一、九九〇貫

(5) 棉作　昭和十年十二月末日現在

耕作戸數	耕作面積	收穫高	反當收穫高	共同販賣 數量	共同販賣 價格
六、九六七戸	八四八・三丁	一〇〇七、〇四四斤	一一八斤	五三〇、二三六斤	九七、三五三圓

(6) 苧麻　昭和十年十二月末日現在

耕作戸數	耕作面積	收穫高	反當收穫高
三五三戸	三六町	三、三五三メ	六〇メ

(7) 穀物檢査　昭和十年十二月末日現在

種別	檢査總數量	特等	一等	二等	三等	四等	五等	等外	計	不合格
玄米	三〇六、四三六叺		—叺	四、八二四叺	一四八、三五三叺	一〇六、一〇三叺	一三三、三八七叺	—叺	四九二、六六六叺	一四、七七〇叺
白米	三五、五六九叺 一六七、五五〇袋 (六〇瓩) (三〇瓩)		八、六三六 一四五、〇七〇	三五、三九四 三、四三〇	六 六〇	—	—	—	一一、九三六 一六六、五五〇	一三、六三三 一、〇〇〇
大豆	三〇、七六八		—	—	一八七	三〇、五二八	—	—	三〇、七〇五	二〇
小麥	二、二六六		—	—	一〇〇	—	—	—	一〇〇	二、一六六
籾	一六一、二四七		八九	二四、六五一	一二四、二二四		—	一二三、三〇四	一六一、二四	—

(8) 穀物仕向 昭和十年十二月末日現在

仕向地	數量 玄米	數量 白米
東京	三、三六八叺	四六三
大阪	一八、七三三	一、七三五
神戸	五〇〇	—
群山	五四〇、六五〇叺	一三、四五三叺
		一六五、三二四
京城	—	一七〇
釜山	—	二〇
咸興	—叺	一、一三五叺
清津	—	七、三六八
		二四、七二二
計	五六三、二五一	一六五、三二四

(9) 水利組合 昭和十一年度

名稱	所在	設立年月	蒙利面積	本年度豫算
馬九坪水利組合	夫赤面	明治四十三年四月	三一八町三	三、五三六圓

10 農場 昭和十年十二月末日現在

名稱	所在	設立年月	所有面積	經營主
小林農場	夫赤面	明治三十七年二月	八〇、〇町	主任 前田房松
松本農場	夫赤面	明治三十九年二月	四一、五	場主 松本信夫
永津農場	夫赤面	明治三十九年二月	四〇、〇	場主 永津市作
岡武農場	江景邑	明治四十三年十月	一三五、八	主任 鐘江定次郎
荒巻農場	江景邑	明治三十七年十月	二〇、七	主任 西島寅吉

一三、蚕業

(1) 桑田 昭和十年十二月末日現在

既設 本反別	既設 見積反別	新設 本反別	新設 見積反別	合計 本反別	合計 見積反別	計	桑苗生産高 接木	桑苗生産高 實生	桑苗生産高 計	仝上ノ價格 接木	仝上ノ價格 實生	仝上ノ價格 計
一九五、〇町	一二三、二町	八、二町	一五、〇町	二〇三、二町	一三八、二町	三四一、四町	四〇九、〇〇〇本	七四〇、〇〇〇本	一、一四九、〇〇〇本	六、一三五円	一、一一〇円	七、二四五円

(2) 蚕繭

昭和十年十二月末日現在

種別	飼育戸數	掃立枚數	收繭量	仝上價格	蚕種一枚當收繭量	養蚕家一戸當收繭量	共同販賣 數量	共同販賣 價格
春蚕	四、三三二戸	三、四八五枚	八四、七四六瓩	五八、六四四円	二四、三瓩	一九、六瓩	三一、七六九瓩	二一、五六七円
夏秋蚕	三、五八六	二、八〇〇	三六、三五六	三一、一二一	一三、〇	一〇、一	二一、六〇三	一八、四九六
合計	七、九一八	六、二八五	一二一、一〇二	八九、七六五	三七、三	二九、七	五三、三七二	四〇、〇六三

(3) 蚕種及家蚕絲

昭和十年十二月末日現在

種別	蠶種 製造戸數	蠶種 製造枚數	蠶種 價格	蠶絲 製造戸數	蠶絲 製造數量	蠶絲 價格
春蚕	一戸	一、三〇〇枚	一、七一〇円	一、九三二戸	三、一六三瓩	一八、六三五円

(4) 養蚕組合

昭和十年十二月三十一日

組合數	組合戸數	經費	掃立枚數	收繭量	價格	蠶種一枚當收繭量	一戸當 收繭量	一戸當 價格
一四	五三四戸	七五九円	二、五七九枚	四九、五四三瓩	三八、二九六円	一九、二瓩	九二、八瓩	七二円

一四、畜産

(1) 家畜家禽

昭和十年十二月三十一日

牛 牝	牛 牡	牛 計	豚 在來種	豚 雜種	豚 改良種	豚 計	鷄 在來種	鷄 雜種	鷄 改良種	鷄 計
一、七三三	一、九七六	三、七〇九	六四三	四四〇	六、六七九	七、七六二	六、三三八	六五四	二四、〇六九	三一、〇六一

其ノ他 馬	其ノ他 山羊	其ノ他 鶩	其ノ他 兎	其ノ他 緬羊	耕地五町ニ對スル數 牛	農家十戸當 牛	農家十戸當 豚	農家十戸當 鷄	農家十戸當 蜂
三九	一四三	八五	九四八	一	〇、八八	一、九	三、九	一六	〇、三七

(2) 種牛 昭和十年十二月三十一日

農會有 牡	農會有 牝	農會有 計	面有 牡	面有 牝	面有 計	合計 牡	合計 牝	合計 計
—	七三	七三	三五	—	三五	三五	七三	一〇八

(3) 牛市 昭和十年十二月三十一日

市場數	賣買頭數 牡	賣買頭數 牝	賣買頭數 犢	賣買頭數 計	賣買價格	平均價格 最高	平均價格 最低	平均價格 平均
四	一、二七二	九一三	一、九八五	四、一七〇	三五六、八六三円	三三〇円	三五円	八六円

(4) 畜産物 昭和十年十二月三十一日

區別	數量	價格
牛皮	一五、六八六	八、〇二四円
牛脂	三、三七四	四七三円
豚毛	一、一一七	九五円
豚脂	四、九〇四	一、六三六円
蜂蜜	二、六二四	二、六二三円
蜜蠟	五五〇	五七〇円
畜産加工品 ハム	三七五	四八八円
畜産加工品 ソーセージ	一三〇	一五〇円
畜産加工品 罐詰	—	—円
種豚	六三〇	一二、二〇〇円
肉豚	七五〇	一八、〇〇〇円
鷄卵	一〇四、五〇九	二六、二八六円

一五、林業

(1) 林野面積

昭和十年十二月三十一日

區別	成林地	散生地	未立木地	除地	其ノ他	計
國有	一,三三〇町	四二一町	一二九町	一町	一一四町	一,九九四町
民有	二四,三六四	二,三八〇	七七四	八七七	一,〇八一	二九,四七六
計	二五,六九四	二,八〇一	九〇三	八七七	一,一九五	三一,四七〇

(2) 林產物

昭和十年十二月末日現在

區別	數量	價格
用材	五,二四七立方米	三二,八六九円
薪	一,〇八五,一三〇貫	三三,五五四円
枝葉	一,九八六,三九〇貫	三九,七三六円
其ノ他林產燃料	六,九二九,八五〇貫	一三八,三九七円
綠肥	六〇〇,〇四〇貫	一二,〇〇〇円
堆肥原料飼料	一,四五三,八〇〇貫	一八,一二五円
木炭	三一,五〇〇貫	四,五九四円
種實	七〇三石	一三,三三四円

一六、水產

昭和十年十二月三十一日

戸數	人口 男	人口 女	漁船	漁穫數	價格
二戸	一七	三	一〇	一五,五〇〇	一,三四〇円

一七、商工

(1) 會社

昭和十年十二月三十一日

(2) 工産品

昭和十年十二月三十一日

名稱	位置	設立年月	營業種目	公稱資金	拂込資金
朝鮮酒造株式會社	論山面榮町	大正三年十月	酒造	200,000	160,000
江景水産株式會社	江景邑大和町	大正八年八月	水産物仲介	50,000	35,000
朝鮮産業株式會社	江景邑中町	大正十五年五月	農具肥料紙物度量衡器金融	400,000	100,000
株式會社三益社	江景邑本町	大正十二年五月	麻布・紙物・水産物販賣	110,000	43,000
江景劇場株式會社	江景邑西町	昭和三年四月	場屋貸付	15,000	15,000
朝鮮麴子株式會社論山支店	論山面本町	昭和十年十二月	麴子製造及販賣	3,00,000	720,000
忠南自動車運輸株式會社	論山面旭町	昭和十年六月	旅客運輸貨物托送	500,000	130,000
合資會社丸論合同運送店	論山面本町	昭和四年六月	運送業	10,000	10,000
合資會社荏養醬油醸造所	江景邑錦町	大正八年八月	味噌醬油醸造販賣	40,000	40,000
合資會社塚本農場	夫赤面夫人里	昭和五年六月	農業	50,000	50,000
同式會社江景支店	江景邑西町	明治三十七年三月	農業	300,000	300,000
土佐勸業合資會社江景支店	江景邑西町	明治四十年一月	建物・農業	80,000	80,000
錦江運輸株式會社	江景邑西町	昭和五年七月	一般運輸	50,000	17,500
論山畜産商事株式會社	恩津面海倉里	昭和五年六月	豚肉加工	50,000	30,000
株式會社恒産發祥社	江景邑北町	昭和九年三月	金融業	120,000	30,000
鷄龍産業株式會社	夫赤面馬九坪里	昭和七年七月	農業	400,000	100,000
下條合名會社	江景邑本町	昭和七年三月	農業	120,000	120,000
連山自動車運輸株式會社	連山面靑銅里	昭和九年八月	旅客及貨物運搬	50,000	12,500

種別	製造戸數	製造數量	價格
改良叺	六,七六七戸	五三一,七九〇枚	九五,七三三円
清酒	二	三,一〇三石	三六五,九四四
麴子	一	三六四,一一〇	五〇,九四九
藥酒	三五戸	二六,二五石	七一,九三五円
濁酒	三五	二七,九五一石	三〇七,四六四
內地醬油	一	一,一七一	二一,〇〇〇
內地味噌	一戸	四五,三九三石	一〇,〇〇〇円
燒酒	二	三八	一,一五〇
其他	一	一	一,五〇一,二三三

(3) 市場

昭和十年十二月三十一日

市場名	所在地	開市回數	開市日	一箇年間賣買高 農產物	水產物	織物類	畜類	其他	計
論山市	論山面本町	六七	三、八	一六七,〇〇〇	一三六,〇〇〇	二〇三,〇〇〇	一九二,〇〇〇	三五八,〇〇〇	一,〇四六,〇〇〇
江景市	江景邑中町・本町	六八	四、九	四六七,〇〇〇	二二三,五〇〇	二八九,〇〇〇	一九,五〇〇	一三八,九〇〇	一,一三七,九〇〇
連山市	連山面連山里	七二	五、一〇	一五,〇〇〇	二〇,〇〇〇	一三,〇〇〇	九,〇〇〇	三〇,〇〇〇	八七,〇〇〇
豆溪市	豆磨面石溪里	六八	一、六	一五,〇〇〇	六,七〇〇	一七,〇〇〇	五,八〇〇	一,五五〇	四六,〇五〇
仁川市	陽村面仁川里	六六	二、七	一九,六三〇	六,一二〇	三八,一〇〇	三三,九〇〇	一六,〇〇〇	一一三,七五〇
新都市	豆磨面夫南里	六六	六、一	五,七〇〇	四,七〇〇	四,六〇〇	七〇〇	八〇〇	一六,五〇〇
魯城市	魯城面邑內里	七三	四、九	七,五〇〇	一,四〇〇	三,五〇〇	五〇〇	五,〇〇〇	一七,九〇〇
計		—	—	六九六,八三〇	三九八,四三〇	五六八,二〇〇	二六一,四〇〇	五五〇,二五〇	二,四六五,一〇〇

(4) 工場

昭和十年十二月三十一日

工場種別	工場數	資本金	從業人員 內地人	朝鮮人	外國人	生產品價格
籾摺及精米工場	二	五七三,五〇〇	三〇	三五	—	六,五二〇,〇〇〇円

酒造工場	三	一四〇、〇〇〇	一〇	八	一	三一五、〇〇〇
醤油醸造工場	一	四〇、〇〇〇	三	六	一	一五、〇〇〇
鑄物工場	二	二五、〇〇〇	二	二〇	二〇	四〇、〇〇〇
印刷工場	四	八〇、〇〇〇	三	二五	一	二二四、一五〇

(5) 煙草販賣高　昭和十年十二月三十一日

口付		兩切		刻み		合計	
數量	價格	數量	價格	數量	價格	數量	價格
三、七六四函	六、一三三圓	八九、九三五函	一八、九八四圓	三〇一、九九九包	一九八、四二一圓	九三、六九九函 三〇一、九九九包	二五、一一七圓 一九八、四二一圓

一八、産業團體　昭和十一年度

名稱	創立年月	會員又ハ組合員數	役員數	職員數	經費額 事務費	經費額 事業費	經費額 其他	經費額 計
郡農會	大正十五年三月	一五、五九六	四三	二〇	三、九七八円	四二、一〇一円	一〇、六四八円	五六、七二七円

一九、金融

(1) 銀行　昭和十年十二月三十一日

名稱	位置	設立年月	預金高	貸付高	現金出納 入金	現金出納 出金
朝鮮殖産銀行江景支店	江景邑本町	大正七年十月	九、四四〇、〇四八円	一〇、四二一、二五四円	三九、一〇一、六九八円	三九、四九八、七〇五円
東一銀行江景支店	江景邑西町	明治四十四年八月	三、五八〇、〇一七	三、九九八、七七五	二六、五三六、九八〇	二六、五二六、九七三
朝鮮殖産銀行論山支店	論山面本町	大正七年十月	八二三、五三六	五、五五四、一二七	三三、一五五、一二五	三三、一三八、七四三

(2) 金融組合　昭和十年十二月三十一日

組合名	位置	組合員數	出資口數	出資金額	預金額	貸付額
都市 花枝山金融組合	論山面旭町	四三四	八八三口	四四、一〇〇円	三三四、〇六四円	二四九、四〇八円
都市 江景金融組合	江景邑中町	六四〇	一、一三五	三六、七七三	五五五、三〇八	三三五、三三九
論山金融組合	論山面旭町	二、五〇三	四、三三一	三三、四〇一	二五九、二九三	三九九、六一七
彩雲金融組合	江景邑北町	一、六三〇	三、五六八	二六、二八四	一九八、三〇四	一七五、三五五
連山金融組合	連山面連山里	二、三八三	二、八九〇	二八、九〇〇	二三八、五六四	二六一、六三五
論山金融組合 魯城支所	魯城面邑內里	一、〇一〇	—	—	四七、六七一	一五一、〇四一
連山金融組合 陽村支所	陽村面仁川里	八四四	—	—	一六五、五八七	一五七、四七三
彩雲金融組合 恩津支所	恩津面蓮西里	九三八	—	—	四四、四〇三	七八、六二三
計		一〇、三八二	一三、七〇六	一六九、四五七	一、七三三、〇九四	一、八二八、四六九

二〇、交通、運輸

(1) 鐵道

區間	驛數	線路延長	驛名
豆溪……江景	四	二五、七粁	豆溪……連山……論山……江景

隣驛間ノ距離	
佳水院	三、七粁
連山	四、一
豆溪	四、一
論山	二、六

驛名	職員	一ケ年間ノ交通量 乘客	一ケ年間ノ交通量 降客	一ケ年間貨物取扱數量 出荷	一ケ年間貨物取扱數量 着荷
豆溪	六	二九、一五七人	三〇、八三三人	三、二七八トン	七、五二〇トン
連山	八	五〇、四九二	五一、四八四	五、三四八	二、一六二

論山	八	連山 一一、六 江景 一〇、〇	二六、一九一	一〇二、〇五六	二五、三三一	一三、五八六
江景	三	論山 一〇、〇 成悅 一一、三	一五四、〇三四	八五四、四六一	九、八五三	一三、六四一
計	一一		三四九、八三三	一、〇三八、八三四	四五、八〇九	三六、八九八

三〇

(2) 主要道路 昭和十年十二月三十一日

路線名	等級	經過地邑面名	延長	自動車定期運轉區間
京城……木浦線	一	上月・魯城・光石・論山・恩津・九子谷	二九、四五 粁	論山・公州間 論山・礪山間
大田……論山線	二	豆磨・連山・夫赤	三一、八〇	論山・大田間
論山……扶餘線	二	光石・城東	六、九七	論山・扶餘間
論山……舒川線	二	恩津・彩雲・江景	八、七六	論山・江景間
連山……全州線	二	陽村	一四、四九	連山・高山間
扶餘……江景線	二	城東	、五五	江景・扶餘間
江景……地境線	二		、〇七	
江景……礪山線	二		、五八	江景・礪山間
連山……錦山線	二	伐谷	一五、六九	連山・錦山間

(3) 郵便 昭和十年度

郵便局所名	通常郵便 引受	通常郵便 配達	小包書留郵便 引受	小包書留郵便 配達	電信 發信	電信 着信	電話(發) 市內	電話(發) 市外
江景	一、〇六一、七四九	一、一三七、八六六	三九、九一六	四一、五一四	三一、一〇八	三三、三五五	一、一〇六、六〇三	一六、一六〇

論山	五二七、九四三	七三七、五六八	一六、三四七	三四、四九三	八、七七三	九、四三八	四三八、七八〇	七、九三〇
連山	一九三、五四八	三一八、四七七	一〇、三〇七	三五、七八八	一、五二三	三、五一四	—	一、〇〇八
陽村	三一九、八五五	三一八、九六六	二六四	一、一九七	—	—	—	—
魯城	三七、一七四	九四、五三〇	一九一	六四五	五二八	七八八	—	四九七
豆溪	一三〇、〇六一	三〇五、九三七	三、九二五	八、四三五	一、一六三	一、七八六	—	六九一

(4) 車輛

昭和十一年四月一日現在

自動車 乘用	自動車 貨物專用	自轉車	人力車	荷車	荷牛馬車	リヤカー	合計
一五	二六	三、一五九	二八	三九九	二九三	三三	三、九五三

(5) 船舶

昭和十年十二月三十一日

噸數船 隻數	噸數船 噸數	石數船 隻數	石數船 石數
二	三〇、四八〇	四三	二、七三九

二、衛生

昭和十年十二月三十一日

病院	醫院	醫師	醫生	藥劑師	藥種商	産婆	齒醫師	入齒師	看護婦
一	六	一〇	二〇	三	八〇	九	四	三	二

三、警察

(1) 消防 昭和十年十二月三十一日

消防組數	消防組員	喞筒 ガソリン	喞筒 腕用	一ケ年經費	火災度數	火災棟數	火災損失見積額
八	二三〇	二	三	四、三三六円	一三	住家 一八 非住家 九	一、六二〇円

(2) 刑事件數 昭和十年十二月三十一日

強盜	竊盜	詐欺	賭博	横領	其他	計
二	五四六	一三	五七	四八	[illegible]	一、〇九八

(3) 警察犯數 昭和十年十二月三十一日

拘留	科料 件數	科料 金額	罰金 件數	罰金 金額	計 件數	計 金額
四三	二七八	七六九円	一四一	七三三円	四一九	一、五〇二円

(4) 警察官 昭和十年十二月三十一日

區分	警視	警部	警部補	巡査部長	巡査	計
内地人	一	一	二	一七	一九	四〇
朝鮮人	—	一	一	三	三二	三七

二三、郡邑面職員及諸議員其他 昭和十年十二月三十一日

(1) 郡

(2) 邑面及學校組合

昭和十年十二月三十一日

區別	內地人	朝鮮人
郡守	一	—
郡屬	三	四
郡技手	一	—
產業技手	四	—
地方書記	—	二
地方振興主事	—	一
地方產?技手	二	一
地方森林主事	一	—
雇員	一	四
地方森林主事補	一	六
郡教化主事	—	一
農會 書記	—	二
農會 技手	三	九
學校費書記	一	—
雇人	—	七
計	一八	三七

(3) 議員其他

昭和十年十二月三十一日

區別	內地人	朝鮮人
邑長	一	—
面長	—	一四
副邑長	—	一
書記	九	九九
技手	二	一八
區長	—	二〇七
計	一二	三三六
學校組合管理者	四	—

二四、各種會員

區別	內地人	朝鮮人
道會議員	一	二
邑會議員	七	五〇
面協議會員	一五	一五三
學校評議會員	—	二五
道農會議員	二	—
郡農會議員	九	五一
文廟直員	—	五
宗議	—	三
學校組合議員	六	—

(1) 赤十字社

昭和十年十二月三十一日

特別社員	特別終身社員	終身正社員	正社員	計
三二	一〇	九〇	八〇四	九三六

(2) 愛國婦人會 昭和十年十二月三十一日

有功章會員	特別終身會員	特別會員	通常終身會員	通常會員	計
三	三	一七八	三五	五四三	七八八

(3) 軍人後援會 昭和十年十二月三十一日

通常會員	賛助會員	計
一〇	五	一五

二五、著名地戸口 昭和十年十二月三十一日

地名	內地人 戸數	內地人 人口	朝鮮人 戸數	朝鮮人 人口	外國人 戸數	外國人 人口	計 戸數	計 人口
江景	四〇七戸	一、七八六口	二、九五九戸	一四、九五〇口	三八戸	一三四口	三、四〇四戸	一六、八七〇口
論山	一七二	七五四	一、四五五	七、〇四九	一三	五九	一、六四〇	七、八六二
連山	一五	六〇	二七三	一、三七八	一	一五	二八八	一、四五三
豆溪	一二	四五	一七一	九三三	—	—	一八三	九七八
仁川	六	三一	二三一	一、一七七	二	五	二三九	一、二一三
計	六〇三	二、六七六	五、〇八八	二五、三五七	五四	二一三	五、七五四	二八、三四四

二六、社會事業

(1) 共勵組合及振興會 昭和十年十二月三十一日

(2) 勤農共濟組合 昭和十年十二月三十一日

部落數	更生組合 組合數	更生組合 組合員數	共勵組合 組合數	共勵組合 組合員數	部落振興聯合會	振興會 模範振興會 會數	振興會 模範振興會 會員數	振興會 指定振興會 會數	振興會 指定振興會 會員數	振興會 普通振興會 會數	振興會 普通振興會 會員數	振興會 計 會數	振興會 計 會員數
五四八	三〇六	八、六六六	八九	二、三三〇	一	三	三一〇	一	六五	八四	六、二〇五	八八	六、五八〇

(3) 婦人會 昭和十年十二月三十一日

組合數	組合員數	資金	資金貸付額 金額	資金貸付額 人員	資金貸付使途別 購牛	養豚	藁細工	織物	木細工	肥料	農具	農糧	小作料前納	小賣商	其ノ他
三三	九六九人	一〇、九一二円	一〇、一五八円	九五三人	三、一三五円	一、七〇六円	六、五二八円	一五〇円	三〇	六、三一円	九五三円	五七〇円	三〇〇円	五四五円	六五円

(4) 青年團

會數	會員數
一〇七	二、七三二

(5) 敎化團体聯合會 昭和十年十二月三十一日

團体數	小年	青年
三	八八	一九五

(6) 共勵組合共同耕作狀況 昭和十一年四月

團体數	加盟團体數
一	一三

昭和十年								昭和十一年					
設置組合數	男、婦別	地目	面積	收入				設置組合數	男婦別	地目	面積		
三五	男子部	畓	一五、四四〇坪	一、一五九円				四七	男子部	畓	三〇、四四〇		
	女子部	田	二、五〇〇	七五四					女子部	田	三七、〇八〇		

(7) 共勵組合負債整理狀況　昭和十一年四月一日現在

設立當時	現在
三一、六〇五円	三、六二六円

논산군청(1936년)

논산시가지 일부(1936년)

논산대교(1936년)

논산시가지 일부(1938년)

논산교육청

논산군교육청

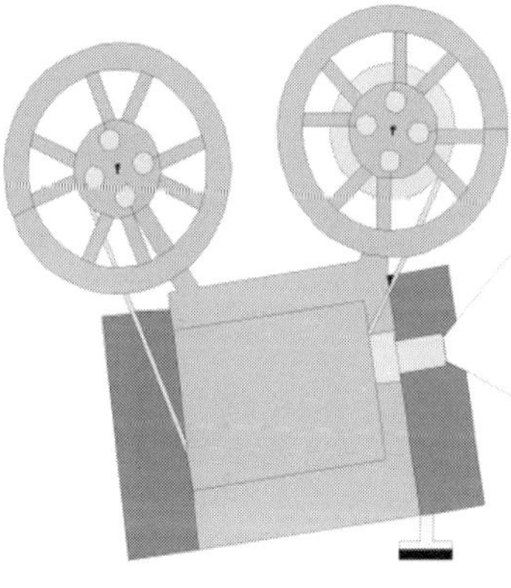

강경읍

(1936년. 읍세일반)

자료와 관련사진

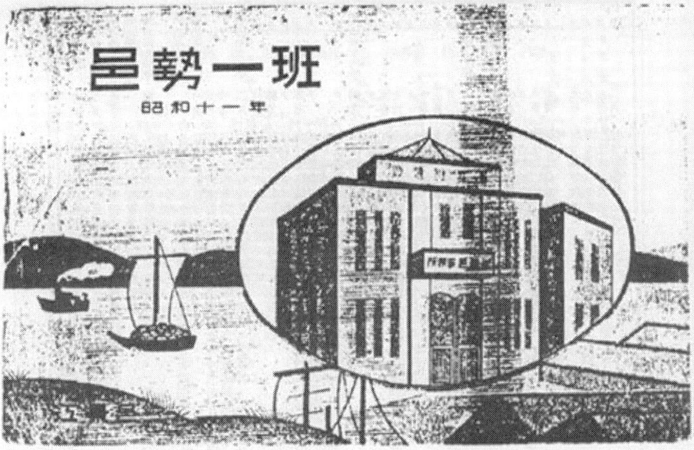

一、地勢

江景邑ハ忠清南道ノ最南端ニ位シ全羅北道益山郡望城面ト境ヲ接シ東北方遙ニ鷄龍山ヲ、東南方遠ク大屯山脈ヲ眺メ西北方ハ洋々タル錦江ノ大流ヲ控ヘ扶餘郡世道面ニ相對ス市街ノ東南北方ハ所謂江景平野ニシテ廣袤二十五方里三南第一ノ米産地ニシテ年産三十萬石ト稱セラル市街ハ錦江岸ニ沿ヒテ櫛比シ江景運河ハ市中ヲ貫流常ニ帆檣林立水運ノ便ニ富ミ鐵道ハ京城ヘ二二八粁七 大田ヘ六一粁四 群山五〇粁二 木浦一九九粁 釜山ヘ三四四粁六アリ

二、沿革

江景邑ハ其ノ昔蘆荻繁茂セル泥濱タル一大沼地ニシテ今ヲ去ル三百餘年前金氏夫妻始メテ居ヲ結フト傳フ、爾來幾星霜地味ノ肥沃ナルト錦江ノ流レニ沿フ水運ノ便ヲ有スル爲メ來リ住ム者相踵キ約二百年前頃ヨリ一ツノ市街ヲ形成シ錦江ノ水運ヲ開キ忠清全羅兩道物資ノ集散地ト化シ約百四十年前現在ノ下市場ヲ開キ更ニ明治初年頃上市場ヲ設ケ錦江沿岸一帶及奧地ノ物資交換場所トシテ朝鮮ニ於ケル三大市場ノ一ト謂ハレ大邱、平壤ト並ヒ稱セラレタルカ大正三年四月郡面廢合ノ結果從來恩津郡金浦面ト稱セラレタルヲ論山郡江景面ト改稱セラレ大正六年十月指定面ニ編入同十年十月面區域ヲ擴張彩雲面山陽里ノ一部ヲ編入昭和六年邑面制改正ニ依リ江景邑ト改稱昭和十一年四月一日更ニ邑區域ヲ擴張シ彩雲面現內里、山陽里、新村里、三巨里ノ一部ヲ編入シ其ノ面積ハ從來ノ約三倍弱〇、六〇九方里トナリタリ

左ニ明治三十年以來江景ニ内地人移住後ノ顯著ナル事象ヲ列擧シテ發展ノ道程ヲ偲ブ便トスヘシ

明治三十年 一月 日本人商人一名初メテ黃山ニ移住ス（行商者ノ滯在スルモノ當ニ十餘名ニ達ス）

明治三十一年 五月 仁川領事館ヨリ巡査一名毎月交代ニテ出張滯在ス

同　九月　韓南學堂設立サル
明治三十二年　二月　江景日本人會設立サル
明治三十三年　八月　小型蒸汽船初メテ江景群山間ヲ航行ス
明治三十四年　内地人觀察者ノ來往漸ク頻繁トナル
明治三十五年　五月　江景郵便受取所設置セラル
同　巡査駐在所設置セラル
明治三十六年　一時廢航セル群山江景間小蒸汽船再ヒ航行ス
明治三十七年　一月　日本人旅館初メテ開業ス
〃　五月　日本人醫師初メテ開業ス
〃　十月　眞宗布教ノ爲メ初メテ來江ス（佘武順造師）
明治三十八年　二月　江景日本人會ヲ江景居住民役所ト改稱ス
〃　三月　江景土地組合設置セラル
〃　四月　江景消防組設置認可サル
〃　〃　江景公立小學校設置サル
〃　五月　淨土宗江景寺建立サル
〃　〃　江景郵便受取所廢止、群山郵便局江景出張所設
置サル
〃　〃　電信事務開始サル
明治三十九年　四月　大和橋架設サル
〃　〃　江景公立小學校ニ高等科ヲ設置サル
〃　五月　群山郵便局江景出張所廢止、江景郵便局設置サル
〃　七月　江景居住日本民役所ヲ江景日本人會ト改稱ス
〃　〃　江景群山間電話開通ス
〃　〃　屠獸場始メテ設置サル
〃　十月　警察駐在所ヲ憲兵部長派出所ニ改メラル
〃　十二月　漢城共同倉庫會社江景出張所設置サル
明治四十年　一月　韓國財務顧問分署設置サル
〃　二月　私立江景文東設置サル
〃　三月　韓南學校廢校サル
〃　四月　江景公立普通學校設置サル
〃　〃　市内電話開通ス
〃　六月　漢湖農工銀行江景支店設置サル
〃　七月　憲兵部長派出所廢止、群山警察署江景分署設置
サル
〃　九月　江景橋架設サル
〃　〃　江景米穀商組合生ル
〃　十月　江景輸出商組合設立サル
〃　十二月　江景守備隊駐屯ス

明治四十一年　一月　財務顧問分署廢止、江景財務署設置サル
同　三月　江景公立普通學校新築校舍北町敷地ニ落成ス
同　五月　憲兵初メテ開設ス
同　八月　江景憲兵分遣所設置サル
同　同　憲兵分署廢止、江景警察署設置サル
同　九月　江景公立小學校新築校舍南町敷地ニ落成移轉ス
同　同　江景全州間電話開通ス
明治四十二年　三月　帝國在鄕軍人會江景分會設立サル
同　同　江景地方金融組合設置サル（村落組合）
同　四月　私立萬東學校男子部設置サル
同　五月　江景神社ヲ玉女峰ノ上ニ移轉ス
同　五月　江景公園ヲ玉女峰ニ開設ス
同　九月　江景光州間電話開通ス
同　十二月　江景區裁判所開廳サル
明治四十三年　三月　江景公州間石油發動船航行ヲ開始ス
同　五月　江景大田間電話開通ス
同　七月　江景憲兵分遣所廢止サル
同　八月　論山水利組合工事完成ス
同　九月　東洋拓殖會社江景支店設置サル
同　十月　江景財務署廢止、恩津郡廳ニ合併サル
同　十二月　黃山憲兵分遣所設置サル此ノ頃農事經營者ノ來
往スル者多シ
明治四十四年　九月　韓一銀行江景支店設置
同　十一月　江景群山間始メテ汽笛ノ聲ヲ聞ク
同　十二月　江景大正座ヲ西町ニ建築開場ス（山下信吉獨力
經營）
明治四十五年 大正元年　一月　公立小學校舍三教室增築
同　四月　大和橋改築サル
同　同　日本人會廢止サレ同時ニ江景學校組合設置サル
同　七月　錦橋架設サル
大正二年　二月　私立萬東學校女子部開設
同　六月　江景公立普通學校ニ簡易農業學校ヲ附設ス
同　十月　韓一銀行支店新築落成ス（煉瓦建）
大正三年　三月　郡面廢合ノ結果恩津郡廳廢止サレ新ニ論山郡廳
ヲ論山ニ設ク
同　四月　江景面事務所ヲ西町元恩津郡廳跡ニ移轉ス
同　十月　江景面内電話呼出區域變更サル
大正四年　十一月　江景穀物檢査所ヲ西町ニ設置サル
同　同　江景公立小學校内ニ敬老會ヲ設置ス
同　十二月　明治三十八年四月設置ノ消防組ヲ解散新タニ江

大正五年十二月　景消防組ノ設立認可サル
江景小學校々舍再ヒ三教室增築サル
大正六年十月　面制施行ト共ニ指定面トナリ内地人面長始メテ就任ス
大正七年一月　始メテ專屬執達吏職務取扱事務所開設サル
同　二月　江景通信[illegible]合設立サル
同　五月　江景米穀商組合事務所ヲ西町ニ新築公會堂ニ充用サル
同　九月　私立萬東學校新校舍ヲ黄金町ニ落成移轉ス
同　十月　江景面簡易水道工事起工（彩雲山麓ニ一大井戸堀鑿）市内一圓ニ配水車ヲ以テ給水ヲ始ム
同　十二月　江景郵便局新廳舍落成移轉ス（西町現廳舍）
同　扶餘街道傳岩里渡船場ヲ廢止シ新タニ傳岩橋架設サル
大正八年三月　江景金融組合設置サル（都市組合）
同　五月　魚菜市場ノ經營ヲ江景面ニ許可セラル
同　七月　江景神社神殿新築落成ス（木匠ハ伊勢神宮造營ニ從ヒシ者）
大正九年一月　江景電氣株式會社創立江景市内ニ始メテ電燈ノ光ヲ見ル
同　三月　江景公立普通學校附屬簡易農業學校廢止サル
同　修業年限二ケ年ノ公立商業學校設置サル
同　十月　面制改正副長及面協議會ノ制度ヲ設置セラル
同　黄金町[illegible]ヲ江景面ニ於テ開始ス
同　十一月　面協議會員十名ノ選擧ヲ行フ
同　十二月　江景電氣會社論山ニ送電開始ス
大正十年四月　東洋拓殖會社江景支店ヲ廢止サル
同　江景公立普通學校修業年限ヲ六ケ年ニ延長サル
同　公立商業學校ノ修業年限ヲ三ケ年ニ改メ道ニ移管ス
同　六月　公立商業學校々舍ヲ黄金町元東洋拓殖會社支店ニ移轉ス
同　十月　江景公立小學校學藝會設立サル
同　面區域變更ニ依リ彩雲面山陽里ノ一部ヲ江景面ニ編入シ錦町ト名稱ス
大正十一年五月　上水道敷設及市街防水工事ニ着手ス
同　十月　江景公立普通學校々舍ヲ南町ニ新築落成ス
大正十二年二月　修養團江景支部生ル（二月十八日）
同　三月　小學校々舍移築豫定地及運動場全部ノ埋立工事

四月　完成ス
六月　江景面ニ普通市場ノ經營ヲ移サル（學校組合經營）
公州地方法院江景支廳管轄區域ノ内舒川郡一圓ヲ群山支廳ニ編入サル
十月　江景消防組ニ於テ（ガソリンポンプ）ヲ備付ク
同　江景神社拜殿及社務所新築落成ス
十二月　公立商業學校々舍ヲ南町ニ新築移轉ス
正十三年三月　彩雲山公園ヲ面ニ於テ施設ス
同　大和町通リ江景川護岸工事ヲ施工ス
同　火葬場ヲ新設ス
五月　上水道敷設工事完成給水ヲ開始ス　工費三六五、〇〇〇圓
同　穀物現物市場設置認可サル
十月　江景消防組望樓建設サル
同　江景婦人修養會設立サル
十二月　江景市街防水工事竣功ス　工費一三三、五二五圓
正十四年三月　公立商業學校ノ修業年限五ケ年トナリ甲種程度ニ昇格ス
四月　京城井川幸太郎發行錦商會ヲ設立江景公州間ノ錦江航行ヲ開始ス
十月　大阪商船會社群山代理店江景出張所設置サル
十二月　江景實業協會設立サル
正十五年九月　江景公立普通學校舊校舍ヲ南町新校舍隣地ニ移築工事ニ着手ス
十月　江景倉庫株式會社設立サル
十二月　江景金融組合新築工事落成ス
和二年一月　公立普通學校々舍移築工事落成ス
三月　市中ノ主ナル商店ニ（ラヂオ）ヲ裝置ス
六月　江景繁榮會發會式ヲ擧ケ
同　昭和橋架設サル
七月　彩雲公會組合事務所改築落成ス
八月　忠清南道穀物檢査所ヲ開設大和町ニ廳舍ヲ新築サル
同　穀物商組合聯合會設置サレ事務所ヲ穀物檢査本所内ニ置ク
同　江景公立商業學校敷地内ニ御眞影奉安庫建設サル（林秀雄氏ノ寄志ニ依ル）
十一月　錦橋改築工事落成渡橋式ヲ擧行ス
三年三月　忠南鐵道敷設期成同盟會支部ヲ江景繁榮會内ニ設ク
同　忠南米ノ内地販賣斡旋機關トシテ公益社設立サル

同　同　第十一回全鮮穀物商聯合大會協贊會ヲ組織ス
同　五月　江景劇場株式會社設立サル（十月劇場落成式ヲ擧ク）
同　六月　江景公立小學校々舍增築及舊校舍移築工事落成ス
同　同　江景公立小學校御眞影奉安殿落成ス
同　同　私立江景幼稚園開園サル（鮮人子弟ノミ）
同　八月　論山川及江景川改修期成會組織サル
同　十月　第十一回全鮮米穀商組合聯合會ヲ開會三日間安藤忠南內務部長統裁江景商業學校ニ於テ會議ス之ニ附隨シ穀物品評會、水產、衞生展覽會ヲ催ス
同　同　江景公立商業學校ニ　今上天皇皇后兩陛下ノ御眞影下賜セラル
同　十一月　江景公立商業學校特別教室（建坪一二一坪三〇工費一萬一千六百五十六圓）落成ス
同　同　彩雲金融組合御大典記念模範部落設置（綾東面峙里）

昭和四年　一月　江景女子技藝講習所設置サル
同　二月　每日申報社江景支部設置サル
同　三月　江景公立普通學校後援會組織サル
同　四月　私立明和幼稚園開設サル（內地人子弟ノミ）
同　同　彩雲金融組合貸付限度ヲ千圓ニ擴張ス
同　同　江景電氣株式會社ヲ南朝鮮電氣株式會社ニ合併シ南朝鮮電氣株式會社江景出張所ヲ設ク
同　同　江景公立小學校ニ御大典記念國旗揭揚臺建設サル（忠南道ニ於ケル最初ノ揭揚臺ナリ）
同　十月　江景驛貨物三番線延長上リ本線ニ連絡ス

昭和五年　一月　朝鮮物產株式會社江景出張所ヲ大和町ニ置ク
同　四月　江景警察署ヨリ公州京城線警備電話開通ス
同　七月　彩雲金融組合ノ業務區域ヲ論山郡ノ內城東、九子谷、恩津、可也谷ノ五ケ面及扶餘郡ノ內石城面ニ擴張サル
同　同　錦江運輸株式會社設立サレ江景、群山間ノ貨客運輸ヲ開始ス
同　八月　江景公立商業學校ニ陸軍現役將校ヲ配屬サル（陸軍步兵大尉荒木勝利氏）
同　十月　錦江水利組合創立委員會組織サル
同　同　江景消防組警鐘ヲ（モーターサイレン）ニ改ム
同　十一月　江景警察署驛前警官出張所ヲ驛前派出所ニ變更サル
同　十二月　朝鮮產業株式會社ノ新築落成ス
同　同　江景公立商業學校寄宿舍ノ一部新築落成ス（建坪一一八坪工費八千三百八十一圓）

同　同　江景公立普通學校校舍新築落成ト共ニ運動場ノ擴張工事竣功ス（運動場六一〇坪）
昭和六年　四月　江景公立小學校ニ女子高等補習科ヲ設置サル
同　同　江景公立商業學校ニ教育勅語渙發四十週年記念事トシテ奉安殿建設サル
同　五月　江景公立小學校運動場三〇〇坪擴張サル
同　同　江景公立商業學校武器庫落成ス
同　同　錦江下流改修工事事務所江景工場ヲ黃金町元東拓支店跡ニ設置サル
同　六月　錦木食堂開店江景ニ於ケル（カフエー）ノ初ナリ
同　同　朝鮮運送合同成リ◎運送店設置サル
同　同　忠淸南道穀物檢查所ヲ大正町ニ建設サル
同　七月　江景消防組ノ組織變更從來ノ三部制一一四名ヲ二部制七一名ニ改メラル
同　九月　江景公立青年訓練所ヲ江景公立小學校內ニ設置サル
同　十一月　江景國防研究會設立サル
同　十二月　江景公立商業學校第二期寄宿舍落成ス（建坪六六坪工費四、六五五圓）
同　同　江景公立商業學校長官舍落成（建坪四一坪工費四、一〇〇圓）
同　同　公州地方法院江景支廳（登記所）及判檢事官舍新築落成移轉ス（敷地大正町四六ノ一番地一、五一一坪ハ邑ヨリ寄附）
同　同　江景公立普通學校々舍增築落成ス（工費三、〇一〇圓）
同　同　江景公立普通學校學級增加サル男一二學級女五學級　職員一八名

昭和七年　四月　江景林川間三等道路開設工事ニ着手ス
同　五月　江景公立普通學校國旗揭揚臺建設サル
同　六月　江景驛構內[illegible]ヲ開始ス
同　同　江景公立普通學校ニ卒業生指導講習會設置セラル
同　七月　錦江ゴム株式會社創立サレゴム製品製造開始サル
同　十月　忠淸南道穀物檢查所廢止サレ朝鮮穀物檢查所群山支所江景出張所ヲ設置サル
同　同　江景邑事務所ヲ西町ニ新築移轉ス
同　同　江景神社境內ニ神輿寶物庫ヲ新築ス（村上紹次郎氏寄附）
同　同　江景神社神輿奉製十一月初ノ渡御行ハル
同　同　高[illegible]メテ[illegible]ヲ附ク
同　同　本願寺布教所工費一〇、〇〇〇圓ヲ以テ本堂建立ニ着手ス

十二月 江景公立小學校女子高等補習科ヲ實技院支部跡ニ移轉ス
同 江景實業協會ヲ解體江景業榮會ニ合併ス
同 本願寺布教所本堂新築落成ス

昭和八年
二月 邑事務所ニ國旗掲揚臺ヲ建設ス
三月 江景邑ニ於テ屠場ノ經營ヲ讓受ケ工費四、三〇〇〇圓ヲ以テ新築ニ着手ス（前經營者江景學校組合ニ權利金一〇、〇〇〇圓ヲ支出ス）
五月 江景邑新築屠場落成ス
同 江景國防研究會ヲ江景國防義會ト改稱ス
十月 不二興業株式會社江景駐在所設立セラル
同 錦江一部改修工事ニ依ル江景大橋（萬佛新橋）下江景橋梁工事竣工同時忠南知事外關係者參列盛大ナル渡橋式ヲ行フ
十一月 江景邑ニ於ケル社會事業トシテ貧ノ子救濟施工ヲ實施ス
十二月 朝鮮唯一ノ防潮水門ヲ兼ネタル上江景橋架橋工事竣工渡橋式ヲ行フ

昭和九年
四月 江景國防義會ハ朝鮮國防義會忠南聯合會ニ加盟ス
五月 錦江ゴム株式會社ハ三和護謨株式會社ニ併合シ三和護謨株式會社江景工場ヲ置キ引續キ經營ス
同 稅務署獨立ニ依リ江景稅務署ヲ設置サル（五月一日）
六月 帝國在鄉軍人會江景分會ニ於テ米穀商組合事務所ヲ買收建築ヲ加ヘ會館トナシ六月十七日開館式ヲ擧ク
同 愛國婦人會朝鮮本部大田支部論山分會江景分區設置サル
七月 江景神社國旗掲揚塔建設サル（江景工友會寄進）
同 七月十一日ヲ以テ國旗制定記念日ト定メ盛大ナル旗行列ヲ行フ
同 江景運河ニ架設ノ昭和橋竣工ス（七月二十三日）
同 江景未曾有ノ大洪水アリ七月二十三日夕刻ヨリ二十五日迄總浸水二十六日ニ至リ退水ス
八月 聖上陛下ノ思召ニ依リ黑田侍從ヲ御差遣商業學校ニ於テ親シク水害狀況ヲ聽取セラル
同 邑ニ於テ錦町ニ水害罹災者收容所ヲ設ケ八八戸ヲ收容ス（八月十五日）
九月 東伏見宮大妃殿下御使トシテ愛國婦人會大田支部長江景商業學校ニ於テ水害ノ慰問令旨ヲ傳達セラル
十二月 朝鮮米穀倉庫株式會社江景支店開店ス
同 同時ニ米三千坪ノ倉庫落成ス

同 總工費三萬五千圓ヲ以テ新築セル江景警察署ノ落成式行ハル

昭和十年
二月 江景國防義會軍器獻納式ヲ公立小學校々庭ニ於テ擧行朝鮮軍參謀長大串少將代理山口大佐臨席高射機關銃一挺ヲ獻納ス（昭和七年十一月十五日ヨリ實行セル國防一錢貯金中一、八〇〇圓ヲ以テス）
三月 總工費五百二十萬圓四ヶ年ヲ費シ施工セラレタル錦江下流部改修工事竣功ト三月二十一日玉女峰裏廣場ニ於テ忠清南道主催竣功式ヲ擧グ
ル
四月 江景警察署新築[illegible]會及武道場落成式及祝賀會開催セラル
五月 江景邑營[illegible]所開設セラル
九月 三和護謨株式會社江景工場ハ整理ニ引揚ク
十二月 江景邑事務所ノ新築及位置變更認可セラレ建築費三萬五千圓ヲ以テ江景南町ニ新築工事ニ着手ス（位置變更認可十二月二十四日、建築認可昭和十一年一月十八日、工事着手一月十八日）
同 忠清南道[illegible]防協會江景支部設置セラル
同 私立萬東女學校廢止サル

昭和十一年
一月 舊江景川埋立工事認可セラル總工費五萬圓二ケ年繼續事業トシテ施工ニ着手サル
三月 三月三十一日附府令第二十二號ヲ以テ江景邑行政區域擴張サル彩雲面ノ內堤內里山陽里三五里新村里ノ一部ヲ江景邑ニ編入セラレ從來ノ十ケ町ヲ榮町旭町東町ノ三ケ町ヲ加ヘ十三ケ町トナル
四月 江景公立小學校附屬女子高等補習科廢止サル
同 江景公立實科女學校設立開校サル
同 江景消防組器具庫ヲ中町舊警察署跡ニ新築移轉ス
同 忠清南道[illegible]防協會江景支部設置セラル
同 江景國防義會ヨリ國防一錢貯金獻金七百十二圓ヲ軍器購入費トシテ獻金ス
七月 江景水防團設立セラル
九月 江景神社境內ノ整地擴張施行ハル

▽位置

邑事務所所在地	緯度 東經	緯度 北緯	面積	廣袤 東西	廣袤 南北	要道距離
江景邑南町八〇番地ノ三	一二七度[illegible]分	三六度[illegible]分	〇、[illegible]方里	一六町[illegible]間	一六町[illegible]間	鐵道六一粁

▽行政區域

町ノ名稱	町數	公共團體 邑	公共團體 學校組合	現住戶口 戶數	現住戶口 人口
本町 中町 西町 北町 大町 塩町 南町 大和町 正町 錦町 黃金町 旭町 東町	[illegible]	一	一	[illegible]	[illegible]

▽土地

地目別	地積
畓	[illegible]
田	[illegible]
垈	[illegible]
雜種地	[illegible]
林野	[illegible]
其ノ他	[illegible]
計	[illegible]

▽戶口 (昭和十一年四月一日現在)

現住戶口

種別	戶數	人口 男	人口 女	人口 計
內地人	[illegible]	[illegible]	[illegible]	[illegible]
朝鮮人	[illegible]	[illegible]	[illegible]	[illegible]
外國人 中華民國人其ノ他	[illegible]	[illegible]	[illegible]	[illegible]
計	[illegible]	[illegible]	[illegible]	[illegible]

現住戶口職業別

業別	內地人 戶數	內地人 人口	朝鮮人 戶數	朝鮮人 人口	外國人 戶數	外國人 人口	合計 戶數	合計 人口
農林及牧畜業	[illegible]	[illegible]	[illegible]	[illegible]	[illegible]	[illegible]	[illegible]	[illegible]
漁業及製塩業	[illegible]	[illegible]	[illegible]	[illegible]	—	—	[illegible]	[illegible]
工業	[illegible]	[illegible]	[illegible]	[illegible]	[illegible]	[illegible]	[illegible]	[illegible]
商業及交通業	[illegible]	[illegible]	[illegible]	[illegible]	[illegible]	[illegible]	[illegible]	[illegible]
公務及自由業	[illegible]	[illegible]	[illegible]	[illegible]	—	—	[illegible]	[illegible]
其ノ他ノ有業者	[illegible]	[illegible]	[illegible]	[illegible]	—	—	[illegible]	[illegible]
無職業及職業ヲ申告セザル者	[illegible]	[illegible]	[illegible]	[illegible]	—	—	[illegible]	[illegible]

現住內地人府縣別戶口表

本籍	戶數	人口 男	人口 女	人口 計
東京府	[illegible]	[illegible]	[illegible]	[illegible]
神奈川縣	[illegible]	[illegible]	[illegible]	[illegible]
埼玉縣	[illegible]	[illegible]	[illegible]	[illegible]
茨城縣	[illegible]	[illegible]	[illegible]	[illegible]
栃木縣	[illegible]	[illegible]	[illegible]	[illegible]
群馬縣	[illegible]	[illegible]	[illegible]	[illegible]
富山縣	[illegible]	[illegible]	[illegible]	[illegible]
福井縣	[illegible]	[illegible]	[illegible]	[illegible]
愛知縣	[illegible]	[illegible]	[illegible]	[illegible]
岐阜縣	[illegible]	[illegible]	[illegible]	[illegible]
滋賀縣	[illegible]	[illegible]	[illegible]	[illegible]
大阪府	[illegible]	[illegible]	[illegible]	[illegible]
兵庫縣	[illegible]	[illegible]	[illegible]	[illegible]
奈良縣	[illegible]	[illegible]	[illegible]	[illegible]
和歌山縣	[illegible]	[illegible]	[illegible]	[illegible]
三重縣	[illegible]	[illegible]	[illegible]	[illegible]
鳥取縣	[illegible]	[illegible]	[illegible]	[illegible]
山梨縣	[illegible]	[illegible]	[illegible]	[illegible]
長野縣	[illegible]	[illegible]	[illegible]	[illegible]
千葉縣	[illegible]	[illegible]	[illegible]	[illegible]
宮崎縣	[illegible]	[illegible]	[illegible]	[illegible]
大分縣	[illegible]	[illegible]	[illegible]	[illegible]
山形縣	[illegible]	[illegible]	[illegible]	[illegible]
秋田縣	[illegible]	[illegible]	[illegible]	[illegible]
岩手縣	[illegible]	[illegible]	[illegible]	[illegible]
宮城縣	[illegible]	[illegible]	[illegible]	[illegible]
福島縣	[illegible]	[illegible]	[illegible]	[illegible]
新潟縣	[illegible]	[illegible]	[illegible]	[illegible]
石川縣	[illegible]	[illegible]	[illegible]	[illegible]
靜岡縣	[illegible]	[illegible]	[illegible]	[illegible]
京都府	[illegible]	[illegible]	[illegible]	[illegible]
島根縣	[illegible]	[illegible]	[illegible]	[illegible]
岡山縣	[illegible]	[illegible]	[illegible]	[illegible]
廣島縣	[illegible]	[illegible]	[illegible]	[illegible]
山口縣	[illegible]	[illegible]	[illegible]	[illegible]
德島縣	[illegible]	[illegible]	[illegible]	[illegible]
香川縣	[illegible]	[illegible]	[illegible]	[illegible]
愛媛縣	[illegible]	[illegible]	[illegible]	[illegible]
高知縣	[illegible]	[illegible]	[illegible]	[illegible]
福岡縣	[illegible]	[illegible]	[illegible]	[illegible]
佐賀縣	[illegible]	[illegible]	[illegible]	[illegible]
長崎縣	[illegible]	[illegible]	[illegible]	[illegible]
熊本縣	[illegible]	[illegible]	[illegible]	[illegible]
鹿兒島縣	[illegible]	[illegible]	[illegible]	[illegible]
計	[illegible]	[illegible]	[illegible]	[illegible]

江景邑累年人口表

年次別	內地人 戶數	內地人 人口	朝鮮人 戶數	朝鮮人 人口	外國人(中華民國) 戶數	外國人(中華民國) 人口	合計 戶數	合計 人口
大正十五年	[illegible]	[illegible]	[illegible]	[illegible]	[illegible]	[illegible]	[illegible]	[illegible]
昭和二年	[illegible]	[illegible]	[illegible]	[illegible]	[illegible]	[illegible]	[illegible]	[illegible]
仝三年	[illegible]	[illegible]	[illegible]	[illegible]	[illegible]	[illegible]	[illegible]	[illegible]
仝四年	[illegible]	[illegible]	[illegible]	[illegible]	[illegible]	[illegible]	[illegible]	[illegible]
仝五年	[illegible]	[illegible]	[illegible]	[illegible]	[illegible]	[illegible]	[illegible]	[illegible]
仝六年	[illegible]	[illegible]	[illegible]	[illegible]	[illegible]	[illegible]	[illegible]	[illegible]
仝七年	[illegible]	[illegible]	[illegible]	[illegible]	[illegible]	[illegible]	[illegible]	[illegible]
仝八年	[illegible]	[illegible]	[illegible]	[illegible]	[illegible]	[illegible]	[illegible]	[illegible]
仝九年	[illegible]	[illegible]	[illegible]	[illegible]	[illegible]	[illegible]	[illegible]	[illegible]
仝十年	[illegible]	[illegible]	[illegible]	[illegible]	[illegible]	[illegible]	[illegible]	[illegible]

▽教育

學校名	設立年月日	職員數	兒童及生徒數	摘要

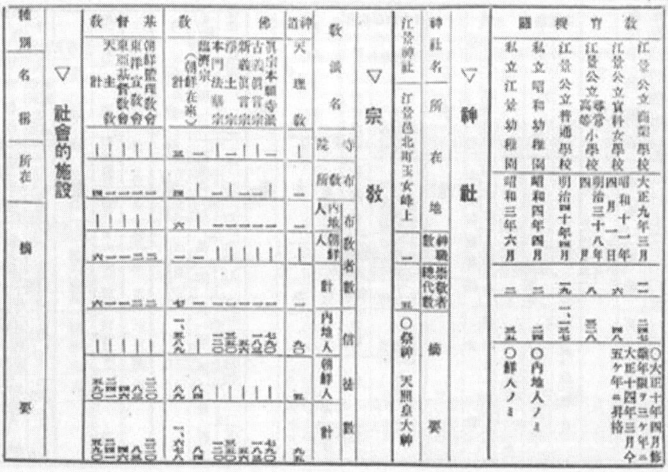

教育機關				
江景公立商業學校	大正九年三月	二	[illegible]	○大正十年四月修業年限ヲ三ケ年ニ大正十四年三月今五ケ年ニ昇格
江景公立實科女學校	昭和十一年四月十一日	六	四八	
江景公立尋常高等小學校	明治三十八年四月	八	[illegible]	
江景公立普通學校	明治四十年四月	[illegible]	一、[illegible]	
私立昭和幼稚園	昭和四年四月	三	[illegible]	○內地人ノミ
私立江景幼稚園	昭和三年六月	三	[illegible]	○鮮人ノミ

▽神社

神社名	所在地	神職數	崇敬者總代數	摘要
江景神社	江景邑北町玉女峰上	一	五	○祭神 天照皇大神

▽宗教

	教派名	寺院數	布教所數	布教者數 內地人	布教者數 朝鮮人	布教者數 計	信徒數 內地人	信徒數 朝鮮人	信徒數 計
神道	天理教	—	一	一	—	一	[illegible]	[illegible]	[illegible]
佛教	眞宗本願寺派	—	—	—	—	—	[illegible]	—	[illegible]
佛教	古義眞言宗	—	—	—	—	—	[illegible]	—	[illegible]
佛教	新義眞言宗	—	—	—	—	—	[illegible]	—	[illegible]
佛教	淨土宗	—	—	—	—	—	[illegible]	—	[illegible]
佛教	本門法華宗	—	—	—	—	—	[illegible]	—	[illegible]
佛教	臨濟宗（朝鮮在來）	一	—	—	一	一	—	[illegible]	[illegible]
佛教	計	[illegible]	[illegible]	[illegible]	一	[illegible]	一、[illegible]	[illegible]	一、[illegible]
基督教	朝鮮監理教會	—	—	—	[illegible]	[illegible]	—	[illegible]	[illegible]
基督教	東洋宣教會	—	—	—	[illegible]	[illegible]	—	[illegible]	[illegible]
基督教	東亞基督教	—	—	—	一	一	—	[illegible]	[illegible]
基督教	天主教	—	—	—	一	一	—	[illegible]	[illegible]
基督教	計	—	[illegible]	—	[illegible]	[illegible]	—	[illegible]	[illegible]

▽社會的施設

種別	名稱	所在	摘要

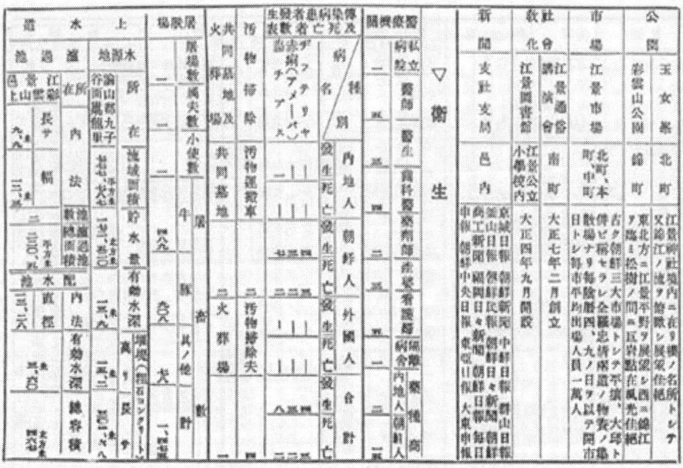

公園	所在	摘要
玉女峰	北町	江景神社境內ニ在リ樓ノ名所トシテ又錦江ノ流ヲ瞰シ展望佳絕
彩雲山公園	錦町	東北方ニ江景平野ヲ展望シ西ニ錦江ヲ臨ミ松樹ノ間ニ瓦斯點在風光佳絕

市場	所在	摘要
江景市場	北町、本町、中町	古ク朝鮮三大市場トシテ平壤、大邱ト倂ビ稱セラレ全羅忠淸ノ物資ノ集散場ナリ毎月四、九ノ日ヲ以テ開市ト定メ一日平均出場人員一萬人

社會教化	所在	摘要
江景通俗講演會	南町	大正七年二月創立
江景圖書館	江景公立小學校內	大正四年九月開設

新聞	所在	摘要
支社支局	邑內	京城日報 朝鮮新聞 中鮮日報 群山日報 釜山日報 朝鮮民報 朝鮮日々新聞 朝鮮日報 商工新聞 [illegible] 朝鮮中央日報 東亞日報 大東新報

▽衛生

醫療機關	
私立病院	一
醫師	[illegible]
醫生	[illegible]
齒科醫	[illegible]
藥劑師	[illegible]
產婆	[illegible]
看護婦	[illegible]
隔離病舍	一
藥種商 內地人	[illegible]
藥種商 朝鮮人	[illegible]

傳染病患者及死亡者數表 病名	內地人 發生	內地人 死亡	朝鮮人 發生	朝鮮人 死亡	外國人 發生	外國人 死亡	合計 發生	合計 死亡
赤痢	[illegible]	—	[illegible]	[illegible]	—	—	[illegible]	[illegible]
腸チフス	—	—	[illegible]	[illegible]	—	—	[illegible]	[illegible]
パラチフス	—	—	[illegible]	[illegible]	—	—	[illegible]	[illegible]
ヂフテリア	—	—	[illegible]	[illegible]	—	—	[illegible]	[illegible]

污物掃除	
污物運搬車	[illegible]
污物掃除夫	[illegible]

共同墓地及火葬場	
共同墓地	[illegible]
火葬場	一

屠獸場	
屠場數	一
屠夫數	一
小使數	一
屠畜數 牛	[illegible]
屠畜數 豚	[illegible]
屠畜數 其ノ他	犬
屠畜數 計	一、[illegible]

上水道		
水源地	所在	論山郡[illegible]
水源地	施設面積	[illegible]
水源地	貯水量	[illegible]
水源地	有効水深	[illegible]
水源地	堰堤（[illegible]コンクリート） 高サ	[illegible]
水源地	堰堤 長サ	[illegible]
濾過池	所在	江景彩雲山上
濾過池	內法 長サ	[illegible]
濾過池	內法 幅	[illegible]
濾過池	濾過面積	[illegible]
濾過池	配水池 內法 直徑	[illegible]
濾過池	配水池 有効水深	[illegible]
濾過池	配水池 總容積	[illegible]

▽消防

公設共用栓	消火栓	給水管	配水管	給水人員	一日平均給水量	工事費
一八	公設 私設 三	一,四四四米	八,六九八米	一〇,〇〇〇人	三,四〇〇石	三六八,三八〇円

組數	組頭	副組頭	部長	小頭	消防手	合計
一	一	二	三	四	六〇	七一

▽水防團

名稱/種別	團長	副團長	部長	班長	團員	合計
江景水防團	一	二	四	一三	一三〇	一五〇人

▽農業

耕地面積	畓	田	計
	八〇八,〇八〇坪	一〇〇,四四五坪	九〇八,五二五坪

米麥豆類作付

種別	作付反別	收穫高
米	二,六六六反	四,五三二石
麥	一,〇三二反	一,三五五石
豆	三四三反	六八六石

農業者種別	戶數	合計
自作	四三	四四六戶
自作兼小作	四四	
小作	三五九	

▽水産

	業主數	從業者數
漁業	四	二六
水産物販賣業	一六	四七
合計	二〇	七三

漁獲高

數量	價額	從業者數	漁獲物種類
二,〇〇〇貫	一,一〇〇圓	二六	鰻、鮒、鯰、雜魚

▽商工

銀行會社	農業	商業	水産	運輸	其ノ他	計
	六	五	—	三	四	一八

市場

數	一ヶ年ノ取引高 農産物	水産物	織物	畜類	其ノ他	計
二	九〇〇,〇〇〇円	三三,五〇〇円	三九九,〇〇〇円	一九,五〇〇円	一三八,八〇〇円	一,六〇一,八〇〇円

物價表

品名	價額 上	價額 下
精米（一升）	一三〇円	三〇
精麥（一升）	六〇	—
鷄肉（百匁）	四五	四〇
牛肉（百匁）	三五	三五
豚肉（百匁）	三〇	二〇
醬油（一升）	六〇	四〇
清酒（一升）	八〇	九〇
[illegible]（一升）	一,九〇	五〇
大豆（一升）	一四円	一〇
小豆（一升）	二〇	一〇
石油（一メ）	三〇	—
木炭（一メ）	二五	一三
薪（一メ）	三五	—
鷄卵（十ケ）	三〇	二三
味噌（百匁）	一六	三六
食塩（一斤）	一〇	—

工場表

業別	工場數	一ヶ年生產高
精米業	六	一,六六八,一五〇,〇〇〇
酒造業	五	五七〇,一〇〇,〇〇〇
醬油醸造業	二	五〇,五〇〇,〇〇〇
合計	一三	二,二九四,三一〇,〇〇〇
印刷業	三	二,五四〇,〇〇〇
製綿業	一	八,〇〇〇,〇〇〇
其ノ他	五	三八,〇〇〇,〇〇〇

賃銀表

種別	賃銀 內地人	賃銀 朝鮮人
大工	三,〇〇	一,八〇
左官	三,五〇	二,五〇
石工	三,〇〇	一,五〇
ペンキ職	三,五〇	一,五〇
鍛冶職	三,五〇	一,五〇
理髮職	三,〇〇	一,〇〇
擔軍	—	八〇
平人足	—	七五
下男（賄付）	—	五〇
下女（賄付）	—	四〇
船夫	—	一,二〇
鞋職	二,五〇	一,五〇

工産表

品名	年產高
セメント製品	八,〇〇〇円
陶器物	一六,〇〇〇
金屬製品	八,〇〇〇
味噌	二,〇〇〇
疊表	七,〇〇〇
菓子品	六,〇〇〇
農具	三,二〇〇
車輛	二,八〇〇
醬油	三六八,〇〇〇円
朝鮮酒	六五,二〇〇
菓子	三,四〇〇
植物性油	四,六〇〇
木製品	一,五〇〇
麵類	八,〇〇〇
消酒	二,五〇〇
履物	三,〇〇〇

貨物

品名	數量	價額
米	三四〇,〇〇〇石	八,〇〇〇,〇〇〇円
石油	一五六,〇〇〇罐	二四〇,〇〇〇
肥料	一〇八,〇〇〇叺	一〇一,八〇〇
綿布人絹類	二六,三〇〇（枚）	一,二二二,〇〇〇
建築材料	三九,七〇〇	一四四,〇〇〇

物移搬入表

品目	数量	価額
酒類及清涼飲料水	[illegible]	[illegible]
食料品	[illegible]	[illegible]
時計貴金属	[illegible]	[illegible]
和洋雑貨	[illegible]	[illegible]
マッチ	[illegible]	[illegible]
石炭	[illegible]	[illegible]
薪炭	[illegible]	[illegible]
木材	[illegible]	[illegible]
果実	[illegible]	[illegible]
野菜	[illegible]	[illegible]
[illegible]	[illegible]	[illegible]
共 [illegible]	[illegible]	[illegible]
砂糖	[illegible]	[illegible]
粉類	[illegible]	[illegible]
諸機械	[illegible]	[illegible]
金物類	[illegible]	[illegible]
陶器類	[illegible]	[illegible]
農具	[illegible]	[illegible]
醫薬類	[illegible]	[illegible]
[illegible]	[illegible]	[illegible]
油類	[illegible]	[illegible]
[illegible] 製品	[illegible]	[illegible]
[illegible] 革	[illegible]	[illegible]
[illegible]	[illegible]	[illegible]
牛皮	[illegible]	[illegible]
海藻類	[illegible]	[illegible]
魚類	[illegible]	[illegible]
雑穀	[illegible]	[illegible]
合計		[illegible]

▽金融

銀行金融

殖産銀行江景支店

種別	貸出高	回収高	期末残高	摘要
年賦定期貸付	[illegible]	[illegible]	[illegible]	
商業貸付	[illegible]	[illegible]	[illegible]	
計	[illegible]	[illegible]	[illegible]	

東一銀行江景支店

種別	預金 受入高	払戻高	期末残高	摘要
諸預金	[illegible]	[illegible]	[illegible]	

為替受払高 受入高	払出高	金銀出納 総入金高	総払出高
[illegible]	[illegible]	[illegible]	[illegible]

金融状況

種別	貸出高	回収高	期末残高
年賦定期貸付	[illegible]	[illegible]	[illegible]
商業貸付	[illegible]	[illegible]	[illegible]
計	[illegible]	[illegible]	[illegible]

種別	預金 受入高	払戻高	期末残高
諸預金	[illegible]	[illegible]	[illegible]

為替受払高 受入高	払出高	金銀出納 総入金高	総払出高
[illegible]	[illegible]	[illegible]	[illegible]

金融組合

	預金現在高	貸出現在高	組合員数
江景金融組合	[illegible]	[illegible]	[illegible]
新設金融組合	[illegible]	[illegible]	[illegible]

郵便為替及貯金表

種別	口数	金額
為替 振出	[illegible]	[illegible]
為替 払渡	[illegible]	[illegible]
貯金 預入	[illegible]	[illegible]
貯金 払戻	[illegible]	[illegible]
振替貯金 払込	[illegible]	[illegible]
振替貯金 払渡	[illegible]	[illegible]

金利

	最高	最低	普通
内地人間	[illegible]	[illegible]	[illegible]
朝鮮人間	[illegible]	[illegible]	[illegible]
内地人朝鮮人間	[illegible]	[illegible]	[illegible]
市場貸	[illegible]	[illegible]	[illegible]

普通数字ハ年利割合ナリ、市場貸金利ハ一市百圓ニ對スルモノナリ

倉庫業

名称	所在	開設	倉庫坪数	収容能力	備考
朝鮮米穀倉庫株式会社支店	江景邑大正町資金町目	昭和九年十二月一	[illegible] 坪	[illegible] 叺	政府指定倉庫ニシテ論山、扶餘、益山、各部落米及京釜湖南沿線ノ移出米保管ヲ為ス

▽交通（昭和十年中）

鐵道

驛名	人員 乗車	人員 降車	貨物（屯） 發送	貨物（屯） 到着	小貨物（個） 發送	小貨物（個） 到着
江景驛	[illegible]	[illegible]	[illegible]	[illegible]	[illegible]	[illegible]

郵便電信

局所別	電信 發信	電信 着信	通常郵便 引受	通常郵便 配達	小包郵便 引受	小包郵便 配達	電話加入者	市内通話數	市外通話數
江景郵便局	[illegible]	[illegible]	[illegible]	[illegible]	[illegible]	[illegible]	[illegible]	[illegible]	[illegible]

船車	
自動車	一六
自轉車オートバイ	一〇三
人力車	一六
荷車（手挽）	一三五
牛車馬車	一二七
帆船	一四
貨物發動船	二
客船發動船	三
群山往復旅客人員	二四,〇〇〇人

▽ 邑職員及公職者

邑職員	
邑長	一
副邑長	一
書記	九
技手	一
囑託	二
雇員	五
傭人	三

公職者	
邑會議員	一三
道會議員	二
學校組合管理者	一
學校組合出納役	一
學校組合會議員	八

▽ 官公署學校

名稱	所在地	名稱	所在地
江景邑	南町	江景驛	大正町
江景學校組合	仝	朝鮮總督府專賣局全州支局江景煙草販賣所	本町
公州地方法院江景支廳	大正町	江景公立商業學校	南町
仝檢事分局	仝	江景公立實科女學校	仝
江景警察署	南町	江景公立尋常高等小學校	仝
江景郵便局	西町	江景公立普通學校	仝
江景稅務署	黃金町		
朝鮮總督府穀物檢査所群山支所江景出張所	大和町		

◎ 銀行、會社、組合

名稱	主ナル業務	所在地	名稱	主ナル業務	所在地
朝鮮殖産銀行江景支店	銀行	本町	江景劇場株式會社	興行	西町
東一銀行江景支店	銀行	西町	朝鮮物産株式會社江景出張所	肥料叺賣買	大和町
江景金融組合	金融	中町	朝鮮信託株式會社江景出張所	信託	大正町
彩雲金融組合	金融	北町	合資會社芙蓉醬油部	味噌醬油製造	錦町
朝鮮米穀倉庫株式會社江景支店	倉庫	大正町	土佐勸業合資會社	農業	西町
南朝鮮電氣株式會社江景出張所	電氣	黃金町	岡武合名會社江景支部	農業	北町
朝鮮産業株式會社	農事經營	南町	東洋拓殖會社江景駐在所	督農	大正町
湖江運輸株式會社	金融通	中町	不二興業株式會社江景駐在所	仝	南町
株式會社三益社	運送	西町	下條合名會社	仝	本町
株式會社恒産發祥社	依託販賣	本町	中井合名會社	仝	北町
永保合名會社	肥料販賣、小作、資人相助	北町			
南鮮農場	仝	黃金町			

◎ 各種團體

名稱	所在地	名稱	所在地
愛國婦人會江景分區	南町	江景婦人修養會	北町
帝國在鄉軍人會江景分會	西町	江景振興青年團	南町
江景消防組	南町	地上禮讚社江景支部	西町
江景水防團	仝	敬老會	南町
江景國防義會	仝	黃金町振興會	黃金町
江景[illegible]擊會	仝	錦町振興會	錦町
江景尚武會	仝	江景醫友俱樂部	南町
忠淸南道麻藥豫防協會江景支部	仝	同民會江景支部	仝
忠淸南道結核豫防協會江景支部	仝	江景勞働組合	繩町
修養團江景支部	中町	江景工友會	西町

◎ 名所・舊跡

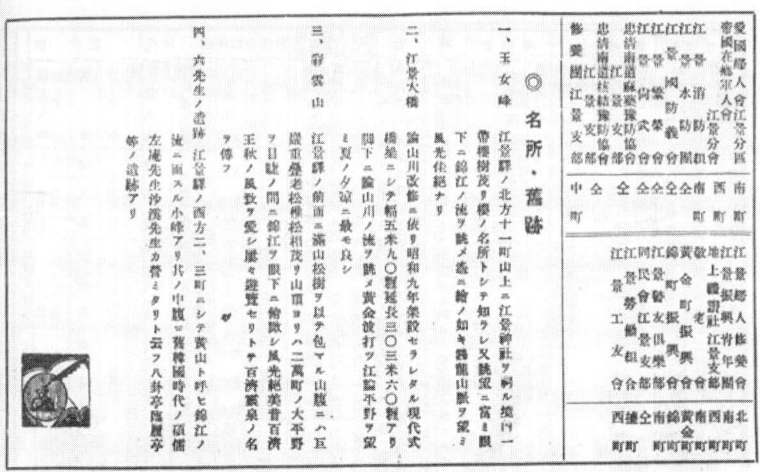

一、玉女峰　江景驛ノ北方十一町山上ニ江景神社ヲ祠ル境内一帶櫻樹茂リ櫻ノ名所トシテ知ラレ又眺望ニ富ミ眼下ニ錦江ノ流ヲ眺メ遙ニ繪ノ如キ鷄龍山脈ヲ望ミ風光佳絶ナリ

二、江景大橋　論山川改修ニ依リ昭和九年架設セラレタル現代式橋梁ニシテ幅五米九〇糎延長三〇三米六〇糎アリ脚下ニ論山川ノ流ヲ眺メ黃金波打ツ江論平野ヲ望ミ夏ノ夕涼ニ最モ良シ

三、彩雲山　江景驛ノ前面ニ滿山松樹ヲ以テ包マル山腹ニハ巨巖重疊老松喬松相茂リ山頂ヨリハ二萬町ノ大平野ヲ目睫ノ間ニ錦江ヲ眼下ニ俯瞰シ風光絶美昔百濟王秋ノ風致ヲ愛シ屢々遊覽セリトテ百濟觀泉ノ名ヲ傳フ

四、六先生ノ遺跡　江景驛ノ西方二、三町ニシテ黃山ト呼ヒ錦江ノ流ニ面スル小峰アリ其ノ中腹ニ舊韓國時代ノ碩儒尤庵先生沙溪先生カ營ミタリト云フ八卦亭臨履亭等ノ遺跡アリ

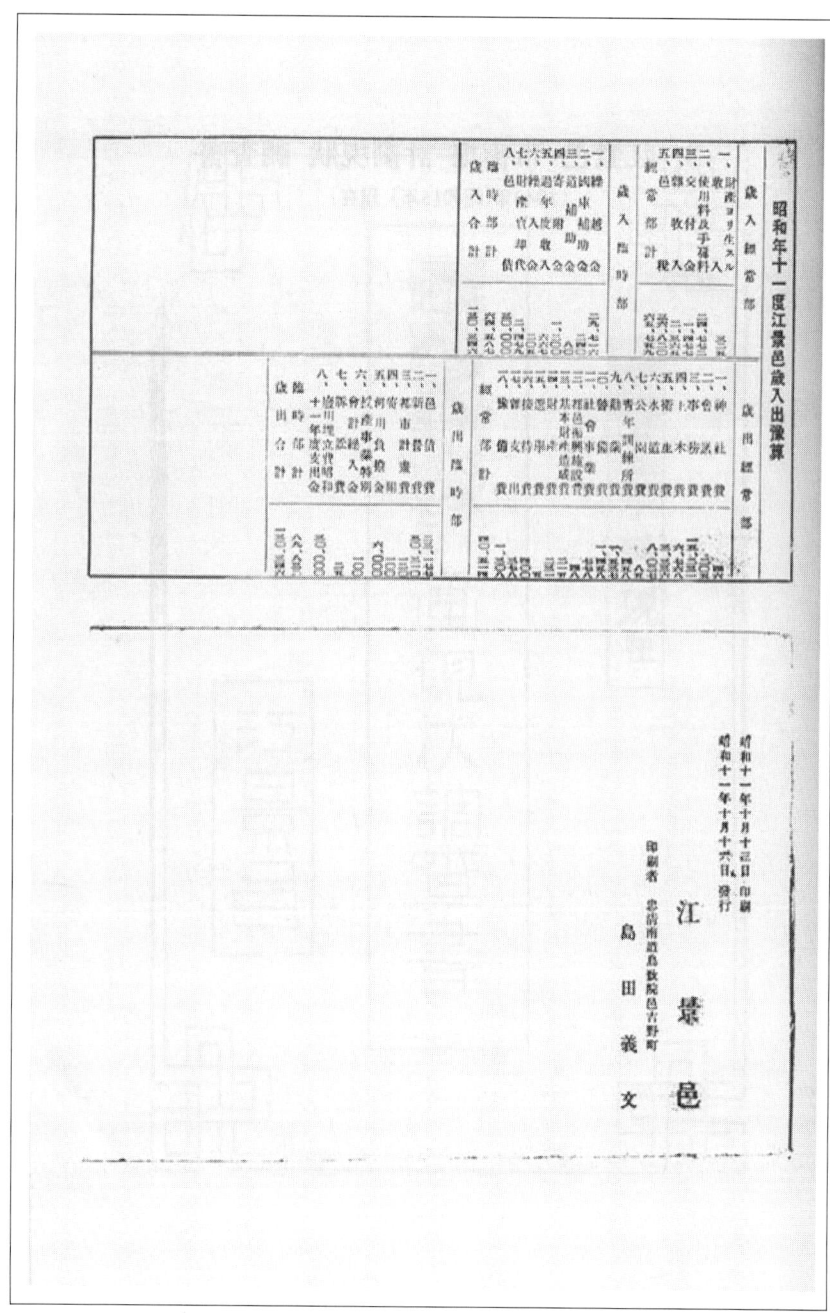

昭和十一年度江景邑歲入出豫算

歲入經常部

科目	金額
一、財産ヨリ生スル收入	[illegible]
二、使用料及手數料	[illegible]
三、交付金	[illegible]
四、雜收入	[illegible]
五、邑稅	[illegible]
經常部計	[illegible]

歲入臨時部

科目	金額
一、繰越金	[illegible]
二、國庫補助金	[illegible]
三、道補助金	[illegible]
四、寄附金	[illegible]
五、過年度收入	[illegible]
六、繰入金	[illegible]
七、財産賣却代	[illegible]
八、邑債	[illegible]
臨時部計	[illegible]
歲入合計	[illegible]

歲出經常部

科目	金額
一、神社費	[illegible]
二、會議費	[illegible]
三、事務費	[illegible]
四、土木費	[illegible]
五、衞生費	[illegible]
六、水道費	[illegible]
七、公園費	[illegible]
八、青年訓練所費	[illegible]
九、勸業費	[illegible]
一〇、警備費	[illegible]
一一、社會事業費	[illegible]
一二、[illegible]施設費	[illegible]
一三、基本財産造成費	[illegible]
一四、財産費	[illegible]
一五、選擧費	[illegible]
一六、接待費	[illegible]
一七、雜支出	[illegible]
一八、豫備費	[illegible]
經常部計	[illegible]

歲出臨時部

科目	金額
一、邑債費	[illegible]
二、新營費	[illegible]
三、都市計畫費	[illegible]
四、[illegible]	[illegible]
五、[illegible]	[illegible]
六、[illegible]	[illegible]
七、[illegible]	[illegible]
八、[illegible]	[illegible]
臨時部計	[illegible]
歲出合計	[illegible]

昭和十一年十月十三日印刷
昭和十一年十月十六日發行

江景邑

印刷者 忠淸南道鳥致院邑吉野町 島田義文

옛 강경포구 전경

강경시장 풍경(20세기 초)

강경시가지 일부(1936년)

강경시가지 일부(1936년)

강경읍사무소(1938년)

강경시가지 일부(1938년)

강경방수갑문(1938년)

1920년대 강경시장 풍경-1

1920년대 강경시장 풍경-2

동양척식주식회사 강경출장소

강경천 풍경

강경역 전경

강경서정(西町: 현 서장리)거리

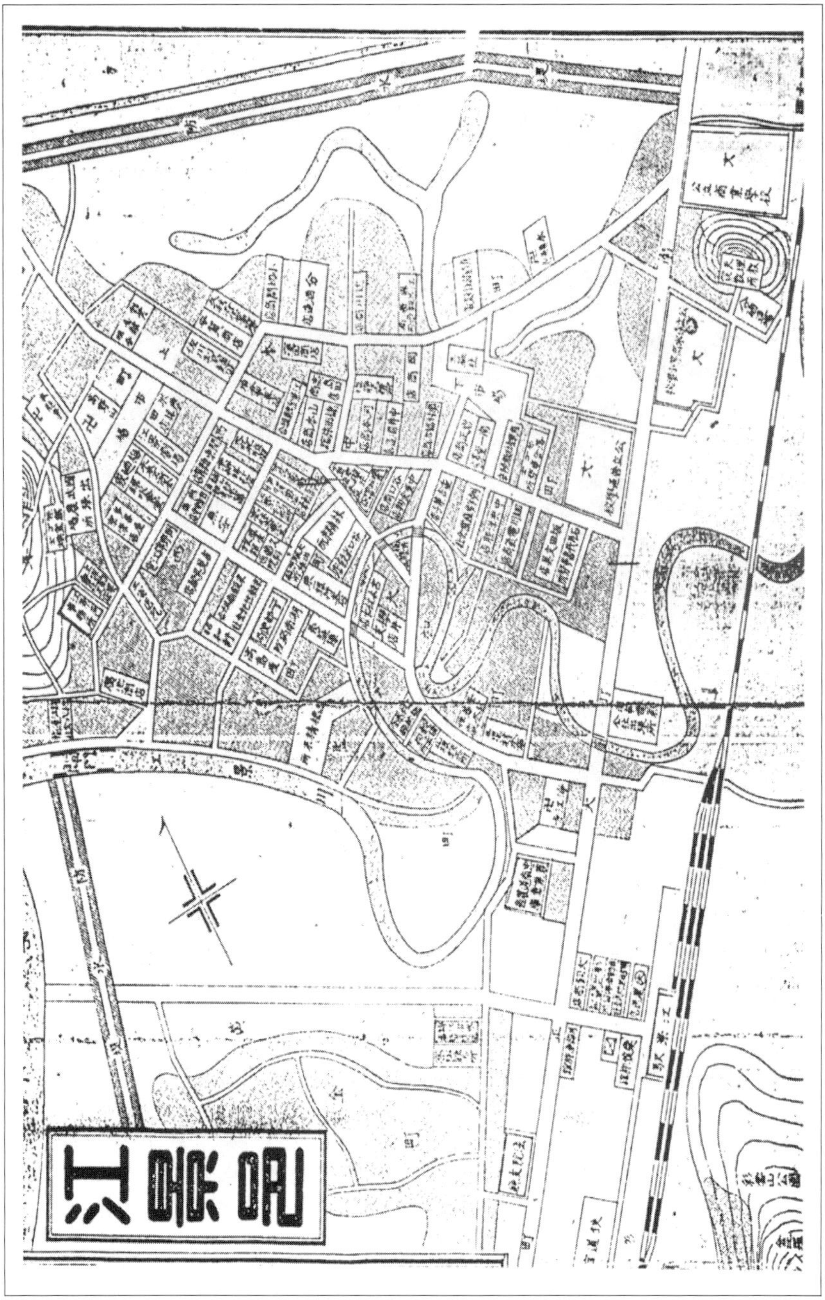

금강유역사진

-금강 하구에서 부여 낙화암까지

2004년 5월

5. 금강유역 주요도시의 문화행사 현황

1) 공주시

▸ 명 칭 : 제50회 백제문화제(2004)
• 주 최 : 공주시
• 내 용 : 백제대제라하여 부여군과 공주시가 격년제로 주최
• 장 소 : 공주시 일원
• 일 시 : 10월 중

2) 금산군

▸ 금강민속축제
• 주 최 : 금산군
• 내 용 : 금산군의 향토민속축제 토산품 판매
• 장 소 : 금산군 군민운동장
• 일 시 : 7월 마지막주 금~일

▸ 금강풍류전
• 주 최 : 금산문화원
• 내 용 : 시, 노래, 창, 그림, 춤, 붓이 어우러진 가운데 다양하게 열렸는데, 서울 대전 정읍 공주 영동 등 전국에서 모여든 외국인, 시인, 화가, 소리꾼, 서예가 등이 참석했다.
• 장 소 : 금산군 일원
• 일 시 : 5월 중

3) 부여군

▸ 백제문화제

• 주 최 : 부여군
• 내 용 : 백제문화제
• 장 소 : 백마강변(참석인원 3,000여명)
• 일 시 : 10월

▶ 유황산축제
• 주 최 : 부여군
• 내 용 : 백제 의자왕이 당나라로 포로가 되어갈 때 유황산에서 있었던 전투와 백제백성들의 안타까운 마음을 축제화함
• 장 소 : 부여군 입포
• 일 시 : 매년 10월

▶ 은산별신제
• 주 최 : 은산별신굿 보존회
• 내 용 : 백제부흥운동을 이끌었던 복신장군과 도침장군의 충절을 기리는 제례
• 장 소 : 은산면 일원
• 일 시 : 3월

4) 서천군

▶ 기벌포내보름제
• 주 최 : 예산 85,000
• 내 용 : 금강변의 나루터인 신성리에서 새해를 맞이하는 전통문화 재현 행사
• 장 소 : 신성리 갈대밭(참석인원 3,500여명)
• 일 시 : 2월

▶ 서천한산 모시제

• 주 최 : 서천군(예산 85,000)
• 내 용 : 한산모시옷패션쇼, 한산모시디자인공모전 및 벽면특별행사, 한산모시옷입어보기, 세계섬유인공예전, 모시새벽시장 운영, 우수모시품평회, 모시길쌈시연·체험, 모시 및 이불에서 잠자기 체험, 한산모시소품 전시·판매 등
• 장 소 : 신성리 갈대밭(참석인원 3,500여명)
• 일 시 : 6월 1~6일

▶ 기벌포예술제

• 주 최 : 예산 10,000
• 내 용 : 금강의 옛 명칭인 기벌포에 자리한 서천군의 군민의 날 문화행사
• 장 소 : 서천군민회관 2,500여명
• 일 시 : 10월 중

5) 군산시

▶ 오성문화제전

• 주 최 : 오성문화제전위원회
• 내 용 : 오성산에 남아있는 백제오성인을 기리는 제례 및 문화행사
• 장 소 : 오성산정상 1,000여명
• 일 시 : 9월 30일

▶ 진포문화예술제

• 주 최 : 군산예총

• 내 용 : 최무선장군의 진포대첩을 기념하여 군산시민의 날 행사를 추진 국악공연, 사진전시회, 무용공연 등
• 장 소 : 시민문화회관
• 일 시 : 10월 중

6) 익산시

▶ 성포별신제 재현
• 주 최 : 성포별신제보존회
• 내 용 : 360여 명
• 장 소 : 익산시 성당면 성포마을
• 일 시 : 9월 중

▶ 마한 백제문화제
• 주 최 : 익산시청
• 내 용 : 동서화합축제, 혼례식, 즉위식 및 축하공연, 무왕천도 행렬, 문화예술축제
• 장 소 : 익산시 일원(익산공설운동상, 실내체육관, 미륵사지, 솜리문화예술회관, 시민문화회관 중앙체육공원 등)
• 일 시 : 10월 10일 전후

찾아보기

【ㅇ】

【ㅈ】

【ㅊ】